INTERGOVERNMENTAL COMPETITION,FISCAL REFORM AND THE INDUSTRIALIZATION IN RURAL AREAS OF CHINA

河南大学经济学学术文库

政府竞争、财政转型与中国农区工业化

徐全红 著

社会科学文献出版社
SOCIAL SCIENCES ACADEMIC PRESS（CHINA）

总序

　　河南大学经济学科自1927年诞生以来，至今已有将近90年的历史了。一代一代的经济学人在此耕耘、收获。中国共产党早期领导人罗章龙、著名经济学家关梦觉等都在此留下了他们的足迹。

　　新中国成立前夕，曾留学日本的著名老一辈《资本论》研究专家周守正教授从香港辗转来到河南大学，成为新中国河南大学经济学科发展的奠基人。1978年我国恢复研究生培养制度以后，周先生率先在政治经济学专业招收培养硕士研究生，河南大学于1981年首批获得该专业的硕士学位授予权。1979年，我校成立了全国第一个专门的《资本论》研究室。1985年以后，又组建了我校历史上的第一个经济研究所，恢复和组建了财经系、经济系、贸易系和改革与发展研究院，并在此基础上成立了经济学院。目前，该学院已发展成为拥有经济、贸易、财政、金融、保险、统计6个本科专业，理论、应用、统计3个一级学科博士点及博士后流动站，20多个二级学科硕士、博士点，3300余名本、硕、博各类全日制在校生以及130余名教职员工的教学研究机构。30多年来，培养了大批本科生和硕士、博士研究生及博士后出站人员，并且为政府、企业和社会培训了大批专门人才。他们分布在全国各地，服务于大学、企业、政府等各种机构，为国家的经济发展、社会进步、学术繁荣做出了或正在做出自己的贡献，其中也不乏造诣颇深的经济学家。

　　在培养和输出大量人才的同时，河南大学经济学科自身也造就了一支日益成熟的学术队伍。近年来，一批50岁左右的学者凭借其扎实的学术功底和丰厚的知识积累已进入著述的高峰期；一批40岁左右的学者以其良好的现代经济学素养开始脱颖而出，显现出领导学术潮流的志向和实力；更有一大批30岁左右受过系统经济学教育的年轻人正蓄势待发，不少已崭露头角，初步展现了河南大学经济学科的巨大潜力和光辉未来。

河南大学经济学科组织出版相关学术著作始自世纪交替之际，2000年前后，时任经济学院院长的许兴亚教授曾主持编辑出版了数十本学术专著，在国内学术界产生了一定的影响，也对我校经济学科的发展起到了促进作用。

为了进一步展示我校经济学科各层次、各领域学者的研究成果，更为了使这些成果与更多的读者见面，以便有机会得到读者尤其是同行专家的批评，促进河南大学经济学学术研究水平的不断提升，为繁荣和发展中国的经济学理论、推动中国的经济发展和社会进步做出更多的贡献，我们决定出版"河南大学经济学学术文库"。根据初步拟定的计划，该丛书将分年度连续出版，每年选择若干河南大学经济学院在编教师的精品著述资助出版。根据需要，也可在丛书中选入少量客座教授或短期研究人员的相关论著。

感谢社会科学文献出版社历任领导及负责该丛书编辑出版工作的相关部门负责人和各位编辑，是他们对经济学学术事业的满腔热情和高效率的工作，使本套丛书的出版计划得以尽快达成并付诸实施。最后，还要感谢前后具体负责组织本丛书著作遴选和出版联络工作的刘东勋、高保中博士，他们以严谨的科学精神和不辞劳苦的工作回报了同志们对他们的信任。

分年度出版经济学学术文库系列丛书，对我们来说是第一次，如何公平和科学地选择著述品种，从而保证著述的质量，还需要在实践中进行探索。此外，由于选编机制的不完善和作者水平的限制，选入丛书的著述难免会存在这样那样的问题，恳请广大读者及同行专家批评指正。

耿明斋

2013年6月

摘　要

　　从理论上讲，一个国家的工业化必须有一定人口从事农业生产，农区的存在和整个国家或经济区的工业化并不冲突，农区并不一定是和传统农业文明相对应的一个概念，农区的农业现代化和区域经济的整体工业化完全可以统一起来。然而，在社会转型的初期，经营农业很难获得社会的平均利润率，农业部门自然很难吸引包括资本和劳动力在内的经济要素，农区从事农业生产本应该具有的比较优势就不复存在；在现行的分税制条件下，农区政府靠农业产业很难获得足够的财政收入，这就是农区地方政府工业化冲动的内在动因。可以说，农区政府在政府间竞争条件下必须推动本地区的工业化，现行的分权财政体制更加剧了这种工业化冲动。传统的农耕文化、整个国家的粮食安全、18亿亩耕地红线、正在上升的劳动力成本、环境和资源因素等，都构成传统农区工业化进程的制约因子，现行财政制度更加剧了传统农区工业化的难度。可以说，农区工业化并非一帆风顺。

　　游牧文明（采集和狩猎文明）向农耕文明的变迁，农耕文明向工业文明的转化，工业文明向信息文明的演进，都伴随着财政制度的进化。从贡赋到丁役，从土地、丁税到工商杂税，再到工业化时期的工商税收、所得税，从实物征收到货币征收，财政收入形式和渠道随着人类生产方式的进步而不断进化。从财政支出来看，从支出于"私"（王室宫廷）到支出于"公"（基础设施和社会保障），到影响宏观经济运行，财政变革无时不在进行。研究证明，工业化转型必然伴随着财政制度的转型，即收入方面的取之于"农"向取之于"工"转化、取之于"乡"向取之于"城"转化；在支出方面，由支之于"工"向支之于"农"转变、支之于"城"向支之于"乡"转变。在这一过程中财政的公共化取向日益突出，工业与农

1

业、城市与乡村在财政收支上的权利与义务对等，不同经济体和人群作为纳税人可以享受相同的国民待遇。

地方政府竞争是指各辖区为了本地的利益最大化而采取相应的公共政策，以争夺有限的经济资源的竞争过程。中央政府和地方政府、不同级次的地方政府间为了追求辖区利益最大化，相互之间就难免展开竞争。现有的大多数文献都把财政竞争划分为横向财政竞争、纵向财政竞争及标尺竞争三类。中国政府间竞争取决于竞争主体之间的利益互动，包括官员晋升竞争、公众的"用脚投票"推动、财政产权、税收剩余和投资冲动等。中国政府竞争的特色表现为中央政府管制下的地方政府间有限竞争，体制内竞争与体制外竞争相结合，有序竞争与无序竞争并存。财政竞争作为中国政府竞争的核心，其主要内容包括减免税优惠、税负输出与财政返还、支出竞争等。政府竞争必然导致农区政府的工业化冲动，这种冲动是一种合理的经济诉求，实现竞争性政府与农区工业化路径创新，关键是保证竞争的有序性。

现代市场经济国家，无论是联邦制国家，还是单一制国家，都实行分权的分税制财政体制。自 20 世纪 70 年代以来，财政分权一直是公共财政领域的焦点，成熟市场经济国家、转轨国家的支出责任划分各有自己的特点，尤其是美国、英国、日本等发达国家多级政府间的税收权限与税收范围划分，为我国分权财政体制提供了很好的借鉴。财政分权有其正面效应，包括资源配置功能与经济增长、引致公共投资功能与经济增长、硬化预算约束和提高地方企业效率与经济增长、引入竞争和制度创新机制与经济增长等，但同时也造成了地方政府间的税收竞争，现行财政分权体制下的分税制度、转移支付制度、税收返还制度等都决定了地方政府只有通过工业化才能获取更多的税收收入。可以说，财政分权正是地方政府工业化所面临的公共经济环境。改革现行财政分权体制，促进农区经济发展成为当务之急。

我国现行的财政制度正是造成传统农区工业化滞后的公共经济因素，传统农区在新中国成立以来为中国的工业化进程提供了全国性的公共产品，包括粮食安全、廉价劳动力、环境和资源等，却没有得到应有的补偿。改革现行财政体制，促进传统农区的工业化，有很多工作要做，包括现行税制改革、转移支付制度调整等都是这些工作的重要组成部分。当然，传统农区的工业化应兼顾国家的粮食安全，不以牺牲环境和资源为代价。

很显然，农区工业化需要财政支持，公共财政的收入、支出政策均应适应农区工业化发展的需要，建立一个适应农区工业化的公共财政转型的运行机制。公共财政转型应兼顾农业现代化和农区工业化，并与城乡基本公共服务均等化提供的目标相衔接，采取一系列政策措施，促进农区工业化、城镇化、农业现代化协调发展。

关键词：农区工业化　财政体制　政府间竞争　区域经济

Abstract

In theory, a country's industrialization always needs a certain population to be engaged in agricultural production. The presence of agricultural areas do not conflict with their industrialization and agricultural areas are not a corresponding concept with the traditional agricultural civilization, agricultural modernization and regional economic industrialization can absolutely be unified. However, in the early stages of social transformation, managing agriculture can hardly obtain the average profit margin of society, so it is difficult for the agricultural sector to attract capital and labor or other economic factors, the comparative advantage agricultural areas should have for their engaging in agricultural production will no longer exist; under the current revenue – sharing conditions, agricultural areas can hardly obtain sufficient revenue. That is the intrinsic motivation of agricultural areas 'local governments' industrialization impulse, it can be said that the intergovernmental competition condition has forced the governments of agricultural areas to promote the industrialization of the region, and the current decentralized fiscal system has exacerbated this industrialization impulse. However, in the traditional agricultural areas, the traditional farming culture, the food security of the whole country, the red line of 18 million hectares of arable land, the rising labor costs and the environmental and resource factors all constitute the limiting factors of the process of industrialization in traditional agricultural areas, and the current financial system exacerbated the difficulty of industrialization in traditional agricultural areas. It can be said that the industrialization in agricultural areas has not been easy.

No matter the transformation from nomadic civilization (gathering and hun-

4

ting civilization) to farming civilization, or the conversion from agricultural civilization to industrial civilization, or the evolution from industrial civilization to information civilization, the great leaps of the society are all combined with the revolution of the financial system. From "Gongfu" to "Dingyi", from land taxes and poll taxes to industrial and commercial taxes, from kind levy to currency levy, the forms and channels of taxation evolved with the progress of human production; viewing from the ankle of the fiscal expenditure, from spending in "private" use (royal palace) to expenditures in "public" use (infrastructure and social security), and to influence the macroeconomic, fiscal reformation has always being carried out. Studies have shown that industrial restructuring must be accompanied with a reformation of the financial system, that income used to be taken from the "agriculture" should now be taken from the "industry", and wealth used to be taken from the "village" should be taken from the "city"; expenditures on the "workers" should be transited to support the "agriculture", aids to "city" should be distributed to "village"; during this progress the public orientation of finance will become increasingly prominent, industry and agriculture, urban and rural will hold equal rights and obligations in fiscal revenue and expenditure, and different economies and the crowd can enjoy the same national treatment as taxpayers.

Competition in the local government means that each jurisdiction takes the appropriate public policy in order to maximize the benefits of the local and competitive process to compete for limited economic resources. Central government, local governments and different levels of local government will inevitably compete with each other in order to maximize pursuit in public goods. Most of the existing literature regarded financial competition is divided into three types: horizontal fiscal competition, vertical fiscal competition and yardstick competition. Competition depends on the interests of the interaction between the main competition in the Chinese government, including officials promoted competition, promote public vote with their feet, the fiscal property rights, taxes remaining and investment impulse. Under the control of the central government, the competition of Chinese local government are limited competition, means of competition and the choice of ways to independent space is larger, competition in the system combined with outside the system, the orderly competition with disorderly competition co - exist. Financial competition as the core competition by the Chinese government, including taxes exemption and reduction, output and financial return of the taxes burden and expenditures competition. Government's competition will inevitably lead to the government's industrialization of the agricultural areas impulse, this impulse is a reasonable economic aspirations, in order to achieve the path innovation of competitive government and agricultural industrialization, the key is to ensure the orderly nature of the competition.

whether it is a federal state or a unitary state, modern market economy country decentralize the taxes sharing system. Since the 1970s, fiscal decentralization has been the focus of the field of public finance, The fiscal expenditure responsibilities in the mature market economy countries and transition developing countries have their own characteristics. The United States, Britain, Japan and other developed Western countries provide a good reference in level intergovernmental taxes privileges and taxes range for China. The positive effect about fiscal decentralization, including resource configuration capabilities and economic growth, causing public investment function with economic growth, hardening budget constraints and to improve the efficiency of local businesses and economic growth, the introduction of competition and institutional innovation mechanisms and economic growth, and the industry caused by the taxes competition between the local government. The taxes system under the current fiscal decentralization, the transfer payment system and taxes refund system. All mean that, in order to get more taxes revenue, the local government must build industrialization system. It is can be said that, the fiscal decentralization of public economic environment caused the local government industrialization. Reform the current financial system to promote the economic development of the agricultural areas is a top priority.

China's current financial system is the public economic factors lag in the industrialization of traditional farming areas. Since the founding of New China in 1949, traditional agricultural areas provided national public goods, including food security, cheap labor, environment and resources, etc. But they did not get co-

6

myensation and these should be provided by the central government Reform of the existing financial system, promote the industrialization of traditional agricultural areas, there is a lot of work to be done: including adjustments the current taxes system, the transfer payment and so on. Of course, the industrialization of traditional agricultural areas should coordinate with the country's food security, not at the expense of the environment and resources.

Obviously, the industrialization of the agricultural areas need financial support, public finance revenue and expenditure policy should be adapted to the needs of the industrial development of the agricultural areas in order to establish an operating mechanism of public finance that fits the industrialization of the agricultural areas. The transition of public finance should take into account both the modernization of agriculture and the industrialization of agricultural areas, and coordinate with the target of the equalization of basic public services in urban and rural areas, adopt a series of policies and measures to promote the coordinated development of agricultural areas in industrialization, urbanization and agricultural modernization.

Key Words: Industrialization of agricultural areas, Fiscal system, The competitive government, The regional economic

序言

  2008 年从财政部财政科学研究所毕业后加入河南大学经济学院的研究团队，并在耿明斋教授的指导下开始了在河南大学应用经济学博士后科研流动站的研究工作，河南大学"明德新民，止于至善"的大学之道、深厚的文化底蕴和严谨的治学传统开始影响我的研究，经济学院"崇尚学术，尊重学人"的办学理念为我创造了宽松和谐的科研环境。这是一个区域经济学的研究高地，耿明斋、苗长虹等一批国内知名区域经济学家以及李恒、宋丙涛、高保中、董栓成等一批中青年经济学者，在转型经济与农区工业化研究领域开辟了一个新的天地，生产了一批具有国内领先水平的研究成果。但河南省的财政学研究相对薄弱，站在公共经济学的视野研究转型经济和传统农区工业化很快成为我的研究目标，在耿明斋教授的鼓励下，把博士后研究的题目确定为"政府竞争、财政转型与传统农区工业化"，希望用我的专业优势，丰富和发展转型经济与农区工业化的研究内容。本书正是在博士后研究成果的基础上经过进一步修改、完善而成的。

  从理论上讲，一个国家的工业化必须有一定人口从事农业生产，农区的存在和整个国家或某个经济区域的工业化并不冲突，农区并不一定是和传统农业文明相对应的一个概念，农区农业的现代化和区域经济的整体工业化完全可以统一起来。然而，在社会转型的初期，经营农业很难获得社会的平均利润率，农业部门自然很难吸引包括资本和劳动力在内的经济要素，农区从事农业生产本应该具有的比较优势就不复存在；在现行的分税制条件下，农区政府靠农业产业很难获得足够的财政收入，这就是农区地方政府工业化冲动的内在动因。可以说，农区政府在政府间竞争条件下必须推动本地区的工业化，现行的分权财政体制更加剧了这种工业化冲动。然而，在传统农区，传统的农耕文化、整个国家的粮食安全、18亿亩耕地红线、正在上升的劳动力成本、环境和资源因素等，都构成传统农区工业化进程的制约因子，现行财政制度更加剧了传统农区工业化的难度。可以说，农区工业化并非一帆风顺。

游牧文明（采集和狩猎文明）向农耕文明的变迁，农耕文明向工业文明的转化，工业文明向信息文明的演进，都伴随着财政制度的进化。从财政收入一翼来看，从贡赋到丁役，从土地、丁税到工商杂税，再到工业化时期的工商税收、所得税，从实物征收到货币征收，财政收入形式和渠道随着人类生产方式的进步而不断进化；从财政支出的一翼来看，从支出于"私"（王室宫廷）到支出于"公"（基础设施和社会保障），到影响宏观经济运行，财政变革无时不在进行。研究证明，工业化转型必然伴随着财政制度的转型，即收入方面的取之于"农"向取之于"工"转化、取之于"乡"向取之于"城"转化；在支出方面，由支之于"工"向支之于"农"转变、支之于"城"向支之于"乡"转变。在这一过程中财政的公共化取向日益突出，工业与农业、城市与乡村在财政收支上的权利与义务对等，不同经济体和人群作为纳税人可以享受相同的国民待遇。

地方政府竞争是指各辖区为了本地的利益最大化而采取相应的公共政策，以争夺有限的经济资源的竞争过程。中央政府和地方政府、不同级次的地方政府间在公共产品提供方面均存在委托代理关系，为了追求辖区利益最大化，相互之间就难免会展开竞争，就是说次级政府间竞争是存在多级政府的分权体制下一定会出现的现象。现有的大多数文献都把财政竞争划分为横向财政竞争、纵向财政竞争及标尺竞争三类。中国政府间竞争取决于竞争主体之间的利益互动，包括官员晋升竞争、公众的"用脚投票"推动、财政产权、税收剩余和投资冲动等。中国政府竞争的特色表现为中央政府管制下的地方政府间有限竞争，竞争手段与途径选择的自主空间较大，体制内竞争与体制外竞争相结合，有序竞争与无序竞争并存，各种资源争夺激烈，地方保护与市场割据现象严重等。财政竞争作为中国政府竞争的核心，其主要内容包括减免税优惠、税负输出与财政返还、支出竞争等。政府竞争必然导致农区政府的工业化冲动，这种冲动是一种合理的经济诉求，关键是保证竞争的有序性，实现竞争性政府与农区工业化路径创新。

现代市场经济国家，无论是联邦制国家，还是单一制国家，都实行分权的分税制财政体制。自20世纪70年代以来，财政分权一直是公共财政领域的焦点，成熟市场经济国家、转轨国家的支出责任划分各有自己的特点，尤其是美国、英国、日本等发达国家多级政府间的税收权限与税收范围划分，为我国分权财政体制提供了很好的借鉴。财政分权有其正面效应，包括资源配置功能与经济增长、引致公共投资功能与经济增长、硬化预算约束和提高地方企业效率与经济增长、引入竞争和制度创新机制与经济增长等，但同时也造成了地方政府间的税收竞争，现行财政分权体制下的分税制度、转移支付制度、税收返还制度等都决定了地方政府只有通过工业化才能获取更多的税收收入。可以说，财政分权正是地方政府工业化所面临的公共经济环境。改革现行财政分权体制，促进农区经济发展成为当务之急。

我国现行的财政制度正是造成传统农区工业化滞后的公共经济因素，传统农区在新中国成立以来为中国的工业化进程提供了全国性的公共产品，包括粮食安全、廉价劳动力、环境和资源等，以若干个区域性经济体之力提供本应该由中央政府提供的公共产品，却没有得到应有的补偿，传统农区成为经济发展凹地就是一件再自然不过的事情了。改革现行财政体制，促进传统农区的工业化，有很多工作要做，包括现行税制改革、转移支付制度调整等都是这些工作的重要组成部分。实证研究表明，工业化差距正是造成地区间财政差距的主要原因，缩小传统农区与工业发达地区的财政差距，从工业化本身开始是一种很明智的选择。当然，传统农区的工业化应兼顾国家的粮食安全，不以牺牲环境和资源为代价，这就要求农区的工业化和农业现代化协调发展，工业化和信息化协同跟进，同时中央财政应给予足够的补偿。很显然，农区工业化需要财政支持，公共财政的收入、支出政策均应适应农区工业化发展的需要，建立一个适应农区工业化的公共财政转型的运行机制。公共财政转型应兼顾农业现代化和农区工业化，并与城乡基本公共服务均等化提供的目标相衔接，采取一系列政策措施，促进农区工业化、城镇化、农业现代化协调发展。

在一个很高的平台上向上攀登其实是一件相当不容易的事情，能把区域经济学、公共经济学和转型经济学结合起来研究的文献很少，一切需要从演绎归纳开始，并通过实地调研和实证分析验证之，这需要耗费大量的精力和时间。感谢我的业师耿明斋先生，作为一个国家级名师、经济学家和财经教育家、河南省政府智囊团主要成员，在每一次约见中都鼓励和引导我坚持做下去，启发我不断拓展思考问题的空间，使我逐渐形成了比较清晰的研究思路。感谢中国博士后基金会的博士后基金资助，其基金资助3万元和河南大学的配套资金2万元为本研究大量的调研和论证提供了强有力的物质保障；感谢李保民、何绍慰、朱涛等经济学院的良师益友，他们无私地向我提供了很多有价值的建议；这既让我避免了一些错误，也有利于把所研究的问题不断地推向深入；感谢社会科学文献出版社，他们的工作效率和提供的完美服务令我感动。当敲定最后一段文字的时候，我的心中涌起庆幸和感激之情，也有很多的歉意，我的文字还不足以承担他们的关注和帮助。仅以此书，向他们以及曾经帮助过我的所有人表示深深的谢意。

本书还引用了大量的珍贵文献和学术观点，在此一并致以谢忱。

徐全红

二〇一二年十月于河南大学至善斋

目 录

CONTENTS

第一章 导论

第一节 中国传统农区工业化之惑

一 中国传统农区的空间范围与经济特征

关于传统农区的空间范围和经济特征，目前有不同的表述。吴艳玲（2011）等人认为，传统农区是指那些地形以平原为主，经济以种植农业为主，人口以农民为主的省份，主要包括河北、辽宁、吉林、黑龙江、江苏、江西、内蒙古、安徽、山东、河南、湖北、湖南和四川13个粮食主产区[①]。耿明斋（2004）认为，"我国燕山以南，桐柏山、大别山乃至长江以北，太行山、伏牛山以东一直到海滨的整个华北平原和黄淮平原，再加上东北平原的广大地区"就是"欠发达平原农区"的地理范围[②]。在随后的研究中，耿明斋、李燕燕（2009）进一步把这一区域的地级以上城市及市辖区排除在外，他们通过 GLS 技术，按照海拔 50 米以下，相对高差 20 米以下，坡度不超过 7°的标准，将该区域范围内的河北、河南、安徽、江苏、山东 5 个省的 260 个行政县（市）明确界定为"欠发达平原农区"。根据相关经济指标，概括出欠发达平原农区的几个经济特征[③]：农耕历史悠久，传统文化和社会结构保存完整；地处偏远，难以受到外部工业化中

---

① 吴艳玲：《传统农区走新型工业化道路的财政政策研究》，《生产力研究》2011 年第 6 期，第 43 ~ 45 页。

② 耿明斋：《欠发达平原农业区工业化若干问题研究》，《中州学刊》2004 年第 1 期。

③ 耿明斋、李燕燕：《中国农区工业化路径研究》，社会科学文献出版社，2009，第 10 ~ 23 页。

心的辐射；资源匮乏，资本积累的基础十分薄弱；经济发展相对滞后；面积大，人口多，城市化率低等。根据目前我国政府辖区的层次，我们根据各个辖区的经济特征，将其划分为省域经济、市域经济、县域经济、乡镇经济和村级经济五个经济板块。本书认为，以省级经济区域和地市级经济区域划分传统农区的做法目前看来已经不合适。因为从经济结构、工业化率等指标来看，这些省级经济区域和大部分地市级经济区域已经整体上进入工业化。传统农区的地理范围应该跨越省级经济板块和大多数市级经济板块，在县域经济中找到其相应的位置。本研究正是基于这样的考虑，采纳耿明斋教授对传统农区空间概念的描述，并按照其提供的传统平原农区的经济特征，把研究空间拓展到包括东北平原、"两湖"以及江南丘陵山地、四川盆地、西南中高原山地、青藏河谷等其他地形区域的传统农区。

其实在考察中国传统农区的地理范围的过程中，我们发现最新文献中关于传统农区的范围是基于这样一个事实：从公共经济学角度看，我们通常把 2006 年中国不再征收农业税和除烟叶之外的农林特产税作为标志，意味着中国整体进入工业化社会，进入工业化社会的中国必须有一部分地区专门从事农业生产，农产品尤其是粮食的供给则主要固定在某些经济区域。我们把这些经济区域称为传统农区，不仅仅是这些地区有经营农业的传统，更多的原因是，已经整体上实现工业化的中国，需要这些地区从事农业生产，这些地区被称为"传统农区"，是中央政府出于整体产业发展规划和经济发展战略而做出的诸多制度设计的产物。

应该说在新中国成立之初，中国整体上仍然是一个农业国。那个时期整个中国大陆，除大中城市外均属于农区，20 世纪 80 年代，中国的农区工业化开始起步，其标志是乡镇企业的全面开花。乡镇企业的发展和深化使得一部分县、乡一级的经济区域从中国的农区分离出来，珠三角、长三角等乡镇企业发达地区开始由传统的农业地区演化为工业化发达地区，那里原本富饶的耕地变成了工业用地，农村变成了城市群。这便是农区面积缩小的第一幕。1979 年中国设立了以深圳为首的 4 个经济特区，从那时起中国的城市化大幕快速拉开，大量的区域性经济特区成立。特区之"特"最重要的一条在于把大量的耕地转化为城市建设用地，为中国工业化提供了充裕的生产要素之一——土地。从那时起，中国传统农区的版图急剧减小，以至于中央政府开始考虑保护耕地的问题，下文中提到的耕地红线就产生了。沿海发达地区的工业化和城市化以及内地大量的经济开发区建设,使得我们现在研究传统农区的时候,不得不把传统农区的地理范围限定在城市化、工业化落后的中部地区,包括东北平原、黄淮海平原等。

二 乡镇企业发展与中国传统农区的工业化

乡镇企业的前身是社队企业,其历史可以追溯到公社化以前的合作化运动,那时的中国农村产生了农业和副业相结合的互助合作经济。1979年,国务院颁发了《关于发展社队企业若干问题的规定(试行草案)》,肯定了社队企业是农村经济的重要支柱和国民经济的重要组成部分。1984年3月1日,中共中央、国务院转发农牧渔业部和部党组《关于开创社队企业新局面的报告》的通知,第一次以正式文件形式把社队办企业、部分社员(村民)合作企业、其他形式合作企业和个体企业称为"乡镇企业",即通常所说的乡办企业、村办企业、联户办企业和个体私营企业这4个"轮子"。20世纪90年代,为了加快实现农业机械化,全国小化肥、小农药、小农机、小水电、小水泥"五小"社队工业迅速发展。当然,从1997年开始,农业部负责的乡镇企业统计按"集体企业"和"私有企业"标准将乡镇企业划分为两大类。

现在看来,不管其属于怎样的所有制类型的乡镇企业,都是指具有农民身份的人在农村地区兴办的以非农产业为主的企业群体。在社会结构意义上,乡镇企业是推动农区从农业社会走向工业社会的基本力量,是农民创办的用以求生存、求发展,改变自身经济地位、职业身份和社会身份的组织形式。乡镇企业的主要出资人是农民和乡村集体,这导致村民、乡村集体对企业的直接控制。实际上,只要是乡村居民和集体的资本在企业资本总额中占绝对重要地位,并导致乡村居民和集体对企业的直接控制,从而带有乡村居民和集体直接参与工业化过程的性质的企业,都是"乡镇企业"。乡镇企业的发展是中国传统农区工业化的第一阶段。我们不妨把20世纪80年代以来乡镇企业的发展归纳为四个阶段。

第一阶段,理论界称之为乡镇企业异军突起阶段(1984~1988年)。1984年中共中央一号和四号文件肯定乡镇企业是"国民经济的一支重要力量",有利于"实现农民离土不离乡,避免农民涌进城市",大大地促进了乡镇企业发展。从1983年到1988年的五年间,乡镇企业总产值由1016亿元增长到 6495 亿元，年平均递增 44.9%，占农村社会总产值的比重由 24.3% 提高到 58.1%；乡镇企业职工人数由 3234 万人增加到 9545 万人，平均每年增加 1262 万人，占农村劳动力总人数的比重由 9.3% 提高到 23.8%。这是农村工业化的第一个黄金时期。乡镇企业的大发展较大幅度地提高了农民的收入。1985 年，全国每个农业人口从乡镇企业中得到的收入已经由 1978 年的 20.1 元增加到了 133.79 元，增长了 5.7 倍；其占农民人均纯收入的比重从 1978 年的 15% 增加到了 1985 年的 34%。在经济比较发达的东南沿海地区，这一比重甚至高达 70%~80%。农民收入增长与乡镇企业发展紧密联系在一起。这一阶段的乡镇企业发展表现出如下特点：其一，农民联户办及个体企业发展快，促进了乡镇企业高速增长。其二，从"三就地"（就地取材、就地生产、就地销售）逐渐转向了全国市场甚至是国际市场，1984 年以后乡镇企业中涌现出了一大批以出口创汇为目标的企业。其三，由分散的企业经营转向专业化、社会化的协作生产，产生了一大批企业集团或企业群体。其四，由运用传统技术转向运用现代科学技术。

第二阶段，理论界称之为乡镇企业内涵发展转变阶段（1989~1991年）。1988 年 9 月，中共十三届三中全会提出了"治理经济环境，整顿经济秩序，全面深化改革"的经济政策。乡镇企业开始了为期 3 年的"调整、整顿、改造、提高"历程，国家财政、银行紧缩对乡镇企业的信贷规模，压缩基本建设规模，对一些重要生产资料恢复垄断专营，乡镇企业原材料来源受到影响。各地还根据国家产业政策，关停并转了一批能耗大、效益差、污染重的小企业，并且加强了对乡镇企业的税收、财务整顿，1989 年有 300 多万个乡镇企业被关停，2 万多个乡镇企业在建项目被暂停。1989 年乡镇企业增长速度、经济效率比前几年有所下降，调整使乡镇企业发展面临困难，也为企业提高素质提供了机遇。到 1990 年，从业人员 9265 万人，比 1988 年减少 280 万人；但与此同时，乡镇企业总产值达到 8461 亿元，比 1988 年增长 30.26%，占农村社会总产值的比重由 58.1% 上升到 59.1%。可见，尽管面临许多困难，但这一时期的农区工业化仍然取得了一定的进展。这一阶段乡镇企业的发展特点是：其一，企业经营风险增大，市场导向突出。其二，企业有权自行决定经营项目、设备购置、劳动力使用、劳动报酬、利润分配，经营者和职工的责任感强，竞争意识强。其三，乡镇企业职工多数亦工亦农，"进厂不离乡"。其四，乡镇企业为农业生产和农村公共事业发展提供积累，乡镇企业利润约有一半上缴乡村用于农业生产、教育、村镇建设及农村各项事业建设投资。但这一时期的乡镇企业发展也存在一些重大的问题。一方面，乡镇企业多数是劳动密集型企业，技术素质普遍较低、资金不足；另一方面，企业规模小、起伏大，1990年乡村企业平均就业规模为31.6人，固定资产原值15.14万元，联户、个体企业规模更小。规模小固然有利于灵活地适应市场的需求，但也难以形成足够的技术积累和名牌产品。总的来说，这一时期的乡镇企业大量阻塞在低档次和非技术密集的产品生产领域，影响了资源的配置效率。

第三阶段是乡镇企业高速增长阶段（1992~1995年）。1992年初，邓小平到南方视察，对乡镇企业发展给予了高度评价。党的十三届八中全会将持续发展乡镇企业作为党在农村的基本政策而给予充分肯定。党的十四大确立了建立社会主义市场经济体制的目标，提出了继续积极发展乡镇企业的方针。市场发展和政策导向使乡镇企业进入新一轮高速增长期。这一阶段乡镇企业的发展具有如下几个特征：其一，发展快，增长率高，1992~1995年，乡镇企业总产值年均增长56.5%。其二，乡镇企业成为国民经济发展的重要组成部分。1995年，乡镇企业增加值分别占到全国国民生产总值（GNP）和国内生产总值（GDP）的25.5%和25.1%。其三，乡镇企业成为中国农村经济的主体部分，以总产值计算，1995年乡镇企业总产值是农林牧渔业总产值的3.4倍；以增加值计算，乡镇企业是农林牧渔业的1倍多；从副业情况看，1995年全国4.5亿乡村劳动力中，已有28.6%的劳动力在乡镇企业稳定就业。其四，中西部地区乡镇企业的增长速度加快，1994年全国乡镇企业的平均增长速度为43.9%，中西部地区乡镇企业的平均增长速度达到了60%以上。其五，乡镇企业外向型经济粗具规模，1995年全国出口型乡镇企业达12万家，其中396家取得了进出口经营权，近千家乡镇企业办到海外，乡镇企业成为出口创汇的一支重要力量。其六，企业集团显示出强大经济实力，1992年全国出现了300多家总产值超亿元的乡镇企业，至1995年底全国共有5014个乡镇企业集团。从上述这些特征来看，乡镇企业的发展已经上了一个新的台阶，农村工业化的基础更加稳固，从而也为农村全面实现现代化奠定了坚实的物质基础。

但是，我们也必须看到，乡镇企业在这一阶段也还存在一些亟待克服的难题。从其内部来看，第一，乡镇企业的产业结构不合理，加工工业产值占到了全部产值的80%，能源、原材料等基础工业发展比较缓慢。第二，整体技术装备条件仍然较差，绝大部分企业技术装备水平停留在20世纪60年代和70年代的水平上，1986～1990年乡镇企业技术进步对其产值增长的贡献率只及国有企业的一半。第三，乡镇企业产品质量总体不稳定，不合格产品分布面广。1993年第四季度国家对乡镇企业产品进行的抽查结果表明，乡镇企业产品合格率为60.1%，低于全国平均水平11.7个百分点。第四，集体乡镇企业产权不明晰导致政企不分、责任不分、负盈不负亏的情况普遍存在，企业的市场竞争力下降，经济效益滑坡。第五，乡镇企业布局仍然非常分散，这不仅导致土地浪费更加严重，污染点多面广难以治理，而且也损失了对现代产业经济来说至关重要的集聚效应。1992年的调查结果表明，在全国2079万家乡镇企业中，约有1900多万家分散地建在自然村里，这种状况至今没有多少改观。从外部环境来看，乡镇企业也面临许多新的不利因素。一方面，乡镇企业资金短缺较严重，而国有银行对乡镇企业的贷款占全社会贷款总额的比重偏低，尤其是国家扶持中西部乡镇企业发展的专项贷款到位差。另一方面，从1994年起，国家实施新税制，乡镇企业的税负增加，仅1994年乡镇企业的正式税负和非正式税负就比上一年增加了695亿元，导致乡镇企业的销售利润率下降了1个百分点。当然，对于乡镇企业来说，其内部存在的诸多问题可能是更为重要的。

第四阶段为改制发展阶段（1996年至今）。20世纪90年代中后期，国内市场由短缺经济转向饱和经济，双轨经济转向单轨经济，暴利经济转向微利经济，因计划经济束缚而被压抑的能量已经充分释放，这些变化导致乡镇企业起步阶段的机制优势、政策优惠、市场环境优越等有利条件日渐丧失。高速发展了20多年的乡镇企业，其内部固有的矛盾现在越发突出：政企不分、经营方式落后；负债率高，技术老化；"村村点火、处处冒烟"的生存方式已无法适应市场。面对挑战，乡镇企业也在发生深刻变化，呈现一些新的特征：第一，以前曾经被忽视的乡镇企业产权矛盾日益突出，明确产权、提高效益的迫切需要提上乡镇企业发展的议事日程。通过改制重组，乡镇企业的投资主体和产权主体多元化、混合化，经营体制不再单一，乡镇企业由以前的某种成分主导型经济向多种成分混合型经济转化，最突出的就是苏南模式和温州模式的相互融合。苏南地区本是集体经济的一统天下，但到 1998 年，经过全面改制以后，乡村集体企业中非集体资本比例达到 40%；以个体和私营经济为主的温州，一些乡镇企业也在分散中联合起来，组建成股份制、股份合作制和合伙制企业，实现资本的社会化。第二，外向型经济成为乡镇企业发展的拉动力量。从材料到设备、从人才到技术、从管理到文化，乡镇企业开始博采同业众长，全面对接世界名牌。20 世纪 90 年代中期以来，乡镇企业出口产品交货值平均每年递增 40%，生产出口产品的乡镇企业发展到 124000 家，1600 家乡镇企业具有了进出口经营权，累计利用外资 290 亿美元，境外办厂 4000 多家。境外投资 200 亿元人民币。一些出口规模较大的乡镇企业获得进出口经营权后，出口额成倍增长，技术水平和管理水平也迅速提高，乡镇企业的外向开展提高了中国对外开放总体水平。第三，上规模、高科技成为乡镇企业发展的重要方向。乡镇企业由粗放型增长方式转向集约型增长方式。1998 年底，全国年销售收入 1000 万元以上的乡镇企业 4600 多家，占全国乡镇企业总数的 0.02%，而其创造的营业收入却占全部乡镇企业收入的 22.6%。在江苏，乡镇企业的组织化程度不断提高，规模日益扩大。第四，乡镇企业与农业产业化紧密联合。越来越多的乡镇企业通过体制和技术上的改造实行贸工农一体化经营，成为带动农业产业化经营的龙头企业。1998 年，全国从事农副产品加工的乡镇企业有 35 万家。这进一步推动了农业的工业化，为农业实现现代化开辟了道路，打下了基础。第五，乡镇企业与小城镇建设互为依托，寻求共同发展。1998 年底全国已有 100 多万个乡镇企业聚集在各类工业小区和小城镇中。原来，浙江省温岭市的乡镇企业的空间布局特征是"低、小、散"，生产要素集聚水平低；基础设施共享性差，工业发展对环境的污染较重，治理难度大。针对这些问题，温岭市制订了新的城乡规划，运用市场机制，走以建设工业园区带动小城镇建设之路，促进了产业集聚和城镇开发。1998 年，该市共有 2000 多家企业在工业园区落户，各类专业市场达 198 个。乡镇企业向小区集聚，使温岭农村涌现出一个个工贸重镇、特色工业镇、现代农业中心村，加速了全市农村城镇化的过程，从而也推动了农村现代化的进程。

很显然，乡镇企业的发展为农区工业化提供了成功案例，产生了珠三角、长三角这样的工业化、城镇化发达区域，也产生了苏南、温州这样的工业聚居地区，还有诸如天津市靖海区大邱村、上海市马桥乡旗忠村、浙江省萧山市瓜沥镇航民村、辽宁省大连市辛寨子镇华鑫村、江苏省江阴市华士镇华西村、山东省牟平市海镇牟里村、江苏省无锡市郊区扬名乡金星村、广东省中山市小榄镇水宁村、江苏省锡山市前洲镇西塘村和山东省牟平市宁海镇西关村等为代表的工商业经济发达的村落，乡镇企业的兴衰演变为我们农区工业化的实践提供了鲜活的案例。

三　政府间竞争格局下的中国的农区工业化——一种无奈之举

耿明斋教授在其《中国农区工业化路径研究》一书的总序中认为，最初的工业化都是从农业中生长出来的，中国 20 世纪 80 年代开始的工业化就是从农村开始，不能把农区农民隔离在现代化进程之外，农区工业化并不代表一定会损害乃至替代农业的发展等，并用这些观点回应反对农区工业化的声音。其实赞成也好，反对也罢，农区工业化仍在进行。尽管中央决策层还对农区工业化心存疑虑，对农业用地锐减和粮食安全的担心日益加重，但地方政府间的竞争和中央、地方政府间博弈的结果是，没有哪一个农区的地方政府愿意永远做别的地区的原材料和劳动力的供应地。

其实从理论上说，一个经济区域的工业化必须有一定人口从事农业生产，农区的存在和整个国家或地区工业化并不冲突，农区并非一定是和传统农业文明相对应的一个概念，农业的现代化和农区的工业化完全可以统一起来，相对而言，在工业化条件下传统农区从事农业生产应该具有比较优势。但其前提是，农业经营者应该获得社会的平均利润水平，农区的地方政府应该获得和工业发达地区一样的，为其居民提供基本公共服务供给所需要的财政收入，农区人口应该和城市人口、工业化发达地区的人口享受到一样的现代化公共服务。如果真的如此，农区要不要工业化就不重要了。问题的关键是，在现行的产业政策和区域发展战略框架下，农业作为一个基础产业，仍然承担着中国整体工业化和城镇化进程的基础责任，农产品的低价格不仅关系到整个中国工业化和城镇化的进一步深化，还关系到整个国民经济价格体系的形成，对农业的保护还不足以保证农业经营者获得社会平均的资本利润率。以现行分税制财政体制和流转税为主体的税制结构，使得地方政府之间的财政差距与工业化差距高度相关，农区的地方政府很难获得足够的财政收入，以支持庞大的公共产品和公共服务需求，农区和工业化地区的公共服务水平差距越来越大。

这里就涉及农区要不要工业化的问题，本来农区在整个国家的工业化过程中可以专心从事农业生产，这是分工的需要，也是现代化过程中现代工业体系和现代农业体系协调发展的自然选择。但由于地方政府间存在竞争，地方政府作为一个区域化的利益最大化主体，在现行财政体制和税制结构状况下，肯定会做出理性的选择。鉴于此，很有必要研究政府竞争与农区工业化的内在关系，研究农区工业化的内在动因之一——政府间竞争。

四 财政分权条件下的中国农区工业化——逼上梁山

1994 年中国建立以分税制为标志的财政分权体制，规范了中央和地方（主要是省级）政府的事权和财权，这一改革被理论界称为财权上移和事权下移的过程，其积极意义在于彻底改变了两个比重过低的问题，但由于省级以下地方政府间的事权和财权并没有明确，省级以下政府间的财政关系参照中央与省级政府间的办法处理，使得财权上移、事权下移向纵深演进。省级以下政府，尤其是县乡政府承担了太多的公共服务责任，却拥有太少的财权。本来财政分权必须有一个完善的政府间转移支付制度，以保证各地区间基本公共服务的均等化提供。遗憾的是，我国与财政分权制度相匹配的政府间转移支付制度很不规范，尤其是省级以下政府间的转移支付更不完善，这更加剧了地方政府，尤其是县乡政府的财政困难，地方政府必须想办法解决自己的财政问题，除了"跑部钱进"，尽力争取上级财政专项转移支付之外，在目前的情况下，只能是尽量在税收和土地出让环节争取预算内和预算外收入，并尽可能利用土地储备增加地方政府的债务。很显然，在中国目前的流转税收制度下，经营工业比经营农业更容易增加本级政府的预算内税收收入；土地出让金收入和地方政府债务的增加，依赖土地价格的持续上涨，土地价格的上涨就必须借助工业化和城镇化对土地需求的持续增加。于是农区政府除了工业化之外，别无选择。

财政的存在是以公共产品的有效供给为前提的，财政分权正是为了保证各级政府在自己的财力许可范围内为本行政区域提供公共产品和公共服务。但"公共"的范围有大有小，各级政府均有自己的"公共"事物，中央财政负责全国性的公共产品，各级地方财政各扫门前雪亦理所当然。这样，理论界把公共产品又分为区域性公共产品和全国性公共产品。在整个工业化过程中，有些公共产品属全国性的，却是由农区提供。例如，在计划经济时期的工业化，为了保持工业化原始积累所需要的资本，必须维持产业工人劳动力自身再生产的低成本，我们采取了农产品统购统销制度，以低廉的价格从农民手中取得粮食，以维持工业化所需要的低劳动力成本，并通过剪刀差对农民实施二次剥夺；在改革开放时期的工业化坚持的是让一部分人和一部分地区先富起来，在沿海地区优先实行工业化，农区却承担起粮食安全这样的全国性公共产品，并在为工业化持续输出廉价劳动力的同时，劳务输出的农区不得不承担起本应由劳动力雇佣地和消费地承担的诸如医疗保险、养老保险等社会保障责任。也就是说，农区承担了本应由中央财政承担的全国性公共产品，承担了本应由发达工业化地区承担的地区性公共产品，但由于转移支付制度的缺陷，它们得不到相应的"补偿"，可以说分税制的财政体制与农区政府的工业化冲动紧密相关，它们被逼上绝路，不得不思考工业化的问题。

五　中国农区工业化的宏观经济环境——扩大内需与区域经济协调发展

（一）传统农区工业化是扩大内需的有效途径

全球金融危机和欧美主权债务危机，为中国经济的可持续发展敲响了警钟，在经济全球化的时代，过度依赖外需的经济增长很难面对国际经济动荡的冲击；市场经济的规律也告诉我们，过度依赖投资需求拉动的经济也是不可持续的，随时可能面临生产相对过剩的风险，内需尤其是消费需求作为中国经济的短板必须补上。很显然，扩大内需将为中国经济的持久发展提供强劲的内在动力。在20世纪90年代初我们就宣称告别了"短缺经济"，实现了买方市场，但是占总人口半数以上的农村人口收入水平很低，所谓告别"短缺"不是物质真正丰富了，而是因为一半以上的人口购买力很低；20世纪90年代后期中国曾出现过通货紧缩、生产能力过剩现象，劳动力过剩与资本过剩同时出现，同样是农村人口购买力极低条件下的一种"假象"，并不是生产能力真的过剩了。按照刘易斯的二元经济模

10

型，发展中国家工业化有赖于其劳动力的无限供给，一方面满足工业增长对劳动力的需求，另一方面实现非农就业的劳动力的消费需求会随着收入的提高而增加，从而为工业规模的进一步增长提供市场需求。当工业化完成以后，经济增长就会放缓，不仅是因为劳动力供给不足，更重要的是市场总体规模扩大的潜力有限（个人的消费结构转变和消费总量增加的空间都非常有限）。所以，经济的快速发展均出现在正在进行工业化的欠发达国家，而发达国家的经济增长一般都比较稳定且速度不快。很幸运，中国存在很多面积广大，人口众多的农区，其工业化过程将开启超过 7 亿农村人口所蕴藏的巨大市场需求，不仅仅是有助于降低经济增长的外贸依存度，更重要的是足以支撑中国经济未来几十年的快速增长，所以，要将这一潜在支撑变成中国经济发展的现实动力，必须努力推进传统农区的工业化。

（二）传统农区工业化有助于实现区域经济的协调发展

20 世纪 90 年代以后，中国中央政府面对实施区域经济非均衡发展战略所带来的地区收入差距进一步拉大的趋势及其对我国改革开放的进一步推进和国民经济的持续发展产生了一系列不良的影响，开始着手从总体上解决东部地区和中西部地区的发展关系，逐步确立了区域经济协调发展战略的指导思想。1996 年八届全国人大四次会议通过的《中华人民共和国国民经济和社会发展"九五"计划和 2010 年远景目标规划纲要》中，专设了"促进区域经济协调发展"一章，较为系统地阐述了此后 15 年国家的区域经济发展战略。1997 年党的十五大又对这种战略做了明确肯定，江泽民总书记所作的十五大报告就促进地区经济合理布局和协调发展问题进行了专门论述。1999 年以后是区域协调发展战略全面实施的阶段。为促进区域经济协调发展，1999 年 9 月中共十五届四中全会提出"实施西部大开发战略"，2003 年 10 月中共中央、国务院又联合发布了《关于实施东北地区等老工业基地振兴战略的若干意见》，2004 年 1 月中央经济工作会议提出"促进中部崛起"，随后有关部门制定实施了一系列的相关政策措施。这表明中国已经进入区域协调发展战略全面实施的新阶段。国家"十一五"规划纲要明确提出"坚持实施推进西部大开发，振兴东北地区等老工业基地，促进中部地区崛起，鼓励东部地区率先发展的区域发展总体战略"，"逐步形成主体功能定位清晰，东中西良性互动，公共服务和人民生活水平差距趋向缩小的区域协调发展格局"。国家"十二五"规划纲要中依然明确指出继续奉行强调区域协调发展的战略。2011 年 9 月 28 日，《国务院关于支持河南省加快中原经济区建设的指导意见》发布，区域经济协调发展的阳光开始照耀中原大地。可以说，随着中国经济的持续快速发展，农区工业化问题变得越来越重要，区域经济协调发展需要农区工业化。

在东南沿海地区劳动密集型产业竞争优势逐渐丧失的情况下，传统农区工业化在保持中国劳动密集型产品的国际竞争力方面发挥了重要作用。农村工业过去在解决农民就业、保持中国在劳动密集型产业的国际竞争优势方面起了非常关键的作用，并且今后仍将继续起作用。20 世纪 80 年代以来，仅农村乡镇企业就创造了超过 1 亿个就业机会，但全国第二产业的就业总量从 1985 年的 10384 万人到 2006 年的 19225 万人，只增加了 8841 万人，占全部就业的比重始终徘徊在 22% 左右。乡镇企业创造的就业机会超过了第二产业全部新增就业数，这说明城市工业创造的就业机会不增反降。当然，这不是因为城市工业退步了，而是因为由于产业结构转型与升级，城市工业更多地使用资本和技术，资本有机构成提高的同时吸纳就业能力变弱了。

目前东南沿海地区的一些企业尤其是劳动密集型企业陷入困境的部分原因就是随着城市化进程的加快，其土地价格、生活费用等大幅度提高，在劳动密集型产业方面已经失去了优势。城市工业与东南沿海地区农村工业发展中资本与技术替代劳动的趋势已经无法扭转，吸纳就业能力还将进一步降低。但是，这些地区失去优势并不意味着中国不需要发展劳动密集型产业了，因为劳动密集型产品的市场需求现在不会将来也不会消失。而且，像中国这么大的一个国家，全国各地都发展技术水平高的工业是不可能的，尤其在传统农区仍然存在大量富余劳动力的情况下，发展技术水平高的工业也是不经济的。所以，传统农区承接劳动密集型产业转移是比较优势原则指引下地区间合理分工的结果，劳动密集型工业在传统农区的广泛发展将成为一种不可逆转的趋势，并将对保持中国在传统劳动密集型产品的国际竞争力方面发挥重要作用。

第二节 中国传统农区工业化之困

一 传统文化价值观与工业化

全球工业化的实践已经证明，工业化不仅是物质文明发展的过程，而且是精神文明的进步。传统农耕文化以其内在于农区居民的心理、思想意识等形态存在，并通过农区生产活动方式、社会关系、制度等形态全方位地影响着工业化。和东部沿海以及其他工业发达地区不同的是，中国传统农区受到传统文化价值观的影响更大，现在还很容易在这些地区找到中国传统文化的活化石，传统农区之所以在中国的工业化进程中落伍，除国家发展战略和政策因素外，传统文化价值观深入骨髓也是一个重要的原因。对此，耿明斋教授以河南为例进行了很精辟的描述，他认为，作为中华文明的发源地之一，经过两千多年的繁衍，儒、释、道三家思想的混合形成了以河南为代表的传统农区文化的主流，而且早已深入人心，甚至可以说是渗透到了以河南为代表的中国人的骨髓中，形成了其特定的价值观以及判断是非、引导行为的标准。这种文化价值观的核心包括以下几个要点：第一，认可等级；第二，依附心理，渴望拯救；第三，崇尚权威，缺乏自信；第四，迷信传统，向往过去，安于现状，不思进取。很显然，传统文化性状保存比较完好的传统农区，传统的经济价值观、审美价值观、时间观、守旧心理、愚忠心理、宗教信仰、行为方式、家庭结构、社会组织、风俗习惯等主要适用于农业文明的传统文化，已经成为阻碍农区工业化开展的主要因素之一。

文化是物质与精神产品以及思维方式的总和。传统文化与工业化之间，存在着高度的相关性，传统文化中不符合时代要求的部分，会严重阻碍工业化。我们不妨以中国传统农区这一传统文化阻碍现代化表现得最充分的经济区域为对象，以实证方法从行为方式、家庭与社会组织和风俗习惯共5个方面，具体考察传统文化对工业化的诸多阻碍作用。

（一）传统观念束缚下的农区工业化

观念是人类思维活动的结果，是人对客观世界的看法和思想。农区的传统观念，是指历经数千年世代相传、累积而成的那些稳定存在的，支配农区居民活动和行为的看法和思想。传统观念是个完整的体系，我们仅从中撷取经济价值观、审美价值观和时间观加以考察。

1. 重义轻利的经济价值观

传统农区的传统经济价值观中，有憎恶追求财富、鄙视体力劳动、重农轻商等内容。在中国的传统思想体系中，无论世俗的还是宗教的都有"追求财富是令人憎恶的"思想。儒家思想认为"志在富贵，鄙夫所为"，认为讲求财利是低级庸俗的品行，因而"何必言利"。然而，工业化是以商品货币关系为基础的，作为人类的经济活动，必然要以利益为驱动力，赢利、追求价值增值或财富的增加是工业化最主要的目标，而为实现这一目标，重视投入－积累资金的使用成为不言而喻的前提，资本运作必须讲究投入产出，计算成本，"斤斤计较"。但农区的传统经济价值观显然满足不了这样的要求，二者是截然对立甚至是严重冲突的。受传统经济价值观束缚的人，不愿或不敢在经济活动中直面赢利的目标，羞于锱铢必较，对自己的财富，总有一种不安全感，投资意愿低落。也就是说，农区工业化的成功，需要确立不禁止追求财富的世俗价值体系以及与之相适应的种种行为。

2. 静态均衡的传统审美价值观

儒学主张"先王之道斯为美"，倡导奉守古制、循规蹈矩、道统永续。从总体上看，中国传统审美价值观的核心是一种静态均衡观，美的价值判断标准是能不能达成和保持一种静止的均衡，而其特征是崇尚"和谐"。在这样的审美价值观下，流动性、创新、变革、不安于现状等都是不美之行为，不可避免地要遭到排斥与压制。个人不应有自主意志，应该顺从自然、顺从命运、顺从权势，与"命中注定"的环境保持统一和谐。这与工业化的要求，显然大相径庭。工业化的物质基础就在于技术进步、要素流动、要素组合格局的不断创新变化；工业化的社会过程本质上是一个不断改变现存秩序、人际关系和结构的动态平衡过程；人的行为和心态特征，就在于不断创新和不安于现状。工业化中的个人必须具有个人利益最大化的天然理性，充分信任自己，相信人的力量，摒弃消极态度、宿命论和无所作为的观点。在农区工业化过程中，新技术的采用、职业的选择、劳动效率的提高等，都会受到传统审美价值观的影响。

14

3. 传统时间观

传统农区传统文化观中的时间观，是与自然经济相适应的，其特征是按照某种宏观循环来计量，如日出日落、春去夏来、秋尽冬至等，从而被理解成刻板不变的概念。以此为基础，人们的行为显现出以节奏舒缓为特征的相对稳定状态，如"日出而作，日落而息""日复一日，年复一年"等。这与工业化需要的以精微刻度来计量时间、争分夺秒，高速度、快节奏相去甚远。

（二）传统心理束缚下的农区工业化

心理是对感觉、知觉、记忆、情感、性格等的总称。中国传统农区的传统心理，在外延上包括许多方面，而普遍存在、影响较大的有守旧心理、愚忠心理和盲目崇拜心理等。

1. 守旧心理

守旧心理，也被称为守常心理，是指那种时时按传统办事，处处恪守旧例，守制不变的潜意识或心理态势。显然，它与前面所说的传统审美价值观密切相关。中国儒学中所谓"天不变，道亦不变""法先王"，佛教所谓"三法印"等，都是对这种传统文化背景下传统心理的描述。这种维护传统、阻止变革的传统心理，严重地阻碍了工业化的开展。既然农民都认可祖上留下来的总是最好的，因而不思变革，那整个社会当然也就难以有创新的冲动了。从农民中分离出来的小手工业者，既然他们没有自己聚集和独立存在的空间，那事实上他们就仍是农民的一员，他们是上述文化的信奉者和传播者，因而他们也会相信传统、安于现状。这应该是中国传统农业没有蜕变为现代工业的最深刻的社会文化基础。

2. 愚忠心理

这是一种不以理性思维为基础的心理倾向，儒学中的"君让臣死臣不敢不死""士为知己者死"之类的忠君孝父思想，伊斯兰教的"忠实是宗教之本"的圣训，农区中强烈的"本地人"意识，都是这种心理存在的表现。在这种心理支配下，人们眼光狭窄，头脑闭塞，畏惧权势，墨守成规。这些都与工业化的要求格格不入。

（三）传统行为方式影响下的农区工业化

传统行为方式，是指人们日常行为中那些习以为常、自然娴熟的做法。事实上，它是传统观念、传统心理和传统信仰的必然结果和实现途径，传统农区的诸多传统行为方式对农区工业化有很多负面影响。

1. 限制了工业劳动生产率的提高

工业化对于社会经济的根本意义在于通过技术进步和生产要素的重新组合，极大地提高劳动生产率，从而提高生产力。但是，传统农区传统文化中的一些行为方式，却明显地有碍于这一目标的实现。例如在中国的传统农区，只有被经济境况不佳所迫，农村居民才去工厂工作，他们有了一些积蓄后，就重返农村或从事传统的职业，结果是训练这些人掌握技术所花费的金钱和投资全部白费了。

2. 阻碍了扩大再生产的顺利进行

工业化的发展，其突出表现之一是生产规模在原有基础上不断扩大。但传统农区的传统行为方式却与此经常相抵触，如小富即安、面子大于天等。我们经常可以看到农区第一代富起来的人很快没落的案例，挣了钱不是继续扩大再生产，而是修豪宅、建豪陵、办豪婚、开豪车甚至赌博挥霍。

（四）传统家庭与社会结构阻碍了工业化的推进

传统的家庭与社会组织，是中国传统文化中一个重要的组成部分：它们是沉重的枷锁，将人们锁闭在旧时光里，从而保证了传统行为方式的延续。而正是由于这一原因，它们在相当大的范围内阻碍了工业化的进程。

1. 传统家庭

在自然经济基础上形成的家庭一般都是用血缘或宗法强有力地黏合在一起的大家庭，这样的家庭，不仅包括直系尊亲，而且包括一些或远或近的旁系亲属。传统家庭的这种规模与结构，对工业化是一个严重阻碍。首先，它们削弱了职业感情。传统家庭的一个重大特征是平均主义，是"一人得道，鸡犬升天"式的共荣共辱。我们可以直观地看到外出工作的人要把收入基本上汇回家中供众多成员共同享用；看到一个家族对出人头地家庭成员的依赖和尊崇。在此情况下，在城市和工厂工作的年轻人很难培养出稳定的职业感情来，他们的创新意识往往被打击和压抑。在大家庭中年龄与权势、威望成正比，因而在传统农区大量存在的家庭企业或家族企业中，创新意识很难得到应有的鼓励。同时在一些农区，老年人的权威和对父老的行孝责任，都严重削弱了青年人对职业的选择权，从而阻碍了劳动力由农业向工业、由农村向城市的流动。

2. 传统社会结构

在广大的农村，传统的社会结构不尽相同，但都在不同程度上阻碍了工业化的实现。农区传统的社会结构是以血缘家庭为基础的家族为基本的社会组织或政治单位，个人需求服从家庭、家族的需求，家族和家庭的利益高于个人利益，从而使以个人积极性为重要动力的工业化受到了压抑。儒学与佛教占统治地位国家传统的社会结构一般是以小农户为基本单位，由一定的宗法相联系的垂直交往形态，与工业化背景下发生的现代社会的垂直交往与横向交往交织的形态相抵触，宗法关系的渗透则使工业活动变得"僵硬"与保守。

（五）传统文化对工业文明的推波助澜

作为传统农区社会的主体，以家庭为基本经济和社会单元的农民，上述思想文化基础自然也是在农民中深深扎根并以他们为载体传播的。但是，当市场经济和工业文明从外部来到我们身边的时候，中国传统文化也确实起到了推波助澜的作用。传统农区工业化过程中，在其从传统向现代的转换过程中，特殊的地域文化起到了决定性的作用：这种文化中的"事业心"推动了劳动人口的大规模外流，并成就了这些外流人口中的大批创业者；"责任心"进一步放大了人口外流的效应，使得外流人口在流入地高度集中呈几何级数增长；"责任心"也促成了大批在外创业成功人士的回流创业。实际上，河南地域文化的另一个核心即"包容心"在经济及社会的转型中也起到了十分重要的作用，大量的流出人口之所以能够在流入地立足创业，应该得益于固始文化中的"包容心"，这种"包容心"表现为对于流入地那些与自己习俗及行为方式不同的方面的容忍、适应等。这种容忍态度和适应能力在一定程度上大大缩短了这些流出人口与流入地自然、人文和市场环境适应的时间，从而助推了人口流动和在流入地的成功创业。通过一系列的个案分析，我们可以看到，中国文化传统里的"事业心"与现代市场经济和工业文明中的创业精神和创新意识接轨；中国传统文化中的"责任心"与现代市场经济和工业文明中的诚信原则接轨；中国传统文化中的"包容心"与现代市场经济和工业文明中的合作精神接轨。可见，中国传统文化价值观与现代市场经济和工业文明之间有着千丝万缕的联系。

二 农耕文化与传统农区工业化①

农耕文化是以种植为基本方式的传统农业社会的文化，它是在传统的自给自足的自然经济基础上形成的一种思维方式和价值取向的总和，是传统农业社会非正式制度的集中体现。农耕文化所对应的经济方式是自给自足的自然经济，即传统农业，是在传统农业社会阶段所形成的人们的价值观和行为规则的总和。作为传统农业社会非正式制度的集中体现，我们认为农耕文化是指建立在自给自足的自然经济基础上的小农文化，通常也被人们称为"小农意识"，主要包括传统农业经济中人们的思想意识、文化传统、风俗习惯和价值观念等，其中居于中心地位的是意识形态和价值观念，它为从事种植经济的人们提供了一套在传统农业社会中评价自身行为的价值观体系，为人们做出生产和生活的选择提供了便利，减少了人们判断决策的不确定性，这是整个农耕文化的精髓所在，其主要特征表现在如下方面。

第一，以农为本、以土地为本的思维方式与价值观深刻地影响着传统农区社会的运行与发展。传统农业经济的生产方式主要是劳动力与土地结合，人们的生活方式是建立在土地这个固定的基础上的，稳定安居是传统农业经济发展的前提。因此，"以农为本、以地为本"的理念深刻于人们的头脑中，粮食生产被人们比作天一样大的事情，而对土地的占有、使用与管理，就形成了一套完整的体系，也因之构成了传统农耕文化的核心。这种思维方式和价值观在深刻地影响着传统平原农区高度稳定的社会秩序的同时，也把人们世世代代地束缚在土地上，维持着一种长久的家庭人口与家庭物质资料的简单再生产过程。

---

① 关于农耕文化对农区工业化的束缚，耿明斋教授在一系列文献中均有系统的描述，笔者只是对其文献的相关内容进行了整理——笔者注。

第二，血缘关系与地缘关系融为一体的宗族观念是传统农区农耕文化的重要特征。农耕文化中的家庭与土地长期融合的产物就是传统农业社会的宗族化。在这种观念的影响下，以农民的人际关系——世族宗亲关系为纽带，家庭式农村社会结构的核心、社会关系是家庭关系的放大和延伸，形成了农耕文化群体本位的价值观。从主观上严重禁锢了传统农业社会人们的思想，约束和限制了农民在传统农业经济中的生产和生活行为。

第三，自给自足的自然经济使人们滋生了循规蹈矩的封闭循环意识。对于传统农区来讲，小农意识严重阻碍了农区工业化的进程。随着劳动力在传统农区和工业发达地区之间的流动，蕴藏于人们头脑中的价值观和思维方式也在逐渐发生变化，而这对于传统农区工业化的发展具有重要的意义。如果动态地看待这一过程，传统农区规模庞大的社会成员通过这种自发的流动，将会逐步脱离传统农耕文化的羁绊，逐渐演变为真正的具有竞争意识的市场主体，并且会给自己的家乡带来工业化所需要的资本、技术等生产要素，从而启动传统农区工业化的进程。

三 资源禀赋约束下的农区工业化

最先走上工业化发展道路的是沿海省份的一些农区和内陆省份中少数资源条件比较特殊的地区。可以将其归结为三种模式：第一是靠外来资本和技术输入的珠三角模式；第二是靠商业传统和大城市辐射的长三角模式；第三是靠资源开发实现资本积累的原始积累的模式（中西部某些拥有非常丰富矿产资源的地区）。通过以上三种模式率先走上工业化发展道路的农村地区，为新一轮的工业化做出了巨大的贡献，但是，我们也应清楚地认识到，以上地区只是我国广大农村地区的很小一部分。我国面积广大的传统农区普遍具有以下特征：（1）农耕历史悠久，农业至今仍是区域内主要经济活动；（2）资源匮乏，除了土地和农产品以外，缺少可供民间开采开发的矿产和渔牧资源，资本积累的基础十分薄弱；（3）人口密度大，但区域内熟练劳动力不足；（4）地处偏远，较难受到外部工业中心的辐射。这些特点决定了这些地区的工业化和经济社会发展面临的困难与问题要比其他地区大得多，也复杂得多。但是，这又是一个在我国经济发展格局中绝对不可以被忽视的地区，因为它不仅以其丰富的农产品资源和大量的廉价劳动力供给支撑了沿海地区的高速工业化进程，而且就其区位来说，它也是我国工业化由东向西、由南向北推进的第一个接力点，而这一涉及众多人口和广大面积地区的工业化势必会将我国经济的整体发展水平推向一个更高的层次；反过来说，如果没有这一地区的工业化发展，国民经济整体上的工业化将是无法想象的。所以，不管困难有多大，传统农区的经济社会发展都是建设全面小康社会不可缺少的环节，也是中国经济发展必须完成的任务。一句话，传统农区需要而且必须走工业化之路。

四 耕地红线和资源环境保护约束下的农区工业化

（一）我国耕地现状及耕地红线的提出

我国是农用耕地资源严重缺乏的国家。人均耕地 0.11 公顷，不足世界人均水平的 45%，并且还在以每年 33 万公顷的速度减少；1/3 的国土正受到风沙威胁，草地退化、沙化、碱化面积每年以 200 万公顷的速度增加；全国平均每年旱涝灾害造成粮食减产近 1000 万吨；灌溉水生产效率为 0.8 公斤/立方米，不到西方发达国家一半；全国污灌面积已占灌溉总面积的 7.3%；化肥施用量 400 公斤/公顷以上，农药年使用量已超过 170 万吨，其中约 50% 的农药将进入土壤与水体，污染农田面积已达 900 万公顷[1]。近年来，我国耕地总面积锐减。据有关统计资料表明，从 1996 年到 2006 年，我国耕地数量从 1.3 亿公顷减少到 1.2 亿公顷，十年间共减少了 0.1 亿公顷，人均耕地面积也由 0.11 公顷降到 0.09 公顷[2]。粮食供求问题日渐突出。据中国科学院预测，未来 40 年，即到 2050 年我国人口将超过 15 亿，粮食产量至少要增加 1.2 亿吨才能满足人口需求。除了大米、小麦等主粮的需求在今后 10 年会出现先缓慢增长、然后下降的趋势外，其他农产品需求都将出现不同幅度增加，如奶制品需求将增长近 3 倍，畜产品、饲料粮、水果、食油和纤维总量需求将增长 1.5 倍多，蔬菜和食糖需求将分别增长 75% 和 100%。除了数量要满足需求外，对粮食及农产品的质量要求也日益提高，民众已经不再满足"吃得饱"，更需要"吃得好""吃得健康"，粮食安全问题已经成为有关农业生产、经济发展、社会进步及人

---

① 张勇：《坚守 18 亿亩耕地红线的探讨》，《经济问题探索》2011 年第 2 期。

② 孟媛：《坚守 18 亿亩耕地红线研讨会摘要》，《中国农业大学学报》2007 年第 3 期，第 25～26 页。

民安居乐业的根本性问题。显然，这些要求，仅靠现有耕地数量和农业生产方式是不能满足的。

严峻的耕地资源形势和粮食安全问题不容乐观，已经引起了党中央、国务院领导的高度重视。国务院印发第三版《全国土地利用总体规划纲要（2006~2020年）》，对未来15年土地利用的目标和任务提出六项约束性指标和九大预期性指标。六项约束性指标集中在耕地保有量、基本农田保护面积、城乡建设用地规模、新增建设占用耕地规模、整理复垦开发补充耕地义务量、人均城镇工矿用地等主要调控指标中。其核心是确保18亿亩耕地红线——中国耕地保有量到2010年和2020年分别保持在18.18亿亩和18.05亿亩，确保15.60亿亩基本农田数量不减少、质量有提高。同时也为我们敲响了"保护耕地、刻不容缓"的警钟，使我们不得不居安思危，再次深刻意识到"保护耕地就是保护我们的生命线""保护耕地就是保护中华民族的生命线"的重大战略意义。

农区工业化是在全国基本上实现工业化，耕地已经无法减少情况下的工业化。这就必须走一条以不牺牲粮食安全为代价的新型工业化之路。具体而言，就是坚持用工业化思维统领农村经济和城市经济工作，依托农业抓工业，围绕工业抓农业，用工业化的理念、思路和生产组织方式来发展现代农业，以农业和工业相互融合来促进城乡经济的协调发展。总之，应该在发展现代农业的基础上，促进农区工业化的发展。

（二）中国农区工业化进程中的环境资源问题

中国农区工业在中国现代化进程中发挥了巨大的作用，但这样的工业化也面临着资源环境因素的制约。农区工业化加速阶段的显著特征是经济增长与资源消耗、环境破坏同时存在。在建立资源节约型与环境友好型社会的大环境下，农业地区的工业化和城镇化必须走出一条不牺牲环境和资源节约的新型工业化路子。有两个问题摆在中原地区决策者面前：一是温家宝总理在2009年哥本哈根气候大会上承诺到2020年中国单位国内生产总值二氧化碳排放比2005年下降40%~45%，并作为约束性指标纳入国民经济和社会发展长期规划。这样的任务是要分解到地方的，农区工业化、城镇化除了18亿亩红线制约外，又多了一个碳排放的"紧箍咒"。二是农业地区新一轮工业化提速有一个很重要的前提，即承接东部地区产业转移，很显然，主要承接的是传统产业，但从农区经济可持续发展的角度考虑，同时要对转移的传统产业进行升级，增加产业的科技含量。农业地区的传统农业因为广泛使用化肥、农药，已经带来了巨大的环境压力，能源和建材等开发带来的环境问题越来越突出，同时工业化和城镇化必须破题，在环境保护、资源节约与经济发展之间必须有一个很好的平衡点。

在过去的很长一段时间里，地方政府在环境保护和经济增长之间更愿意选择经济增长，环境保护喊得多，实际举措很少，这也是地方政府的无奈之举。因为节能减排与环境保护是需要财政投入的，投入容易、筹资难，目前的财政收入制度很难保证筹集到足够的资金用于这个方面。但迫在眉睫的情况是，财政在两个方面必须加大支出：一是环境保护及其基础设施的投入必须跟上。农业地区的财政实力、经济结构和区域经济的发展水平等决定了不可能不引进传统产业，传统产业大量引进很可能带来高能耗、高污染和高资源消耗，环境保护及其基础设施支出加大将成为必然。二是节能环保的科技及研发投入必须增加得很快，针对传统产业的技术升级是很难的事情，需要政府大量的前期引导性投入和持续的资金支持。

如何走出一条不以牺牲资源和环境为代价的新型农区工业化之路，是摆在决策者面前的一个严峻课题。

五　劳动力短缺条件下的农区工业化

当中国出现"民工荒"现象后，其争议焦点是中国是否进入了"刘易斯拐点"。这时，就形成了两种观点，一种是认为我国已经达到"刘易斯拐点"；另一种则认为我国尚未达到"刘易斯拐点"。但是，这些学者并不否认"刘易斯拐点"将在中国出现的这个事实。蔡昉（2007）、吴要武（2007）、云宏伟（2009）等学者认为，2004年以后出现的"民工荒"，不是暂时的现象，而是"刘易斯拐点"到来的征兆。他们主要是从测算2004年农村剩余劳动力、非技术劳动者的工资变化、非正规就业模式变化等角度检验了推论。王诚（2005）认为，即使按照我国目前9.5%的高增长率下每年1%的城市化率，农村剩余劳动力的转移完毕还需要40年左右的时间。樊纲（2007）认为，中国经过30年的大发展转移出了2.5亿～3亿的农民，中国仍将长期处于劳动力过剩阶段。孟昕（2008）认为，"民工荒"不能作为"刘易斯拐点"的表象，其主要是由制度和人口结构原因造成的。从国际经验看，先行工业化国家在出现"刘易斯拐点"时的主要表现为：农业在国家经济中的比重降低，农业劳动力人口在总的就业人口中所占比重明显下降；工人的实际工资水平开始出现上升。笔者认为，我国近几年出现"民工荒"以及普通工人工资上涨较快，我国的农业人口占总人口的比重还相当大，农业劳动力在总的就业人口中的比重超过50%，这表明出现了拐点的迹象，"刘易斯拐点"正在逼近，但还没有出现。无论理论界争论的结果如何，劳动力成本的上升已经成为农区工业化必须面对的现实问题。

（一）如何以合理的产业政策吸纳剩余劳动力

从国际经验来看，一国在刘易斯转折过程的初期，应该尽量避免资本深化的过早发生，应该通过劳动力使用倾向的创新，保证丰富的非技术劳动力得到最大限度的利用，只有当剩余劳动力的情况不存在，实际工资开始大幅度上升时，在经历了资本浅化式增长之后，才出现资本深化。这正是日本的成功经验所在。我国的农业人口占总人口的比重还相当大，农业劳动力在总的就业人口中的比重超过50%，这一现实决定了"刘易斯拐点"在我国将表现为一个长期的过程，也决定了未来相当长一段时间，我国农区工业化不能放弃劳动密集型的产业发展战略，而应根据国际产业的变动情况，实行劳动力的使用创新，提高工业对劳动力的吸纳水平。

（二）如何加强对农民工的职业技能培训

通过对劳动者的培训，用质量替代数量，将成为预防劳动力短缺的未雨绸缪之举。在现阶段，对农民工进行职业技能培训需要从以下几方面着手：首先，做好农村初、高中毕业未能继续升学的新生劳动力和退役后返乡人员的职业技能培训；其次，加强对有意愿进城务工的农村劳动者的劳务输出培训以及在岗农民工的技能提高培训，进一步增强培训的针对性、实用性和灵活性；最后，充分发挥劳动保障部门的职能优势，加强劳动力市场建设，对进城登记求职的农民工提供免费的职业指导、职业介绍和政策咨询等服务，推行技能培训、就业服务、权益维护"三位一体"工作模式，促使农民工平等就业、素质就业、稳定就业。

（三）如何鼓励和引导新的劳资关系

在劳动力无限供给的条件下，企业可以非常容易地获得所需要的劳动力资源，企业处于主动地位，而劳动者处于被动地位。在经济进入"刘易斯拐点"之后，劳动力资源逐渐变得稀缺，获取和维持必要的劳动力资源成为企业制胜的重要环节，这为提高劳动者地位、形成新的劳资关系提供了有利条件。在新的劳资关系中，企业要想长期拥有自己需要的劳动力资源，就必须善待劳动者。当然，善待劳动者并不是仅仅有利于劳动者，而是能够达到"劳资两利"的效果。因此，政府应通过精神奖励和物质刺激，积极鼓励和引导企业加强劳动力保护，形成新的劳资关系，善待劳动者，并提高企业的竞争力，创造劳资两利的新局面。

（四）给农民工以城市公民待遇

与城市职工相比，进城农民工面临的劳动环境和社会处境较差，比如劳动时间长、劳动合同签约率低、社会保险参保率低、子女入学难等。因此，需要给进城农民工以城市公民待遇，以使广大农民工能和城市职工公平竞争，并解决家庭的后顾之忧。这就要求政府转变观念，适应市场经济、城市化和经济全球化的要求。第一，对农民工与城市户籍人口一样履行公共管理职责，保障其合法权益和人身安全。第二，规范企业用工制度，保障劳动者合法权益。第三，清理、整顿、取消各种对农民工的证卡制度和乱收费等不合理规定。第四，妥善解决进城农民工的社会保障问题。第五，国家还应加大教育的投入，解决农民工子女城市入学问题。当然这对农区政府的财政压力是空前的，政府的公共服务能力必须有一个质的提高。

第三节　传统农区工业化的公共财政困局

站在全国区域经济均衡发展的高度考量，农区工业化的实质是探索一条不牺牲粮食安全和农业发展的工业化、城镇化和农业现代化协调发展的新型发展之路。这是一条前人未曾走过的发展道路，对财政"公共化"为取向的一系列改革提出了非常高的要求，巨大的公共服务需求和有限的财政收入来源之间的矛盾将更加突出，财政必须直面一系列经济发展问题。

一　社会转型对财政转型提出新要求

传统农区是中国农耕历史最久，自然经济和小生产观念积淀最厚，传统的经济社会结构和文化结构保存最完整、结合最牢固的地区，"二元"经济结构在这里得到最完整的保存，实现由传统社会向现代社会转型难度很大。如果从文明转换角度解读中原经济区建设，就是要实现从传统社会向现代社会的跨越，突破农耕文明的束缚，赶上工业化和城市化为代表的现代文明列车，这也是以河南农区为代表的传统农区工业化的原始动力。目前中国的财政属于典型的"二元"财政，就公共服务均等化提供的现代"一元"财政体制而言，城市财政和农村财政差别提供，是与中原地区典型的"二元"经济结构相适应的。随着中原经济区的构建，"二元"经济结构将加速消亡，传统的"二元"财政已经成为中原经济区建设的制约因素，以"公共化"为取向的现代财政制度建设必须加快进行。

二　现代化的农业体系建设对财政支出提出更高要求

作为粮食主产区的主体，在多个国家和地区粮食减产的同时，河南省为代表的传统农区承担起粮食安全的重任，以河南省为例，截至 2011 年底，连续五年粮食产量稳定在 500 亿公斤以上。农业和粮食生产是中央政府在考虑农区工业化请求时必须优先考量的问题，尤其是在长三角、珠三角等"鱼米之乡"耕地消失殆尽之时，靠牺牲粮食安全和农业发展的农区工业化不可能得到中央决策层的认可；更实际的考量是，现代农业体系的构建很可能成为农区工业化的亮点和农区工业化的比较优势之所在；工业化所提供的技术支持和城镇化提供的经营规模相对扩大，以及工业化和城镇化过程中对农产品需求的扩张，有可能让农业成为农区经济发展的另一个增长极。这就要求在经济区建设中工业化、城镇化和农业现代化必须同时进行、协调发展，现代农业体系要求在适度规模经营的基础上，广泛利用包括生物技术等在内的现代科技，充分利用国际农产品市场和世界农业资源，广泛吸收世界农业生产先进经验，拓宽农产品出口渠道，化粮食产量优势为粮食经济优势，变农业大区为农业经济强区，提升农业、粮食大区在全国乃至世界的经济地位。

现代化的农业需要一个发达的现代农业公共服务体系与之相配套，这无疑对农区的农业财政支出持续增长和财政支出结构调整提出更高的要求。第一，农业基础设施投资要跟上，尤其是农业水利设施和农村基础交通设施建设要适应现代农业体系的构建，这是一个必须优先解决的硬件基础。第二，农业科研及其推广体系要逐步完善，增加农业科研投入，提高农业科研和成果转化水平；要加强农业技术推广体系建设，增强技术服务能力。第三，要加强农民技能培训，提高农民的素质，培育与现代农业发展相适应的新型农业主体。第四，建立农产品信息服务体系。经济区各级政府需要加强对全国乃至全球农产品供需状况的监测、分析和评价，及时发布市场信息，建立主要农产品供求预警机制。第五，建立农产品质量安全和农业投入品安全体系、植物病害防治和动物疫情防控体系、气象灾害预测预报和森林防火体系等公共服务体系建设，增强服务能力和服务水平。

三　加快推进城镇化对公共服务均等化提出更高要求

传统农区过去一直是劳动力输出地，这曾是不少农区地方政府夸耀的资本，但一个严重的后果正在集聚，那就是发达地区享受了人口红利（低成本劳动力创造的利润留在那里，有劳动能力时的消费留在那里），却把繁重的农村产业工人（即媒体所称的"农民工"）的社会保障负担留给了农区财政。有一个观念必须改变，人口多不一定是坏事情，关键是能否通过经济发展把人留下来，经济学常识告诉我们，留住劳动力就留住了利润，就留住了消费。出路只有一条，那就是在加快工业化进程的同时加快城镇化进程，把人口红利留住。农区的城镇化滞后于全国平均水平是不争的事实，但城镇化又面临农地红线制约，这就涉及一系列农村土地制度变革和居民身份转换的制度难题。

四　具有农区特色的经济发展方式转变任重道远

就全国而言，转变经济发展方式主要包括由外向型向内需型转变，由中国制造向中国创造转变，由资源消耗型向资源节约型转变等，这就要求由传统的来料加工和传统制造业向资本密集型和技术密集型现代制造业以及高新技术产业转变，服务业在经济中的份额快速提升。一般而言，农区的经济情况很特殊，表现在经济外向型不强，初级产品所占比重过大，制造业尚不能满足农产品、能源产品、原材料等初级产品深加工、精加工需要，农区的服务业大而不强。农区的经济发展方式转变应该有自己的内涵，需要处理好几个关系：一是变依赖初级产品输出为深加工、高附加值产品输出，发展现代制造业，同时处理好传统制造业发展与高新技术产业发展的关系；二是承接东部产业转移，增加外向型经济份额，处理好外向型经济与内需型经济的关系，实现均衡发展；三是大力发展现代物流、旅游、金融等服务业，处理好现代服务业与现代工业的良性互动关系。

五　解决收入分配问题农区必须率先有所作为

按照一般的理解，收入分配是个国家层面的社会问题，地方政府更多地关注经济发展。但现在越来越多的经济学人开始从经济可持续发展层面思考，因为收入分配问题与消费需求是直接相关的。这一点对河南这样的农区尤其重要。河南独特的地理位置和交通优势决定了其发展现代物流的前景非常广阔，包括商业、会展业在内的服务业也具有相对优势。问题在于，实践已经证明，发达的物流中心、商业中心和会展中心是以本经济区域内有强大的消费需求为基础的，很难相信，一个自身消费能力有限的经济区域会吸引全国乃至全球的人流、物流和资金流。河南是人口大省，但不一定是消费大省，这需要我们在收入分配问题上率先有所作为。

第四节　文献综述与本书的研究意义

一　工业化与区域工业化理论研究的创新

（一）国外学者的工业化理论评述

工业化是一个国家（地区）由传统经济走向现代经济的必由之路，对现代化的渴求指引着发展中国家和一些欠发达地区对工业化的孜孜以求。相应地，工业化理论也就成了发展经济学的中心主题，有关文献一度在20世纪50~60年代经济学研究中占据了重要位置。虽然20世纪80年代以后，发展经济学开始被边缘化，但其工业化的基本理论和观点对欠发达国家和农区的工业化之路而言仍然具有很强的现实解释力。国外对工业化问题的研究主要是在第二次世界大战之后许多发展中国家取得民族独立后兴起的，并成为与此同时产生的发展经济学研究的一个重大问题。在诸多的工业化理论中，诺贝尔经济学奖得主刘易斯（W. A. Lewis）1954年发表的《劳动力无限供给条件下的经济增长》一文可谓是最著名的经典性文献。这篇文章激发了大量的理论争论和后续研究，尤其是拉尼斯（G. Ranis）和费景汉（J. Fei）的修正和扩展，最终形成了刘－拉－费的系统工业化理论，即所谓的二元经济理论。刘易斯的理论对本研究而言，其现实意义在于"二元经济"仍能准确地概括目前中国的经济现实；同时通过对这一理论的分析，还可以告诉我们，在农区推进工业化究竟需要提供和创造哪些条件。

在刘－拉－费理论看来，刘易斯的理论可以概括为：发展中国家存在着二元经济结构，即以农业部门为代表的非资本部门和以工业部门为代表的资本主义部门。两者的区别在于，其生产方式、生产效率、收入水平以及资本的运用均不同。经济发展依赖现代工业部门的扩张，而农业部门为工业部门的扩张提供劳动力资源。在模型中，刘易斯强调了在固定工资下的劳动力无限供给：发展中国家的农业缺乏资本投入，农村人口迅速增长，农村劳动力规模巨大，导致农业生产效率极低，只能维持最低限度的生活水平。这个模型把经济发展过程划分为三个阶段：劳动力无限供给阶段，伪装失业者被工业部门吸收的阶段，以及农业现代化阶段。按照刘易斯的描述，对一个农业主导的传统经济区域而言，依赖工业部门的扩张实现经济的现代化，是一个必选项。中国总体上已经走过了发展第一阶段，即劳动力无限供给阶段，开始进入第二阶段。问题的关键在于，中国这样一个区域经济发展很不平衡的大国，珠三角、长三角、京津唐等地区已经基本实现了现代化，但以黄海和淮海等区域为代表的农业区域仍处于传统经济和现代经济的交替阶段，工业化是其必然的选择，但发展工业却受到劳动力成本上升的约束，由于现代农业体系尚未建立，农区以脆弱的农业承担着整个中国的工业化的粮食安全，土地的限制也成为农区工业化的另一个约束因素。针对刘易斯模型中的不足之处，拉尼斯和费景汉于1964年发表了《劳动剩余经济的发展：理论和政策》，进行了修正和扩展。首先，他们正确地指出，劳动力由农业部门向非农业部门的转移，应该以农业生产率的提高为前提，农业剩余对工业部门的扩张具有决定性意义，农业剩余的多少影响工业部门的工资水平。在边际生产力等于零的剩余劳动力（redundant labor force）流向工业部门的过程中，农业总产出不减少，农业平均剩余即流出劳动量人均占有的农业剩余等于农业部门的平均产出，这时，不会造成工业部门的粮食短缺，因而也不会影响工业部门的现行工资水平。劳动供给曲线在这一阶段是水平的。当农业劳动力的流出量突破剩余劳动力的界限时，农业总产出就会减少，农业平均剩余也会小于不变制度工资（constant institutional wage），提供给工业部门消费的粮食不足以按不变制度工资满足工人的需要，于是粮食价格上涨，工业工资水平不得不随之提高。在此阶段，劳动供给曲线就转为上升。在拉－费模型中，农业剩余实际上是工业部门的"工资基金"。其次，他们指出，决定工业部门劳动力需求的因素不仅包括资本积累率，还包括技术创新，特别是技术创新的劳动密集偏向程度，这些因素直接影响着工业部门对劳动力的需求。总体来看，刘－拉－费理论对农区工业化的指导意义除了刘易斯理论的启示外，另一个重要的启示是，农区的工业化必须和农业现代化协调发展才有出路，因为劳动力供给的限制，农区工业化的主要制约因素为劳动力的供给，让更多的劳动力从农业部门转移出去，农业劳动生产率的提高是一个重要前提。

在刘－拉－费理论之后，发展经济学家 H. 钱纳里对结构转换和工业化问题做了进一步的实证研究。1975 年，他和 M. 塞尔昆出版了《发展的形式：1950～1970》，书中处理了 101 个国家 1950～1970 年的历史数据资料，揭示了部门的产出结构与就业结构之间的关系，勾画出了经济增长过程中结构转变的"标准形式"。他们运用有关结构的数据变化说明了一个基本规律，通常一个国家在经济发展水平低时，经济活动以农业为主，人口主要集中在农村；随着经济发展，产业向制造业、服务业转移，人口也从农村逐渐转移到城市。1986 年 H. 钱纳里又出版了《工业化和经济增长的比较研究》一书。书中运用投入产出分析方法、一般均衡分析方法和经济计量模型，通过比较研究，考察了第二次世界大战后发展中国家的工业化进程，分析了结构转变同经济增长的一般关系，剖析了不同发展阶段影响工业化和经济增长的各种因素。同时，H. 钱纳里也对工业化战略提出了自己的见解，他认为一个国家在工业化进程中采取的工业化战略取决于国内外各种因素的综合作用，不同的发展战略对经济增长所做出的贡献不同，相同的发展战略在不同的国家或地区由于资源、环境等不同，也会产生不同的结果。钱纳里提出了三种比较有代表性的发展战略，即进口替代战略、出口扩张战略、出口扩张与进口替代平衡发展战略。此外，李嘉图的地区主导产业论、弗郎索瓦·佩鲁的增长极战略等，对于一个国家或地区推进工业化进程都产生了一定的积极影响。

英国的克拉克探讨了工业化与经济增长的关系，认为随着经济的发展和人均收入水平的提高，劳动力将由第一产业向第二产业转移，当收入水平进一步提高时，劳动力便向第三产业转移。美国经济学家库兹涅茨继承了克拉克的理论成果，进一步搜集和归纳了20多个国家的数据，从国民收入和劳动力在三次产业间的分布考察了产业结构的变化与经济增长。库兹涅茨认为，经济增长有三个重要的影响因素，一是知识存量的增长；二是生产率的提高；三是结构变化。结构变化的趋势是：农业部门在整个国民收入中的比重同农业劳动力在全部劳动力中的比重一样，均处于不断下降之中；工业部门的国民收入比重，总体上是上升的，但工业部门劳动力比重，则大体不变或略微上升；服务部门劳动力比重，基本上是上升的，但其国民收入比重的上升与劳动力比重的上升并不保持速度上的同步。库兹涅茨在进行了大量的统计研究后得出了相应的结论，他认为，不断进步的技术是现代经济增长的源泉。但它只是一种潜力，一种必要条件而非充分条件。要使技术得到有效的和广泛的利用，并使技术本身的进步通过这种利用而受到激励，那就必须进行制度上和思想意识上的调整。由此可以看出，库兹涅茨关于经济发展或工业化的关键变量是技术、制度和观念。自70年代以来，新近崛起的新经济史学派、新制度经济学和新增长理论，分别从制度、内生技术变化等角度，较为深入地探讨了影响经济发展和工业化的关键因素，他们认为，推动工业化或经济增长最根本的因素并不是资源要素，而是那些非资源因素，即技术、制度与观念。

在西方经济学中，有许多学者对经济发展的阶段提出自己的划分方法。早期的美国经济学家李斯特把一国或区域经济发展划分为四个时期，即未开发状态、畜牧状态、农业状态、农工业状态及农工商状态。霍夫曼则把工业化阶段划分为四个阶段：第一阶段，消费品部门的活动处于支配性地位，资本品处于不发达的时期；第二阶段，消费品工业的主导地位趋于削弱，资本品工业逐渐发展起来；第三阶段，消费品部门和资本品部门得到平衡发展；第四阶段，资本品部门处于支配性发展的时期。钱纳里把工业化阶段划分为三个阶段：第一阶段为食品加工、纺织、革制品等初级产业群阶段；第二阶段为非铁矿物制品、橡胶制品、木制品等中级产业群阶段；第三阶段为服装、印刷、金属制品等后期产业群阶段。最为引人注目的关于经济发展阶段的划分是罗斯托的六阶段论：传统社会；起飞准备条件时期；起飞时期；向成熟前进时期；高度大众消费时代；追求生活质量阶段。他的理论在各国经济学界引起很大反响和争论，尽管在今天他的许多推断都具有很大局限性，但他将工业化的重心转移到经济增长和经济发展上来，对以后工业化的研究产生了重大影响。此后，克鲁达、小野五郎等都提出了划分方法，进一步丰富了工业化的理论，虽然这些划分方法大多是一种定性的判断，但基本上提示了经济发展的客观规律。

各国的经济学者通过对工业化进程的研究发现，各国的工业化道路并不是按英国的模式进行的，因为各国的工业化的前提条件不同。由此，人们引入了工业化进程的分类，开始强调各国工业化道路的特殊性。经济学家们首先确定了工业化的两种类型，即原发型和后进型，同时这两种类型又是灵活的，在各国之间存在一定的差异。在这方面，格申克隆的研究最为引人注目，他的理论模式也被称为"经济落后模式"，有利于后起国充分利用后发优势针对自己的国情制定自己正确的工业化战略。

（二）国内关于工业化一般理论的研究

中国的工业化的概念是一个发展中的概念，由于经济发展的区域性及其复杂性，多少年来，不少专家学者都试图给定一个恒久的定义。但时至今日，工业化的概念仍在不断更新，统一的定义尚未形成。据不完全统计，各种类型的工业化定义少说也有几十种。概念的多样化，引致工业化的特征也不尽一致。尽管如此，很多学者还是从不同的角度探讨了工业化的概念与特征。另外，有不少学者在探讨一般工业化概念时，还同时对中国工业化概念及其特征进行了探讨。关于中国工业化的起源与发展，大多数学者都认为，中国的工业化最早产生于19世纪60年代，是"洋务运动"推动了中国早期工业化。也有学者认为，中国的工业化起源于1890

年，其标志是中国设立了第一个棉织厂，成立了第一家钢铁厂。对中国工业化起源与发展的研究，多数学者都是在比较分析英国工业革命及世界发达国家工业化的基础上进行的，这反映了中国学者的思维定式与研究惯性，同时，也从一个侧面折射了中国工业化发展的滞后性。不少学者在研究工业化发展进程时，专门对工业化发展的一般趋势进行了研究，并认为从世界发达国家的工业化轨迹来看，大体上是从轻工业开始，逐渐转向以重工业为发展中心，再向高技术产业发展的一种趋势。也有学者认为，一个国家工业化的发展趋势是从重工业开始，逐渐转向以轻工业为中心，再向高新技术产业发展的。关于工业化发展模式，有学者指出，世界上的工业化模式大致可分为资本主义自由市场经济模式、资本主义不完全市场经济模式、社会主义计划经济市场模式与社会主义市场经济模式四种形式。该学者进一步指出从 1992 年开始，中国实行的是一种社会主义市场经济模式。

工业化的发展阶段是近年来工业化研究热点中的热点。不少学者或是从定性角度，或是用实证的方法，并花去不少的篇幅去论述工业化的发展阶段。由于采用的划分依据不同，因而有三段论，也有四段论。工业化是一个历史发展的阶段，在这一点上并没有多大分歧，有分歧的是其历史跨度：一种看法的时间尺度较短，认为仅指由农业国到工业国转化的这一段时间；另一种看法则是时间尺度较长，认为包括工业文明的整个历史时期，即从过去的农业文明到未来新文明的过渡时期。工业化是使一个国家由落后的农业国转变为先进的工业国。因此，有学者指出衡量一个国家是否已经工业化，其标志既包括对工业发展本身的要求，也应包括相应引起国民经济面貌变化的要求。具体应包括工业产值占国民经济的比重、工业劳动力占社会劳动力总人数的比重、工业自身物质技术装备水平、农业生产的工业技术装备水平、人均国民收入水平等几个方面。对工业化战略的研究，一般是按照资源优先配置、资源主要来源、技术种类和贸易政策的不同进行研究，大致有进口替代战略论、出口替代战略论、出口导向战略论、出口扩张战略论、平衡战略论及赶超战略论。也有学者认为，所谓工业化战略，实质就是以实现工业化为主题的经济赶超战略。这种工业化战略的赶超本质主要体现在四个方面，即工业化战略思想的赶超性、工业化战略目标的赶超性、工业化战略方案的赶超性与工业化立场的赶超性。

据不完全统计，有关经济结构调整与工业化关系的著作颇多，这些著作分析了工业结构变动的特点，提出了促进工业速度增长和结构升级的若干政策建议。比较有代表性的是周叔莲的《中国工业增长与结构调整》一书，主要内容包括我国工业化的阶段及政策研究、新时期工业适度快速增长问题研究、机械工业发展战略研究、高新技术产业发展战略研究、农村工业的升级与发展研究、地区工业增长与产业结构变动、制度创新与工业增长。该书对如何看待工业增长速度的变动及与这种变动密切相关的工业结构的演变，应当通过何种工业增长政策和工业结构政策来促进工业的有效增长和工业结构的升级等问题都进行了较为深入的研究，提出了促进工业速度增长和结构升级的若干建议。随着经济全球化进程的加快，有关经济全球化与工业化的关系及在经济全球化下如何实现工业化的论著越来越多，其中最具代表性的著作是吕政主编的《2001年中国工业发展报告：经济全球化背景下的中国工业》，该书认为：如何适应经济全球化过程并在经济全球化条件下求得生存与发展，是未来中国工业发展的一个基本问题。2002年党的十六大提出"走新型工业化道路"以来，国内学术界围绕这一主题展开了广泛探讨，这些研究主要集中在以下几个方面：新型工业化产生的背景；新型工业化的内涵；新型工业化与传统工业化的区别；新型工业化与信息化的关系；走新型工业化道路的基本途径等。

（三）区域工业化研究的理论创新

随着工业化的推进，国内专家对工业化的理论研究也不断深入，不少学者开始进行区域经济、农村经济与工业化的交叉研究，把以国家为主体的工业化研究延伸到区域经济发展领域。耿明斋教授在《中国农区工业化路径研究——以欠发达平原农区为例》一书中，用大量篇幅阐述了农区工业化的一般理论，而且与上述一般理论分析有异曲同工之妙。他认为，工业化，不管人们赋予它多么复杂的含义，在表象上，或者说在最直观的层面上，它不过是工业从农业中直接分离出来逐渐成长为独立产业，且不断吸纳农业中的各种要素，使得农业日渐萎缩，非农产业日渐膨胀，并最终覆盖整个社会经济活动的过程。他在开篇提出"李约瑟之谜"，旨在从理论上探讨近代中国为什么没有发生产业革命，以便"弄清楚在纯农业经济的基础上自发生长出工业产业所必需的各种条件，从而使我们知道在纯农业区推进工业化究竟需要提供和创造哪些条件"。该部分首先指出，农业剩余的增加是促使手工业从农业中分离的条件。因为只有足够的农业剩余存在，才会对手工产品产生需求，只有有需求，手工业者才能离开农业，依赖交换生存。如果没有足够的农业剩余和需求，即使某些家庭拥有熟练的手工制作技术和承受风险的能力，最终也是要么根本不可能从农业生产中分离出来，要么冒险短暂分离出来后不得不重回到农业生产中去。其次，市场、组织和技术是手工业蜕变的条件。农业剩余的增加依靠农业生产中的技术进步和农业生产率的提高，而技术进步的源头并不在农业本身，而在农业生产活动的过程之外，在于工业和科学技术的进步。所以，得出这样一个循环：工业规模的扩大靠市场规模的扩大，市场规模的扩大靠农业剩余的增加，农业剩余的增加靠技术进步，农业技术进步靠农业之外的工业和科学技术进步。可见，农业和工业发展是相辅相成、缺一不可的。再次，制度架构和自由主体的诞生。相对于欧洲中世纪的城市而言，中国之所以没有发生产业革命，直接原因是中国没有形成商人聚集的城市，没有在商人和市场周围形成手工业作坊的聚集，从而也就不可能有同业竞争的压力和组织与技术创新的动力。间接原因是中国封建专制的中央集权和思想控制没能够孕育出拥有自由思想和自由意志人群以及提供这些人聚集的自由城市，因此没有条件催生出现代科学。还有中国传统文化价值观约束工业化的发展。传统文化价值观的核心至少包含以下几个要点：第一，认可等级；第二，依附心理，渴望拯救；第三，崇尚权威，缺乏自信；第四，迷信传统，向往过去，安于现状，不思进取。这正是传统农业没有进化为现代工业的最深刻的社会文化基础。最后，工业化需要农民身份的转换，需要农民摆脱土地的束缚。工业化是一个经济变革的过程，即社会财富的主要创造部门由以农业为主转向以工业为主；同时也是一个社会变革的过程，即要使一大批农民离开土地，离开农村，转变成为市民阶层。

有关农村工业化研究的论著很多，最具代表性的是苗长虹的《中国农村工业化的若干理论问题》。该书以"农村工业系统与环境系统相互作用"的理论和方法作为全书的基本框架，系统研究了经济发展与农村工业化的区域不平衡、农村工业化的社会经济环境因素、农村工业增长与结构转换、农村工业发展的形式、农村工业化的战略构想和政策建议等，对农村实现工业化具有非常重要的作用。有关区域工业化的研究也很多，其中西部工业化的论著最多，比较有代表性的著作是胡长顺的《21世纪中国新工业化战略与西部大开发》。该书主要采用历史的分析方法、定性的分析方法、实地考察基础上的实证分析方法进行分析，对工业化战略的理论、中国新工业化战略与西部大开发、西部大开发中的重点区域的发展、西部大开发的创新思维等都进行了较为深入系统的研究，提出了实施西部大开发战略三个层次的战略构想。

二　我国财政制度转型研究评述

正如李鸿章曾经说过的，中国将面对着"3000年未曾有之大变局"，中国社会经济也遇到了3000年未曾有之大转型。以市场化、城市（镇）化、工业化和国际化转型为代表的中国经济社会大转型，可以追溯到1793年英国的马戛尔尼使团试图用贸易敲开中国的大门，随后在外来冲击下，中国逐步脱离原来的运行轨道，对现代化道路进行了艰苦的探索。对中国现代化的理论探索涵盖了经济、政治和社会文化诸领域，都取得了无数的研究成果，并作用于社会生活的各个方面。鉴于财政制度在政治经济生活中的巨大影响力，对财政制度的研究也成为长期持续的热点，自清末以来，中国的财政制度就处于不断变化的过程中，引进的西方财政理论、财政理论及中国财政的研究成果可谓汗牛充栋。特别是在改革和社会转型的年代更是如此。但是，从工业化、城镇化和现代化的视角，对财政制度变迁的演化进行研究的，却是凤毛麟角。

我国的财政学者多从理论解读、历史回顾、政策描述或政策设计的角度对财政史和财政现象进行研究，或对阶段性的财政制度变迁进行总结，并针对财政改革提出建议。但对我国现代化进程中财政制度变迁的演化过程，尤其是对工业化过程中中国财政的变革和工业化与财政制度的联系关注甚少。近年来，一些学者开始对现代化进程中的财政制度变迁开展研究，取得了令人瞩目的研究成果，如刘守刚的《国家成长的逻辑——近现代中国财政转型与政治发展》、李炜光的《李炜光论财税》等；马金华的《民国财政研究——中国财政现代化的雏形》一书，运用公共财政理论，从历史学角度对民国财政开展了整理研究；张志超等发表了《中国财政现代化模式的历程——民国时期（1912～1937）财税改革问题对话》，提出了财政现代化问题；同时，王绍光的《美国进步时代的启示》、宋丙涛的《财政制度变迁与现代经济发展——英国之谜的财政效率解释》、焦建国的《英国公共财政制度变迁分析》等对发达国家现代财政制度演变进行了较系统的研究，为中国财政制度变迁提供了参照坐标。

历史的经验告诉我们，以工业化、城镇化等为标志的现代化进程与财政制度的演化和财政学理论的发展有很强的关联性。现代化早期的文艺复兴、新教运动、地理大发现等成就了重商主义兴起的文化社会基础，其后西方的经济政策经历了从重商主义向自由竞争主义、国家干预主义和完善国家干预与完善市场制度的演化。相应地，1662 年英国古典政治经济学的创始人威廉·配第发表《赋税论》主张利用赋税限制不必要的消费和促进生产，在财政学说中反映了重商主义的要求。随后的经济理论与财政理论的政策导向也反映出同样的，与实践的时间间隔相对应的运行轨迹，尤其是美国罗斯福新政与凯恩斯理论的相互印证，对第二次世界大战后世界经济与政治的发展产生了巨大而深远的影响，堪称财政理论对经济生活发挥巨大作用的里程碑。可以说，财政理论与财政制度变迁的互动改变了世界现代化的进程。

中国的改革开放经历了西方几百年的四个发展阶段。人们从不同角度看待同样的中国：美国人说中国正在走"重商主义道路"，日本人说"中国相信自由竞争神话"，德国人说"中国实行国家资本主义"①。中国现代化的复杂性，必然反映为对财政制度建设与政策调整的多重要求。在 100 多年中，中国浓缩了先发现代化国家几百年的经济政治社会问题及变迁的内容，使中国的财政制度变迁呈现更多的复杂性，现行的财政制度被笔者称为发达国家曾经经历的财政制度演化的"活化石"，如漏洞百出的公共预算制度、不规范的转移支付制度、流转税为主体的税制结构、分类征收的所得税制等，这都增加了本书研究的难度。中国社会革命带来的财政制度变迁的跳跃性，似乎是割裂了前后财政制度之间的联系，然而历史是不能跳跃的，路径依赖的存在与意识形态影响的持久性，使一个国家历史上的财政制度演化具有诸多的相关性。现代化进程中世界与中国的财政制度

---

① 参见陈东琪《300 年经济学与 30 年中国经济发展》，何正斌《经济学 300 年》，湖南科学技术出版社，2010。

变迁的大量案例，为财政制度转型研究提供了丰富的素材。

财政收入制度变迁的过程中，近代国家经历了一个从自产国家向赋税国家转变的历史过程，而赋税国家意味着国家从属于私人资本，目前的现代国家均是赋税国家，国家财政收入来源也有所不同。塔奇斯（Tarschys）等人将历史上主要存在的财政国家分为四种，坎贝尔等又加上两种，区分了六种财政国家类型：领地国家、贡赋国家、关税国家、税收国家、贸易国家、自产国家（Campbell，1996；Tarschys，1988）。财政收入主要来自其他国家或者政治实体贡赋的国家即贡赋国家；财政收入主要来自国家在关键性的通道上设置关口所征收的各种通行费的国家即关税国家；财政收入主要来自非国有部门缴纳的税收的国家即税收国家；财政收入主要来自国家经营的贸易即贸易国家；而自产国家是指国家控制了社会中的绝大部分财产，国家的财政收入主要来自国家自有的财产形成的收入，即国家自己生产财政收入[①]。在财政支出制度变迁的过程中，近代国家经历了一个从君主国家向民主国家的转型过程，财政支出比较直观地体现在财政目标与国家意志上。依照财政支出的目标，财政被分为君主财政、全能国家财政与民主国家财政等类型。君主财政的目标是满足国王和皇室的家族需求，其产权背景是君主拥有国家的最终所有权；全能国家财政类型中的"国家"这一"财政主体"的性质，尚未得到深入的研究分析；民主国家财政以宪政体制下的公共选择为决策方式，以提供公共品为目标，其产权背景是公民享有民族国家的最终所有权，公民的私有产权受法律保护，公民以税收"购买"政府提供的公共服务。在财政管理制度变迁方面，君主制国家经历了缺乏约束的前预算时代，后来直接或经由超级预算[②]时代过渡到现代预算时代，现代化过程中横向财政管理经历了从前预算国家向预算国家的变迁过程；纵向财政管理制度经历了由不规范分权或集权的财政体制向财政联邦制的演变过程，部分国家在过渡期间采用极权式的财政体制。从财政平衡制度变迁的角度看，财政现代化演进过程经历了现代财政政策导向与措施的变迁，从追求量入为出走向现代周期性平衡；有的国家

---

① 刘天旭：《财政国家理论研究述评》，《上海行政学院学报》2008年第3期，第105~111页。

② 计划经济体制下，预算包揽政府、企业收支，实行超级预算制度。

在过渡中经历了无限制的量出为入时代并引发严重的通货膨胀和财政崩溃；运用公债手段成为现代国家在处理财政平衡过程中的重要手段。

人们正在深化对现代化进程财政进化的一般规律的认识。经济现代化、政治现代化已经被公认为促进国家前进的力量，财政制度变迁作为政治现代化与经济现代化的集中体现，其对经济和社会发展的作用已经被大量的历史事实所证明。在世界现代化背景下探索财政制度变迁过程中其演化的规律，对于财政理论与实践的丰富意义重大。通过对一国财政制度变迁较长时段的前后相关性，放在彼此相关的世界大背景中进行比较研究，有助于汲取制度演化中的历史经验和教训，为现实和未来的财政改革提出有益的建议。尤其是对于仍然处于转型中的中国而言，更是如此。

三　本书的理论价值和现实意义

近年来，在传统农区工业化和社会转型方面取得了相当丰富的研究成果，耿明斋、苗长虹、李恒等对农区社会转型和工业化转型关系进行的研究表明，工业化实际上是一个由技术进步引发的一系列包括生产组织结构和社会经济、政治及思想文化结构变化的过程，其最终结果是实现一个社会从传统农耕文明向现代工业文明的转化。与沿海地区不同的是，传统农区是中国农耕历史最久，自然经济和小生产观念积淀最厚，传统的经济社会结构和文化结构保存最完整、结合最牢固的地区，实现由传统社会向现代社会转型难度较大的地区。然而，我国工业化由东向西、由南向北推进的重要支点，也是在我国整个经济发展格局中具有举足轻重地位的地区。从现有文献看，对传统农区工业化与财政转型关系的研究很少，本研究正是为了弥补这一缺憾，对工业化转型中的财政转型进行进一步研究。

研究证明，财政转型与社会经济转型相辅相成、互为支撑。工业化转型必然伴随着财政制度的转型，即收入方面的取之于"农"向取之于"工"转化、取之于"乡"向取之于"城"转化；支出方面由支之于"工"向支之于"农"转变、支之于"城"向支之于"乡"转变；在这一过程中财政的公共化取向日益突出，工业与农业、城市与乡村在财政收支上的权利与义务对等，不同经济体和人群作为纳税人可以享受相同的国民待遇。本书立足于中部传统农区工业化过程中工业化与公共财政转型的规律，探讨财政转型与工业化转型的关系，研究财政"积极"促进工业化的政策选择，在研究思路上是一个创新，相信具有广阔的应用前景以及理论与实践价值。

把大国内部一个传统社会结构根深蒂固的纯农业区作为独立的分析对象，研究它在外部工业化环境包围中内部的工业化及社会转型发生、发展的过程，透视政府竞争和财政分权条件下农区工业化的制度诱因以及工业化过程中传统财政结构解体和现代财政结构确立的机制，其理论价值是在将发展经济学、公共经济学、制度经济学和区域经济学理论运用到局部经济现象和经济过程分析的同时，检验这些理论的分析价值。其实践价值在于，通过传统农区工业化及财政转型规律的认识和把握，可提出一系列符合事物变化规律的对策措施和政策建议，促进并加快传统农区工业化和社会转型过程的步伐。

四　本书研究的内容和基本结论

（一）农区工业化的诱因、内容、实质与困局

这是导论部分要解决的主要问题。农区工业化的基本诱因在于政府间竞争和分权的财政体制。在东部发达地区基本完成工业化过程，逐步进入信息化时代的时候，农区的工业化之路却亟待破题。从经济社会发展的过程来看，农区的工业化正受到农业文明时期的传统文化价值观的约束。作为传统农区社会的主体，以家庭为基本经济和社会单元的农民，其文化价值观的核心包括认可等级；依附心理，渴望拯救，崇尚权威，缺乏自信；迷信传统，向往过去，安于现状，不思进取等，都与市场经济条件下的工业文明产生冲突。以农为本、以土地为本的思维方式与价值观；血缘关系与地缘关系融为一体的宗族观念；自给自足的自然经济滋生的循规蹈矩的封闭循环意识等农耕文化构成传统农区工业化的文明阻力。作为后发的农区工业化，国家粮食安全对农区的依赖、18亿亩耕地红线和资源环境保护等都构成了现实约束，这就意味着，以农业和工业相互融合来促进城乡经济的协调发展，只能在依托农业的基础上，促进农区工业化的发展。日益提高的劳动力成本也成为工业化的制约因素之一，农区的农业人口占总人口的比重还相当大，农业劳动力在总的就业人口中的比重超过50%，也决定了未来相当长一段时间，农区产业发展不能放弃劳动密集型的产业发展

战略，而应根据国际产业的变动情况，实行劳动力的使用创新，提高工业对劳动力的吸纳水平。同时，需要加强对农民工的职业技能培训，通过对劳动者的培训，用质量替代数量，将成为预防劳动力短缺的未雨绸缪之举。

站在全国区域经济均衡发展的高度考量，农区工业化的实质是探索一条不牺牲粮食安全和农业发展的工业化、城镇化和农业现代化协调发展的新型发展之路。这是一条前人未曾走过的发展道路，对财政"公共化"为取向的一系列改革提出了非常高的要求，巨大的公共服务需求和有限的财政收入来源之间的矛盾将更加突出，财政必须直面一系列经济发展问题。"二元"经济结构将加速消亡，传统的"二元"财政已经成为农区经济建设的制约因素，以"公共化"为取向的现代财政制度建设必须加快进行；现代化的农业需要一个发达的现代农业公共服务体系与之相配套，这无疑对地区的农业财政支出持续增长和财政支出结构调整提出了更高的要求；农区的城镇化滞后于全国平均水平是个不争的事实，但城镇化又面临农地红线制约，这就涉及农村土地制度变革和居民身份转换的一系列制度难题；转变经济发展方式、调节收入分配等一系列难题的解决都需要一个强大的财政。

（二）文明变迁与财政制度演化

财政制度的演变既是文明进化过程的结果，又是区别不同文明特征的主要标志之一。可考的人类历史已超过了二百万年，在这漫长的人类发展过程中，理论界已经确认经过的文明阶段有三个：游牧文明（采集和狩猎文明）、农业文明、工业文明。现在有的学者把工业文明后的文明描述为后工业文明，有的描述为信息文明，还有人描述为生态文明等。从公共经济学的角度看，不同的文明形态有不同的财政制度特征，揭示文明演变与财政制度演变的规律，具有很现实的理论意义。从新石器时期末叶一直到15~16世纪的漫长历史过程中，是农耕世界与游牧世界之间旷日持久的对峙、冲突和融合的过程，不同的生活方式导致了不同的文化特性和社会制度。从农业文明向工业文明过渡的历程可以看出，中国从明清时期的资本主义萌芽到近代兴办实业，民族资本主义的坎坷发展再到新中国工业体系的建立和完善，一些行业、地区出现了资本主义生产关系，但最终没有发展到资本主义。所以，中国从农业文明向工业文明的变迁的实质是随着生产力和生产关系的相互作用而进行的。无论是中国从工业社会过渡到信息社会的变迁还是世界其他各国信息化的过程，生产力的发展、科学技术的应用和政府的经济政策实施是贯穿其中的重要因素，工业革命和信息革命是人类社会得到质的发展，作为内生变量推动着生产关系的调整，以适应生产力的发展，在二者相互关系的过程中人类文明得以长足进步。

特定时期的政府政策特别是财政政策对社会的进步也起到了重要作用。财政是社会生产力发展到一定历史阶段的产物。在国家产生以前，原始社会末期已经存在着从有限的剩余产品中分出一部分用于满足社会共同需要的经济现象。但这只是集体劳动成果由集体分配，属于经济分配，还没有财政分配。国家产生以后，在经济上占统治地位的阶级，为了维护国家的存在，依靠政治力量，强制占有和支配一部分社会产品，以保证国家机器的运行和社会的发展，从而从一般经济分配中分离出独立的财政分配，于是产生了财政。由于社会生产方式及由此决定的国家类型不同，财政经历了奴隶制国家财政、封建制国家财政、资本主义国家财政和社会主义国家财政的历史演变，从人类发展史来看，财政是伴随国家的产生而产生的，所以财政活动是一种历史悠久的经济现象。纵观我国几千年留存下来的古籍，可以看到"国用""国计""度支""理财"等一类用词，都是关于当今的财政即政府理财之道的记载。夏代开始，就出现了贡。进入战国，以鲁国"初税亩"为标志，开始征收实物田税。租税制一直延续到秦、汉、两晋。北魏实行均田制，至唐发展成为租庸调制。"安史之乱"之后，唐开始实行以土地、财产为征税标准、分夏秋两季征收的"两税法"。明朝中期，张居正提出了将田赋、徭役和杂税合并的"一条鞭法"。雍正年间，实行"摊丁入地"，简化征收手续，完成了赋和役的合一。近现代的民国和新中国开始征收商品税、所得税、财产税等适应现代社会经济发展的税目。税收征纳形式的发展变化，体现为力役、实物和货币等征收实体的发展演变；财政来源变化体现为从贡助彻（实际上是一种力役之征）到田亩（对土地的征收）再到工商税——所得税、财产税（是对生产、经营、资源、财产等的征收）的演变规律，都体现为社会经济结构的不断变化发展、生产关系不断调整的过程。

人类社会经历了游牧文明、农业文明、工业文明、信息文明，是生产力的进步。与此同时，同时代的财税制度经历了不断发展、改革，从税收征纳形式的发展变化来看，体现为力役、实物和货币等征收实体的发展演变；财政来源变化体现为从贡助彻到田亩再到工商税——所得税、财产税的演变规律。生产关系的调整得以促进生产力的发展，从而推动社会文明的变迁，社会文明的变迁又决定和加速了社会经济结构的调整，这是一个生产力决定生产关系，生产关系反作用于生产力的相互发展的过程。

（三）中国地方政府间的财政竞争与传统农区工业化

现代市场经济国家，无论是联邦制国家，还是单一制国家，都实行财政联邦主义制度，即实行分权的分税制财政体制。而财政分权必然引起政府间的财政竞争，换言之，只要政府是独立的利益主体，政府间的财政竞争就一定存在。所谓"财政竞争"，是指政府间在公共产品的提供、公共产品的资金来源，以及管制市场等其他方面开展的竞争性财政活动。财政竞争不仅发生在不同国家政府之间，也发生在一国内各级政府之间，包括中央与地方政府之间的纵向竞争和地方政府相互之间的横向竞争。到目前为止，人们对国际财政竞争的研究已取得相当大的成果，而对国内财政竞争尤其是地方政府间横向竞争的研究还相对比较薄弱。因此，从理论上探讨地方政府间财政竞争问题将有助于补充和完善已有的相关研究成果，同时结合我国实际梳理和分析地方政府间财政竞争活动也有助于理解传统农区工业化的财政原因，使传统农区工业化建立在财政竞争的基础上健康运行。

中央政策主导是中国长期以来的体制传统。自1949年新中国成立及以后多次的改革，特别在改革开放以后，地方政府有了越来越大的自主权。由于行政区域的独立性，中央政府在对各地方政府进行绩效评估的过程中，省、市、县各级地方政府之间出现了财政竞争和"赶超经济"行为。这种竞争的首要前提是地方政府拥有分权体制下的财政支配权。而在自由支配权限日益增大的情况下，各级地方政府为了吸引更多的经济资源、资本投资流入本辖区，竞相提供优质的地方公共产品和更好的财税优惠政策，这就产生了财政支出竞争与税收竞争。我国的地方财政竞争是非常厉害的，而且竞争的形式随着经济发展的阶段不同以及经济、政治体制的变化而变化。

从理论上说，地方政府间财政竞争不仅包括不同级别政府间的纵向财政竞争，还包括同一级别政府之间的横向财政竞争。地方政府间的纵向财政竞争是与分税制财政体制相互关联的，税种在不同级别地方政府之间的这种划分方法，决定了较低级别的政府在竞争中只能扮演弱者的角色。减免税优惠、税负输出与财政返还和支出竞争构成横向财政竞争的主要形式。与市场经济国家相比，作为从计划经济向市场经济转轨的中国，之所以出现了多种形式的国内财政竞争，其原因也是多方面的：中国现有的官员绩效考核标准，导致地方政府的财政竞争行为异化；地方政府没有税收立法权，只好采取其他财政竞争形式；税收收入和支出相对应的观念尚未完全树立，征税服从的是完成税收任务的目标；规范化的政府间财政关系尚未确立，财政支出决策的监督体系还不够完善等。各地间的财政竞争充分发挥了地方在引资上的积极性，增加了地方政府在公共方面的支出，完善了地方政府的公共基础设施建设，医疗卫生、文化教育水平也得到一定程度的提高，促进了当地的就业和经济的发展。毋庸讳言，各地间的无序也带来了问题，在一定程度上抵消了财政竞争的正面效应。很明显，财政竞争减少了包括财政收入在内的政府可支配收入，从而可能妨碍政府公共服务的提供，这是财政竞争的必然代价。地方政府在经济发展过程中起着落实中央政策，保证民生的重要作用，地方政府职能发挥的好坏直接关系到百姓的切身利益，关系到改革的人心向背和改革的成效。努力疏导和规范地方政府间的财政竞争行为、调整利益分配格局、保障地方政府的财政额度、缩小各地地方政府之间财政差距，关系到传统农区工业化的成败。

（四）我国现行财政体制与传统农区工业化

工业化作为欠发达地区实现自身经济发展的必由之路已经为各国的经验所证明。工业化进程多为政府所主导，政府政策的优劣性直接关乎工业化的成败。财政政策作为政府实现对经济进行宏观调控的重要手段，在政府行为中起着举足轻重的作用。本书先就我国目前工业化的区域发展差距的成因、现状、影响、改革方向进行论述，接着指出我国现行的税制、财政转移支付制度、税收返还制度等财政体制正在不断地加剧这一差异，最后就改革现行财政体制，促进河南农区工业化发展给出自己的建议。研究表明，我国工业化区域差距巨大，传统地区工业化发展滞后；地区财政收入差距制约了传统农区工业化发展。

财政体制是造成区域发展不平衡的主要因素之一。分税制改革是对中央和地方财政关系进行一次较为规范化和制度化的制度安排。但是，目前在我国实行的分税制，还是一个不彻底的利益妥协方案，带有很多计划体制的痕迹，与国际通行的分税制模式还有较远的距离，与市场经济的要求存在差距，体制的运行效率还有待进一步发挥。主要表现在：中央和地方的财权和事权划分尚有不合理之处；地方税体系的建立滞后；税种的划分欠规范等。财政转移支付制度是以各级政府之间所存在的财政能力差异为基础，以实现各地公共服务水平均等化为主旨而实行的一种财政资金转移或财政平衡制度。我国财政转移支付制度仍存在一些问题，特别是转移支付结构本身制约了制度的发展。具体表现为：税收返还是我国财政转移支付的主要形式；财力性转移支付实际比重仍然较低；专项转移支付比重相对过高等。不合理的财政转移支付制度使得原本就进行工业化资金匮乏的农业地区的境况更不乐观。我国的税收返还以维护地方既得利益的基数法进行分配，体现了对收入能力较强地区的倾斜原则，维护了较富裕地区的既得利益，与缩小地区间差距的主旨背道而驰。完善财政政策，缩小地区间的发展差距成为农区工业化必须解决的问题：完善税收制度，消除因税收政策差异导致的区域经济协调发展中的不利因素；增强政府转移支付能力，实现各地区公共服务均等化，逐步形成规范有序的管理体制和运行机制，缩小不同地区收入差距；优化经济结构，有重点地施行财政支出政策，积极推进区域差异性的财政政策；提高财政资金的投入结构和使用效益等。

（五）工业发展差距与地区财政差距关系的实证分析

改革开放之后，我国开始实施非均衡的区域发展战略，区域之间的发展逐渐扩大。20世纪90年代末期开始启动的协调性区域发展战略，虽然在一定程度上缓和了区域之间越来越大的发展差距，但是区域发展差距并没有从根本上得到明显改善，区域工业化差距依然较大。我们对1978～2008年各区域主要经济数据对比分析之后发现，几大区域之间仍然存在较大的差距。我们主要从各区域GDP总量、各区域工业生产总值、工业化发展程度、各区域人均GDP以及全国各省（自治区、直辖市）GDP 排名等指标进行比较，均可以得出区域间工业化发展的不平衡结论。

从计量经济模型研究可以看出，地区工业化的差距直接影响了地区增值税、营业税、企业所得税相关税收总额的差距，而地区财政收入主要来源于此三种税种，从而间接地导致地区财政收入之间的差距。从支出角度看，财政收入的差距又决定了之后年度财政支出的范围和数量额度，从而间接地加剧了地区之间的工业化差距。可以说，两者之间形成了一种既相互联系又相互影响的作用与反作用关系。

（六）加快财政转型促进传统农区工业化

在定位于国家粮食安全保障的传统农区，多年来一直面临农民收入增长和地区经济发展缓慢的难题，要想保证粮食安全，发展经济，农区也必须走新型工业化道路。财政政策是推动地区和产业发展的有力工具，发展农区工业化需要公共财政的支持，从公共财政的改革入手，为农区工业化扫清一些障碍在公共财政转型的基础上促进农区工业化的健康发展。我国在农业人口、粮食安全方面具有重要地位，走农区工业化不是放弃农业，而是在保证农业基础地位的基础上发展工业，解决好"三农"问题，光靠农民单独的力量是不够的，必须加大财政的支持，所以农区工业化的"三农"需要财政的支持。我国的农业经济发展相对落后，没有工业发展仅靠农业是不行的，同时，农业的基础地位也不能丢。我们应在保护环境、保护耕地、保护粮食安全的前提下迅速发展，就必须走农区工业化的道路。而农区工业化在我国刚刚起步，依据经济发展规律和我国现阶段走农区工业化的现实，需要财政的大力支持。中国真正、全面的社会转型是以 20 世纪 80 年代改革开放为起点的，农区工业化潮流是最强大的推动力。然而，农耕历史最久、农耕文化及社会结构积淀最深、地域面积最大、农民人口最集中的传统平原农区，却是工业化发展和社会转型最滞后的地区。显然，如果此类区域的工业化和社会转型问题不解决，整个中国的现代化转型就不可能完成。所以，从中国整个国家现代化建设角度看，也必须加大财政对农区工业化的支持，以加快我国现代化的进程。

第二章 文明变迁、工业化与财政制度转型

在开始研究农区工业化问题的时候，突然发现自己处在一个怎样的多元文明共存的时代：南美洲和非洲的一些部落依然生活在游猎文明状态，非洲大量存在的农业国还处在农业文明时期，在中国、西亚等国如火如荼的工业化进程加速行进的时候，美国、欧盟和日本已经先后悄然进入信息文明（知识经济时代）。在中国整体上进入工业化的格局下，我们依然可以看到各种文明状态在这里集结：珠三角、长三角等发达地区业已完成工业化进程，开始踏入信息文明的门槛，而以河南为代表的中国大部分地区仍然处在工业化的加速期，然而在一部分偏远的农区，农业文明仍然统治着这些地区。很显然，从文明进化的角度看，人类先后经过了游猎文明、农业文明、工业文明和信息文明①阶段，但不同国家并非步调一致地沿着文明进化的路径前行，同一国家的不同地区也并非处于同一文明阶段。即便就我国业已实现工业化的发达省份而言，其部分地区依然是传统的农业文明主导着其经济生活，在中西部的大部分省份，更是存在着大量的传统农区。从整体上研究中国的工业化进程，或从省级行政区划研究中国的工业化，并不能反映中国工业化的全貌，传统农区作为一个被工业化"遗忘"的特殊经济区域，其工业化进程不仅关乎整个中国的工业化进程，更关乎中国经济社会向现代文明过渡的进程。财政制度的演变既是文明进化过程的结果，又是区别不同文明特征的主要标志之一。可考的人类历史已超过了二百万年，在这漫长的人类发展过程中，理论界已经确认经过的文

---

① 关于最新的文明阶段的概念，目前理论界尚无统一表述，有的称信息文明，也有的称知识文明，还有的表述为后工业化时代等。

明阶段有三个：游牧文明（采集和狩猎文明）、农业文明、工业文明；后工业文明时代的新的文明形式尚待命名。从公共经济学的角度看，不同的文明形态有不同的财政制度特征，揭示文明演变与财政制度演变的规律，尤其是关于工业化与财政转型的关系的讨论，是本书研究的重要内容。

第一节　文明变迁的一般规律

人类文明的进化总是伴随着不同文明形态的激烈碰撞、交锋乃至残酷的战争进行的。文明形态的优劣经过了一系列的物竞天择之后便见分晓，那种能够掌握更多资源、生产更多的物质资料、形成更安全的社会生活秩序、提供更公正的社会服务的文明系统便是先进、优越的文明。先进文明通过各种途径不断地发展扩张，排挤乃至替代原先较为落后的文明的过程，我们称之为文明转型。如果一个文明系统与另一个文明系统相比，其采用的解决自身成员的吃、穿、用、住、行等方面的物质资料需要的生产方式所涉及的对能源的利用的多样性及其较高的效率性，所涉及的物质资料生产的更高的效率性、更加多样性，与这种生产方式相适应的社会管理体系和管理方式的较高的效率性、更多的公正性，其遵循的价值观念在本社会乃至在其他社会能获得更广泛的认同性，就可以认为，这一文明系统比另一文明系统更为先进（张恒山，2010）。

一　游牧文明（狩猎采集文明）向农耕文明的变迁

狩猎采集文明是人类文明的最早期的形式，这种文明形态大概从人类一出现就开始了，其后的游牧文明和农耕文明都是对狩猎采集文明的继承。狩猎采集文明在欧亚大陆持续到了 7000 年前才被农耕和游牧文明取代，而在北美洲以及太平洋地区，则一直持续到了 1500 年左右，这一文明可是说是最古老、传承最长的文明生产方式。狩猎采集对自然环境深深的依赖，决定了上古人类超乎想象的迁移能力。狩猎采集文明的人类，捕杀猎物，采集浆果种子、坚果块茎，对居住地周围的生态环境影响是非常巨大的，当附近猎物被杀光了，可食用的植物被采空了，没有了食物来源，狩猎部落就开始迁移去寻找新的猎物来源。显然，相对于现代的考古而言，狩猎文明不会留下多少东西，只是随着猎物的足迹而前进，留下一片片空白，等着后来文明如农耕文明去填补。狩猎文明面对族群的不断扩张和人口的增加，其具有的高风险性和收益不确定性日益显现，终于逐渐被农耕和游牧文明取代，但是正是狩猎采集文明人类的迁移，使得他们成了世界的发现者和荒野的开拓者，为后来文明的传播留下了道路和足迹。

相对于狩猎和采集文明，游牧文明是逐水草而居，游牧部落的迁移路线是固定的，而且他们对环境的影响是有限的、周期性的，不同的季节去不同的草场，给予用过的草场休养生息的时间，以备将来继续利用。然而，迁徙不能从根本上解决人类与自然的上述问题。为了解决这个矛盾，需要选择新的生存方式，引进一个新的技术过程，这便是一万多年前农业产生的原因。

食物危机迫使人类寻求新的生存资源和劳动方式，在原始文明的末期，人类生物进化基本完成，技术进步加快，发生了旧石器晚期的技术革命。在大约一万年前人类从中石器时代过渡到新石器时代，出现了石犁、石锄、石杵以及弓箭的广泛运用和陶器的发明，接着是青铜器和铁器的使用，并且随着畜牧业的产生开始了畜力的利用。农业和畜牧业产生，在社会生产中逐渐代替采集狩猎成为社会的核心产业，人类开始驯养动物、种植庄稼，于是产生了伟大的农业革命并开创了农业文明时代，这就是被经济学界称为人类史上的第一次产业革命。那些曾经是文化舞台主宰的部落，随着那些拥有利用能源并进行生产的，崭新且更灵活手段的文明类型的到来，逐渐退让出原有的地位。高级文明类型的扩张，使得狩猎和采集文化类型被一步一步地驱赶到更为边远的地区。农耕文明对环境的影响也很大，但是他们会改造环境，当然，刀耕火种摧毁了很多森林，但毕竟土地资源的使用是比较缓慢的、渐进的，而且会伴随着文明的传播。

二　农耕文明向工业文明的变迁

农耕文明所具有的自给自足的小农经济特点，以及重农思想抑制了商业交换的发展。在农耕文明高度发展的中国，一次又一次的农民起义，无不是推翻了一个封建制的高度集中的政权再建立起一个同样的政权。在数千年的农耕文明时期，政权的更迭带来的只是同样性质的文明在历史的长河中一次又一次地重演。在政权更迭的战争中消耗的人口经历一段时间的修养大幅增长然后又在下一次的政权更迭中被消耗掉，因为战争和掠夺丢失的土地又在战争和掠夺中收回，有生产技术的进步和生产力的发展，却没有超越性的进步，所有的进步与发展无不是服务于农业生产，维护统治阶级的利益。明后期的中国资本主义萌芽在小农的自然经济下产生和发展是相当缓慢的，发展环境较为恶劣。政府由于重农轻商的思想，对商品收以重税，在全国设立重重关卡；明清处在中国封建社会的末期，人民贫穷，无力购买商品；自然经济的自给自足同样限制了资本主义萌芽的发展。

工业文明是以近代科学技术为核心的文明，在这个文明时代，人类利用科技力量创造了无穷的财富。工业化最重要的特征是工业代替农业成为社会的中心产业，使人类进入现代工业文明时代，是人类第二次产业革命。工业文明较之农耕文明有更为强大的影响力，高效的生产力使它在短时间里在全球范围内得到传播，促使世界各国主动或者被动地实现从农耕文明向工业文明的变迁。工业文明带来了比农耕文明更为高效的生产力，引发社会阶级的重新划分，利益一词不再独属于统治阶级。工业文明将农民从他们的土地上驱逐出去，农民失去土地，大量的劳动力注入工业化大生产中。工业文明带来了农业生产工具的进步，使得农业生产实现了机械化和产业化，农作物品种的改良、农业生产技术的进步提高了农业生产效率。农业实现了由传统农业向现代化农业的转变。

在工业文明条件下，人口迅速增长，技术突飞猛进，人类活动进入地球几乎所有的陆地和水域，使地球的整个表面成为人的活动场所，甚至人类活动还超出地球进入宇宙太空。人类对自然的改造和利用形式更加深广和复杂。工业生产以机器系统或自动化流水线代替手工工具，从而使手工工场的生产变为工厂化大生产。工业生产开发利用大量能源，以煤、石油和天然气等矿物燃料代替木炭和薪材，利用石化燃料发展电力，继而是核能的开发，这些都为社会提供了比农业社会大得无法比拟的动力，驱动工业生产加速发展。各种金属和非金属材料的开发利用，生产出了丰富的商品供社会需要，使工业化发达国家发展为高消费社会。①

工业文明是一种不同于传统农耕文明的生产生活方式、社会组织方

---

① 丁鸣：《论人类发展的生态文明向度》，辽宁师范大学硕士学位论文，2010，第15页。

式。关于工业文明的基本特点,可以概括为:以工业生产和商业交换为物质财富生产和交换的主要方式,农业生产产值的比重降低,退居次要地位;生产的主体是独立的个体或个体人的联合体;生产者以城市(镇)为生产、生活聚居地,其产品完全用于交换,通过交换获取赢利;生产、运输的主要动能是各种燃料热能(煤、石油、原子能)和转换后的水能、风能,以及正在探索使用的太阳能、地热能、潮汐能等;生产、运输工具为复杂机械,生产者之间有着复杂、精细的分工,生产者之间通过财产联合和生产要素组合,以契约或协议为纽带在形成大规模企业生产;生产者同样以契约或协议为纽带与他人发生交换联系,每个人都通过交换获取自己所需的各种物质资料或精神资料,并在频繁的交换、密集的城市聚居中同他人发生联系;生产效能的提高使生产者有闲暇接受教育,而复杂的机械生产也要求生产者接受教育、获得文化等。张恒山把这一文明的特点总结为八个要点:思维方式的理性化;价值观念的人本化;交换方式的市场化;生产方式的工业化;分配方式的普惠化;生活方式的城市化;组织方式的民主化;管理方式的法治化。他认为工业文明最重要的特征是以商业交换、商业谋利为主导进行工业生产、农业生产、科技发展。商工文明所有的交换主导性特征、生产高效性特征、世界性特征以及全球扩张性特征,使得它与农耕文明相比有着巨大的优势。工业文明不仅具有比农耕文明更高的生产效率,能更多样、更有效地利用自然能源,还创造了比农耕文明更有效、更公正地管理社会的组织管理制度和体系,并提出诸如人人平等、个人自由和天赋权利、人身和私有财产不可侵犯、国家权力应当受到约束等现代资本主义价值观[1]。马克思恩格斯对这种文明下的社会生产的高效率性有一个很好的概括:"资产阶级在它的不到一百年的阶级统治中所创造的生产力,比过去一切时代创造的全部生产力还要多,还要大。自然力的征服,机器的采用,化学在工业和农业中的应用,轮船的行驶,铁路的通行,电报的使用,整个大陆的开垦,河川的通航,仿佛用法术从地下呼唤出来的大量人口,过去哪一个世纪料想到在社会劳动里蕴藏有这样的生产力呢?"[2]

---

① 张恒山:《略论文明转型》,《学术交流》2010 年第 12 期,第 1～7 页。
② 《马克思恩格斯选集》(第 1 卷),人民出版社,1995,第 275 页。

工业文明取代农业文明经历了一个历史过程，马克尧认为，工业文明在全球的扩展，"是从 19 世纪末、20 世纪初开始的，到现在为止不过一百年，即刚刚过去的这一个世纪——20 世纪。在这一百年中，人类经历了前所未有的大变化……在世界的所有地方，原来落后的农业文明，这时都在向工业文明过渡。他们的过渡，已经克服了在第一阶段遇到的自己本身和西方所强加的困难，积极谋求、找寻适合自己的工业化道路，并且取得了很大的成功，一些第三世界国家已经在工业化的道路上达到了和西方国家差不多的水平"①。当然这种文明演化常常伴随着隆隆的炮声。在前工业文明的演化史上，常常有文明落后的民族用武力战胜先进文明，终究又被战败民族的文明所同化的历史，自工业文明兴盛以来就不再出现，人们看到的总是先进的工业文明进攻并战胜落后的农业文明。工业文明所具有的相对于农耕文明的优势，使得任何农耕文明——无论它在农耕文明体系中显得发展的多么完善都无法抵御。正因为如此，当西方的炮舰打开了处于农耕文明中的大清帝国的大门、迫使清帝国同意开放通商口岸之后，清帝国第一能臣李鸿章惊呼：中国面临数千年未遇之大变局②。

随着现代化大工业的出现，建立在个人才能、技巧和经验之上的小生产被置于科学技术成果之上的大生产所取代，劳动生产率大幅度地提高，环境中物质、能量和信息的传递系统大规模地改变，人类的活动领域极大扩张，人类的物质欲望与日俱增。

三　工业文明向信息文明的变迁

工业文明的发生和发展把世界联结、整合成一个规模空前的超巨大型社会系统，然而这个动态系统结构极不合理、内部极不和谐、运行极不稳定。400 年的工业文明历史上，在发达国家内部激起无数的事变、冲突、革命，在世界范围发动和挑起包括两次世界大战在内的无数次战争把人类推向毁灭的边缘。只要多数国家处于不发达状态，世界范围存在文明等级的差别和贫富悬殊，动乱的根源就存在，世界就不会成为一个和谐系统。工业文明又是高污染的，大量排泄自然界无法消解的废弃物，严重降低环

---

① 马克尧：《世界文明史》（上），北京大学出版社，2004，第 14 页。
② 〔美〕托马斯·哈定等：《文化与进化》，浙江人民出版社，1987，第 59 页。

境质量，长此下去将使地球越来越不适宜人类生存。历史上的农业文明都是局域文明，工业文明是第一个在全世界取得支配地位的文明形态，却不是全人类能够共享的文明形态。由于工业文明依赖的是一种资源浪费型、环境污染型、生态破坏型、社会分裂型的发展方式，它们享受的高浪费、高污染的生活方式即使对少数发达国家也是无法持久的。人类要解决工业文明带来的一系列矛盾，建设一个稳定和谐的国际社会，就必须超越工业文明，建立一种新的文明形态。换言之，工业文明是人类社会演化历史上一种短命的文明形态，在其刚刚到达顶峰时就开始孕育出取代它的新文明，经过半个世纪的发展，新的文明转型演化的趋势已经被人类意识到，并于 21 世纪初先后在美、欧和部分亚洲国家开始实现。可以说，信息文明是工业文明发展的必然结果，经济全球化和信息技术、生物技术的广泛使用，使得以改造自然、征服自然为行动口号的工业文明有了提升的空间，把社会发展建立在尊重自然的基础上，使全人类面临资源枯竭的威胁的状况发生根本性的改变，信息文明的产生有效地缓解了自然资源减少给人类带来的生存压力。

信息文明是人类以现代信息技术为手段，以信息经济为基础，对信息资源有效开发，对物质资源充分利用，实现人类社会各领域、各方面的协调发展和整体进步的一种文明形态。信息文明时代以计算机网络化的信息活动方式为全新的经济、政治体制提供技术支持，网络化的信息处理、创制和传播方式在其形式上具有交互性、平行性、开放性、全球性、多元性、自由性、共享性、平等性和非权威主义的基本特征。这种网络化信息活动方式有可能使人类价值观念模式的变革朝着多元化的方向发展。① 现代信息技术在社会各领域的广泛应用，使得社会生产手段和交往手段实现信息化和网络化，人类生产能力和交往能力的空前增强，人与人、群体与群体、国家与民族之间日益成为密切联系的整体，意味着人类社会正在迅速地从"工业文明"时代迈向"信息文明"时代。

信息文明是物质型文明的发展与升华。以信息高速公路和因特网为代表的电子信息网络技术在 20 世纪 90 年代的出现，代表了信息技术持续发

---

① 邬焜：《论人类信息活动方式与文明形态价值观念变革的一致性》，《重庆邮电大学学报（社会科学版）》2007 年第 1 期，第 1～4 页。

展的一个新高度。其结果是，第一，形成以信息（知识）经济为主导的新一代的经济结构。在信息社会中，信息成为社会经济发展重要的战略资源，国民经济全面信息化，经济的可持续发展也要求信息全球化。第二，电子信息技术带来对现代社会的全面革新。这种革新包括社会的生产、交换与流通方式的革新，人们的工作、生活和交往方式的改变，工业设计方式的变革，远距离的医疗和教学的实现，信息网络结构所形成的开放式的个性化、分散化的文化特征，社会的民主化和法制化，以及决策的信息化和科学化等。[①]

信息文明的建设已经不限于理论上的一般概括和界定，在现实社会实践中已经具体地表现在经济、政治、文化等诸方面。第一，信息文明的实践极大地推动了经济建设的飞速发展。国内外的研究认为，一种以信息为重要原料的生产方式已经出现。有人把全球兴起的创意与电脑的联手称为"观念产业革命"。由于信息的迅速及时或瞬间反应，已使商品的产－供－销之间信息反馈的时间差、地区差几乎缩小到零的程度。信息先于生产即以买定产的方式，节省了库存，节省了积压，也节省了风险。因为信息交流速度的加速，使生产和流通中的库存规模缩小，甚至不再需要库存，相关的运输工具由大变小，运输频率加快，资金占用由多到少，信息消除了传统生产流通诸环节的浪费，并成为现代生产中的一项至关重要的经济资源。同时，信息资源还克服了农业经济、工业经济中资源只能独占和使用的局限性，可为不同的使用者所共享，并在使用中产生了更多的信息。这就使得商品生产之间的竞争空前激烈。随着"信息高速公路"和全球卫星通信的发展，信息迅速更新，产品及时换代，每年推陈出新的比例甚至高达50%。这对劳动力的需求也由高数量转向高质量，知识型、信息型劳动力逐渐成为主流。信息革命正在或已经改变了人类经济生活及物质文明的几乎一切领域。第二，信息文明对政治文明及制度文明也开始产生了巨大的影响。国外的研究者发明了一个被称为"信息政治"的名词。他们认为，随着信息革命的发生和信息文明的到来，权力或者力量正在发生转移。权力或力量作为一种有目的的支配他人的力量，通常是由暴力、财富

① 任淑萍：《信息技术对信息文明社会公众的影响》，《山西社会主义学院学报》2005年第2期，第37～39页。

和知识三个要素构成。在不同历史阶段，这三个要素的地位是不同的。在漫长的农业文明中，暴力起着主导作用，这是人们攫取财富、扩大权力的主要基础。在工业文明的早期，财富（金钱）日益增加权力的筹码，它渐渐成了权力、地位的象征，成了控制社会的主要手段，而正在到来的信息文明，其最显著的特征就是知识的急剧膨胀与迅速传播，即所谓的知识和信息的"大爆炸"。所以，权力或力量将由金钱向知识转移，谁掌握大量的知识信息，谁就能在未来的世纪中获胜，无论对一个国家、一个地区，还是一个人来说，都是如此。信息的社会化必然走向信息的产业化，其构成大致是信息制造业、信息传输业、信息服务业将全面发展，信息高新技术的发展将走向产业化，信息技术手段将在社会生活中得到广泛运用。[①]

从生产力进步的角度来说，信息文明较之工业文明的进步体现在信息技术的飞速发展及其在产业发展、经济发展、社会生活等方面起到越来越重要的作用。工业文明带来全球化的经济、文化、政治变革，极大地改变了人类的生活方式和社会观念。工业文明在带给我们经济高速发展、生活水平大幅提高的同时，也带来了资源的不断枯竭、生态环境的不断恶化以及巨大的人口压力。工业文明发展的后期，社会生产要求最大限度地节约自然资源、能量和时间，信息文明以更为高效的方式满足社会生产的需求。

第二节　不同文明阶段的财政制度特征

一　游牧文明向农耕文明转化进程中的财政转型

游牧文明向农耕文明转化的进程是财政制度从无到有的过程。人类文明的最初，也就是采集和狩猎文明时期，由于生产力低下，人口不多，人类采取的是群居生活，生产资料平均分配，交换也是完全平等的交换方式，这个时候是没有财政制度的。这个时期，最重要是人口和粮食，最重要的生产资料就是石器。这一时期的经济特征就是缺乏生活必需品。在不

---

① 百度百科，信息文明，http：//baike.baidu.com/view/932712.htm。

断的迁移中，生产资料的需求，包括历法学兴起、农业生产工具的进步、农业生产技术的进步使得人类逐步定居下来，进行有效的农业生产。剩余产品的出现、土地制度的建立、阶级的产生推动了国家的建立，财政制度也随之产生和发展起来。正如恩格斯指出的那样，"为了维护这种公共权力，就需要分民缴纳费用－捐税。捐税是以前的氏族社会完全没有的"①。捐税是国家存在的经济体现，属于最早出现的财政范畴。赋税征收的目的主要是用于国家存在和发展中所需要的财力，而国家的经济职能，就是调整生产关系、巩固经济基础、促进生产力的发展，征收租赋徭役、保持国家有充足的财力和经济储备，这是国家发展和社会进步的基本条件之一②。其实，人类历史上所有的组织结构，无论是巴勒斯坦的村社、古埃及法老的帝国、苏美尔的城邦，还是中国的夏、商、周王朝，它们从出现的第一天起就是一个财政单位，是财政制度不断尝试的表现形式之一。只不过那时的分工与财政制度可能并不是需求者追求效率的制度设计的产物，而是统治者追求个人利益的政治军事活动的客观结果而已③。在由游牧文明向农耕文明进化的这一时期里，财政经过由最初的贡赋国家到领地国家再到赋税国家的转变。

（一）贡赋国家财政

在《社会发展简史》中把旧石器时代、新石器时代归属于渔猎时代。这个时代开始于人类早期，结束于奴隶社会早期，其间经过了母系氏族时代，父系氏族时代和部落联盟时代等几个阶段，时间长达万年之久。最为主要的工具是石头工具和草绳木叉等，群居生活，围捕渔猎。人类社会的第一次大分工，促进了社会生产力的发展，原始农业逐渐向锄耕农业过渡。生产工具的更新和改进，专用工具的出现和推广，水利灌溉等农业技术的运用，使耕地面积不断扩大，单位面积产量不断提高，社会不仅有了剩余产品，而且日渐积聚。私有财产与个人财富的急剧膨胀，促使社会出

---

① 恩格斯：《家庭、私有制和国家的起源》，《马克思恩格斯选集》第四卷，第167页。
② 赵兴罗：《中国财政史课堂应成为传承中华文明的重要阵地——兼论〈中国财政史〉的教学改革》，《时代经贸（学术版）》2007年第5期，第1～16页。
③ 宋丙涛：《财政制度变迁与现代经济发展——英国之谜的财政效率解释》，河南大学博士学位论文，2007，第42页。

现两极分化。第一次社会大分工导致了第一次社会分裂，社会开始分为两大对抗阶级，即主人与奴隶、剥削者与被剥削者。这个时期的财政特点表现为奴隶制国家的贡赋制度。收入方面的表现为：第一，租税合一，贡赋是以土地作为主要课征依据的，因而租中有税，税中有租，租税合一而成。第二，国家财政与王室财政不分，帝王即是最大的土地所有者，又是国家政治权力的总代表，国家的利益就是他个人的利益，帝王的个人支出与国家财政支出没有什么区别，这样国家的财政收入如同帝王的个人财富，两者合而为一，因此这一时期国家财政和王室财政是没有本质区别的。第三，财政课征主要是实物形态。在支出方面表现为：第一，国家财政支出与王室财政支出不分，财政支出的形式又和奴隶制的分封制、宗法制、俸禄制紧密地结合在一起，形成奴隶制国家财政支出的一个显著特点。第二，财政支出首先保证祭祀和军事需要。第三，式法制财，专款专用。所谓式法制财，主要在于收支对口，专款专用，保证均节财用，求得财政平衡。支出的内容主要有军事支出、祭祀支出、王室支出、俸禄支出、建设支出（兴修水利、交通建设等）、扶持农业生产、推广生产工具和农业技术、灾荒救济等。

贡赋制度建立在土地制度之上，土地制度融政治、经济、财政为一体。贡，即任土作贡，随乡所出，就地取物，以供国用；赋，因田制赋，分等定级的赋税制度。田赋是国家主要的赋税收入。随着商品交换的发展，关税等税种逐渐发展起来，国家机构专设理财官员，或者设立专门的管理财政的部门。国家垄断手工业和商业（例如中国的商代尚有"工商食官"之定制，即国家垄断手工业和商业，其收入也构成了国家财政收入）。西周草创了我国较完善的财政制度，其中包括设立了专职的财政机构与财政官员，制定了国用制度、会计制度、审计制度和理财原则，初建了国库组织系统和钱币铸造机关，西周的赋税制度也有较大变化，税制由简变繁，税目不断增加，税率已呈多层次、多样化，而且中央和地方都拥有课税主权。

（二）领地国家财政

中国春秋至秦这一历史阶段，中国财政向领地国家财政过渡。领地国家是封建主义的产物：在封建制度下，国王的税收有两个来源，一部分来自国王自己的领地，一部分来自诸侯的进贡；国王则无权直接对诸侯领地进行征税。秦以前的中国显然属"领地国家"，因为那时"贡"是国家财政的主要来源，如周代的"九贡"。秦汉以后，中国就基本上进入了税收国家，财政来源主要依靠农民和其他劳动者缴纳的赋税和提供的劳役。相比之下，欧洲进入税收国家比较晚。在 13 世纪晚期至 15 世纪中期，英国和法国王室才逐步摆脱对领地收入的依赖。但直到 1630 年，瑞典、丹麦的领地收入仍占财政总收入的 44.8% 和 36.9%。在普鲁士，时至 1778 年，仍有近一半财政收入来自领地①。"领地国家"下的收入分配，基本建立在古代分封制和宗族制度（尤其中国）基础上，国王与诸侯之间，各有相应的领地，"京畿千里"实际上指的就是国王的领地，诸侯国也分有一定的领地范围。国家收入因此也由两部分组成：一是国王领地的收成；二是诸侯的贡品（按比例进贡）。在这种体制下，收入的分配只发生在贵族之间，而民众不具有任何的财产所有权或处置权。经济上的隶属地位，政治上也反映出隶属状况。正如"普天之下，莫非王土；率土之滨，莫非王臣"。

中世纪的欧洲国家都是"领地国家"，它是封建制度的产物。在封建制度下，国家的财政收入主要有两个来源：一部分来自国王自己的领地，另一部分来自诸侯进贡以及来自司法收费方面的收入；国家无权直接对诸侯领地进行征税。由于领地国家的统治者主要依赖其领地收入而生存，因此，国家财政对于社会的影响是有限的。从中世纪后期开始，在战争和宫廷消费所形成的巨大支出压力的驱使之下，加上新兴的商业繁荣也累积了让各国统治者垂涎三尺的财富，国家于是开始到领地之外去寻找额外的收入来源，以税收的方式将领地之外的其他财产所有者的财富的一部分转化为国家财政收入。这就使得这些欧洲国家逐渐转变为另一种类型的财政国家——"税收国家"②。

(三) 税收国家财政

在近现代时期（1500 ~ 1800 年），最重要的财政国家转型是从"领地

① 王绍光：《从税收国家到预算国家》，《读书》2007 年第 10 期。
② 王绍光、马骏：《走向"预算国家"——财政转型与国家建设》，《公共行政评论》2008 年第 1 期，第 1 ~ 37 页。

国家"转变到"税收国家"。这始于欧洲中世纪后期，一直到18世纪末期才完成①。税收国家是中央政府及下级政府在全国范围内用税收的方式来汲取财力，而且，更重要的是，国家的财政收入主要来源于私人部门（家庭和私有经济）的财富，这使得税收国家的财政收入高度依赖于私人财富。"税收国家"下的收入分配，建立在民众的自由基础之上，或者说民众在经济和政治上不再属于隶属地位。因为税收是国家对民众。"税收国家"下，国家收入主要就是税收，税收的方式也是多种多样的，如金钱、谷物、劳役、兵役等。这种收入分配方式具有不明朗性，即税收上缴后，如何使用与进行再分配，都是单向性的，民众不具有监督权力。政治上呈现中央集权制状态。就中国而言，经济上隶属地位的改变，始于春秋战国时代，政治上奴隶制度的分崩瓦解，改变了民众经济和政治的隶属地位，但依然具有一定的依附性。民众自由地位的完全改变，始于1949年中华人民共和国的成立。到目前为止，中国仍处于"税收国家"向"预算国家"转变过程中。

（四）农耕文明时期中欧税收文化差异

就全球而言，同时处于农耕文明的国家和地区，财政制度表现出不同的形式特点，东方农耕文明的代表——中国和欧洲农耕文明的代表——英国在税收文化上就大不相同。就中国来说，其税收文化集中表现在以下几个方面。

1. 纳税义务的彻底强制性

中国是标准的宗法社会国家，具有"家天下"传统，立法权操持在君王一人之手，作为全社会的大家长。他决定什么事，是不容子民们质疑的。经过长久岁月的历史积淀，"皇粮国税，非交不可"的强制性义务观逐渐形成。出于被迫和无奈纳税义务，纳税人一般都没有纳税的主动性、积极性，税收的强制性不仅是相对于每一个具体纳税人而言的，也是针对社会整体的，像现代税收"取之于民、用之于民"的精神在传统税收文化中是找不到的。

---

① 王绍光、马骏：《走向"预算国家"——财政转型与国家建设》，《公共行政评论》2008年第1期，第1~37页。

2. 征税权力的人治特征和随意性

中国传统税收文化认为征税权力是君父之权，是不能限制的权力。由于征税与纳税都体现了一种身份（君父与子民），因此不纳税成了有地位、有身份的象征，皇亲国戚历来享有免税的特权，有本领的子民通过自己的努力，或因功勋或善钻营，也能从征税权力的拥有者那里获得免税特许，使得征税中的不公正性和随意性程度很高。这更巩固了人们对税收是一种无可奈何的外部强制义务的认识，巩固了一种对不纳税身份的崇拜心理。

3. 重视税收效率和国家财源的开辟、涵养

传统税收文化中并非全是消极因素，由于中央集权的大一统国家的庞大财政需要，传统治税思想中比较重视税收效率和国家财源的开辟与涵养，这是至今仍值得我们继承发扬的优秀文化遗产之一。

4. 重本抑末的宏观调控理论与税收的工具性

小农经济是传统中国乡土社会的经济基础，历代统治者为了巩固这个基础，一直奉行重农抑商的宏观经济管理政策。秦统一中国之后，历代中央集权制国家都以此为基本国策，而税收是落实这一国策、调节宏观经济的重要杠杆。具体来说，历代都通过薄税敛来扶持农业的发展；又重关市之赋，抑制工商业。

与此对应，欧洲农耕文明发源地之一的英国，却表现出另外的税收文化。

第一，税收活动的法治性。但是，这里的"法治"只是以法治国，把法作为治国治民的工具，即"rule by law"。而我们所讲的法治是依法治国，即"rule of law"。它是建立在民主的基础上的，法律是社会成员共同制定、共同遵守的行为规范，而不是君主或政府单方面制定强加于人民的。当我们说英国传统税收文化的法治性时，同时也指它具有民主性。在这样的文化环境中，永远不会产生征税权力的人治、随意性。规范税收活动的是立法机构依据民意而制定的税法，而不是行政机构制定的国家税收政策，税收形式特征中的"固定性"显得非常突出。

第二，税收关系的平等性。无论是配第还是斯密，他们阐述的税收原则，第一项就是税收公平。在纳税人之间，他们强调普遍纳税，不允许凌驾于税法之上的特权。

第三，注重税收"中性"，反对过多干预。斯密提出的旨在约束政府征税行为的四项原则是"平等、确实、便利和征税费用最省"，使税收在满足政府最低财政需要的前提下，成为促进经济自由发展和企业公平竞争的条件。总结英国税收文化的各项特征，我们发现，贯穿其中的一条主线就是：坚持对国家征税权力的约束。或许这就是中英税收文化差异的根本之点①。

二 农耕文明向工业文明转化进程中的财政转型

农耕文明向工业文明转化进程中的财政转型，我们可以表述为财政重点经历了由重农到重商到重工的变化。农耕文明时期的财政收入来源于土地，国家财政离不开对土地的依赖。因此，国家的一切财政政策无不是围绕着保护和促进农业生产，轻徭薄赋减轻农民负担，或是加重对商人的赋税力度，通过剥削商人来减缓对农民的剥削。只有土地得到保护，农业生产得以持续，那么国家就有收入来源。这一时期的国家支出一部分是为了军事掠夺，而军事掠夺的一个重要目标就是土地，国家需要更多的土地来满足王室收入，缓解人口压力，此时土地是统治者的财产。工业文明时期同样对土地这一资源有着极大的需求，但是这种需求是为了工业生产和商业发展，土地作为一种生产资料被投入工业生产中，农民从土地上被驱逐，成为工业生产的劳动资源。在土地私有化过程中，财政开始具有公共性。

自16世纪开始，西欧各国市场经济的发展，促使整个社会从农业文明迈向工业文明，至19世纪中期工业化完成之时，历经数百年的历史发展，终于实现了这一社会转型，其特征为近代大工业生产方式成为满足社会需要的主导方式，成为占据支配地位的社会体制②。为了发展资本主义的需要，西方各国都对本国的农业政策和土地制度做出相应变革，英国的圈地运动、美国的《宅地法》、俄国废除农奴制的改革、日本明治维新中的土地政策等都对工业化产生了正面影响。而法国大革命时期的农业政策，意

---

① 佘大庆、彭骥鸣：《中英传统税收文化比较》，《西安财经学院学报》2003 年第 2 期，第 72 ~ 76 页。

② 李宏图：《从农业文明到工业文明——西方近代社会转型的历史经验及启示》，《探索与争鸣》2000 年第 1 期，第 43 ~ 46 页。

在保护小农经济，对法国工业化进程起了阻碍作用。苏联在探索社会主义现代化的过程中，根据形势的需要，列宁曾先后提出余粮收集制和粮食税政策；斯大林时期实施的农业集体化方针，虽为工业化提供了条件，但损伤了农民的生产积极性，造成了农业的长期落后。

（一）重商主义时期的财政转型（16～18世纪）

这是西方资本主义国家的资本原始积累时期。重商主义时期的财政思想就是通过出口退税、出口补贴、进口关税等手段实施重商主义的"奖出限入"，实行超保护贸易政策，保持贸易顺差，增加国内就业和国民收入。西方首先推行重商主义政策的少数国家，如荷兰、葡萄牙和西班牙等，确实通过贸易掠取他国财富来增强了本国的经济实力。但随着西方其他国家相继推行重商主义理论政策，使各国贸易壁垒纷纷建立，这在客观上阻碍了国际商品流通，切断了通过贸易顺差掠夺他国金银的国际通道，客观上减弱了各国政府的聚财能力。其结果是，随着时间的推移，旨在使国家富足的重商主义财政理论，在客观上却把国家推向了贫困的窘境，盛行一时的重商主义财政理论由此走向了破产[1]。与此同时，由于商业利润的急剧增加很快改变了经济结构与财源结构，政府的财源越来越依赖于商业活动提供的财政收入，于是有利于商业发展与扩张的制度变迁才逐步获得了财政与政府的支持，并导致制度变迁的正面激励逐步超过了负面的阻力。市场制度变迁的出现使交易成本进一步降低，于是商业繁荣才会在这些地方反复出现，并最终带来市场化体系转轨的成功。但重商主义所关注的商业扩张与财政扩张之间形成的正向相关关系却更为重要。英国商人海外市场的扩张为财政制度的变迁与效率的提高奠定了基础。社会公共产品的提供越来越多地依赖于商业扩张带来的财政收入的增长，商人为政府提供了财政制度变迁的经济激励；政府提供的公共产品的多少第一次不再以统治者的主观好恶来取舍，而是开始以需求者的需要为依据来决定。作为社会交易成本的政府行为开始进入商业经营者的成本收益分析范围，从而使公共产品供给的效率有了急剧的提高。1689年以后，英国的立法鼓励了公共产

① 张平：《中西方财政运行状态及运行机制的比较研究》，天津财经大学博士学位论文，2009，第14页。

品的提供,尤其是工商业发展急需的交通条件的改进、私人产权的保护与公共秩序的维持①。

(二) 从古典经济学派财政理论到功能财政理论 (18 世纪末至 20 世纪)

18 世纪后期,西方国家社会经济出现了新的变化,英国的工业革命和由产业发展带来的经济繁荣,从实践上推翻了"唯商是富"的国家富足理论,使产业发展重新受到重视,过去重商主义时期那种仅仅重视商业的畸形经济结构转向生产流通并重的经济结构,这种经济结构的变迁孕育了自由经济理论的财政思想。以反对国家集权垄断,倡导经济自由发展而著称的古典经济学派,最早创立了西方财政理论体系。古典经济学派的国家财政理论适应当时的特定经济结构,服务于早期资本主义产业发展需要,倡导以国家不干预经济自由发展为宗旨,以固定财政收支的自身平衡为目标,主张将政府限制在政治领域范围内。除必要的公益事业外,政府不得干涉经济的自由发展。古典经济学派的财政理论由于适应了当时特定经济结构,体现了早期资本主义经济自由发展的内在要求,在客观上促进了资本主义经济的发展,维系了相当一段时期的自由资本主义的经济繁荣。然而,随着自由资本主义经济的不断发展,小规模的经济竞争逐渐发展为大规模的经济竞争,企业兼并浪潮席卷了各西方国家。经济竞争规模不断升级的结果,一方面促进了规模效益的提高,为整个社会创造了更加丰富的物质财富,增强了整个社会商品的总供给能力;另一方面,大规模的经济竞争客观上又加剧了企业倒闭和工人失业程度,使整个社会的总需求能力相对减少。在"总供给 > 总需求"的经济结构中,私人投资者出于追求最大利润的要求,纷纷压缩投资规模并裁减工人。这在实践上,不仅无助于缓解整个社会的供求矛盾,而且会导致经济萎缩。这说明,由于社会经济的变迁,仅靠市场利益机制的自发牵引作用无法解决社会经济中的供求矛盾,无法从根本上矫正私人的经济行为,无法达到社会"充分就业"的目标和实现经济持续增长的最终目的,即出现了"市场失灵"。

20 世纪 30 年代西方国家经济大危机的爆发宣告了在新的社会经济中

---

① 宋丙涛:《财政制度变迁与现代经济发展——英国之谜的财政效率解释》,河南大学博士学位论文,2007,第 78、117~118 页。

自由经济理论的终结。于是适应新的社会经济状况的并能推动经济持续增长的新型财政经济理论——以凯恩斯为代表的功能财政理论应运而生。在社会"总供给＞总需求"的特定经济结构下，自由资本主义的国家中性财政在推动社会经济持续增长方面，便失去了积极意义。在这种社会背景下，凯恩斯以缓解社会供求矛盾、解决充分就业问题为突破口，以推动社会经济持续增长为目的，重新发展了国家财政理论，论证了国家活动范围和应该担当的职责，认为国家存在的根本意义在于有效地维护社会秩序，推动社会经济发展，当市场机制自发运行不能达到经济的宏观均衡时，国家必须出面进行宏观调控。而为了实现国家的宏观调控目标，必须建立适应特定经济结构和旨在推动经济发展的宏观经济调控体系[1]。19 世纪产生的福利经济学认为国家财政应以增加社会公共福利为目标，要考虑财政收支对社会公共福利起什么影响。现代西方财政学的主题已不限于财政收支管理，更不限于货币资金管理，而是结合资源的配置、收入分配、经济的稳定，从公私部门经济的相互作用，从宏观和微观的角度进行分析，强调财政是经济的一个范畴，甚至有人用公共部门经济学或财政经济学的名称来代替财政学。总的来看，工业文明时期的财政的发展主要可以分为两大阶段：一是自由资本主义时期。此时的市场经济是自由市场经济。在其基础上运行的财政可以称为早期的公共财政。从本质来看，早期的公共财政可以被看成消费型的。二是现代资本主义时期。此时的市场经济可以被称为现代宏观调控下的市场经济，国家干预力很强[2]。在其基础上运行的财政开始具有公共性，对于这种变化，张馨认为封建社会末期，西欧在从自然经济向市场经济转化过程中，其财政经历了一个脱胎换骨、顺应市场要求而全面转型的过程。它实现了从家计财政向公共财政的转化，从而具有了"公共性"，形成了既能对市场提供强有力的服务，又能基本避免损害市场的"公共财政"模式。此后发生了从自由放任向政府干预的根本转变，但市场经济并未被否定，反而在政府干预下保持了勃勃生机和活力。具体到公共财政的职责来看，自由资本主义时期的财政大体上只履行配置

---

① 张平：《中西方财政运行状态及运行机制的比较研究》，天津财经大学博士学位论文，2009，第 14～15 页。

② 崔学贤：《从西方国家财政发展的历史看我国公共财政模式的建立》，《地质技术经济管理》2003 年第 10 期，第 15～19 页。

职责，而垄断资本主义时期则新增添了分配职责和稳定职责①。

三 工业文明时期的财政结构演进

（一）工业文明时期税制结构的演变

从全球来看，目前发达国家主要采用所有税为主体的税制结构，而发展中国家采用的是以增值税为主体的间接税制结构，但是随着经济发展的全球化，各国的税制有趋同的可能。然而，这种趋同经历了复杂的演变过程。资本主义发展之初，奉行自由放任经济政策的西方国家，其税收政策主要遵循中性原则，追求经济效率是其首要目标。一方面，对国内生产、销售的消费品课征国内消费税，以代替原先对工商产业直接征收的工商业税，来减轻厂商的税收负担；另一方面，对国外制造和输送的进口工业品课以关税，以保护本国资本主义工商业。此时的税制结构，一般被称为以关税为中心的间接税制。第一次世界大战以后，所得税的课征范围日益扩大，税率也不断提高，并由比例税率逐步向累进税率转化，以满足各国财政需要的进一步增加，致使所得税收入日渐增加，并逐渐演化成为一个大税种。所得税的真正辉煌时期是在第二次世界大战之后，特别是 20 世纪 50 年代以来，这一方面得益于各主要经济发达国家的经济迅速发展，人均国民收入显著增加；另一方面得益于凯恩斯主义在各主要资本主义国家的传播和应用，所得税作为一个主要的政策工具，对社会经济生活的影响也越来越大。所得税在西方世界经历了数百年的阵痛直至第一次世界大战前后在西方世界站稳了脚跟，西方各国相继建立了以所得税为主体税种的税制结构，与此同时，少数国家（法国等）则建立了以先进的间接税（增值税）为主体的税制结构。20 世纪 80 年代中期以后，西方国家普遍开征了增值税，许多国家逐步扩大了增值税的征收范围，出现了税制结构重返间接税的趋势，形成了所得税与商品税并重的税制格局。发展中国家已开始形成所得税与商品税并重的税制结构，并使这一税制结构成为税制结构模式的最稳定态势。

---

① 张馨：《公共财政论纲》，经济科学出版社，1999，第 25 页。

（二）工业文明时期财政支出理论的演进

在税制趋同的同时，中国和西方国家在财政职能理论上也趋于相同，必然引出财政支出理论的同化。为了实现国家的宏观调控的需要，必须有足够的财政支出作为物质保障，这已经成为一种共识。到目前为止，各国财政支出范围大体上均包括各级政府机构的正常运转支出、科教文卫事业的发展支出、基础设施的投资和运营支出以及为社会公平提供物质支持。财政支出均按购买性支出和转移性支出作为主要的分类，购买性财政支出主要用于资源的配置，直接影响经济运行；而转移性支出则主要用于国民收入分配，间接影响经济运行。各国均采用瓦格纳法则、梯度渐进增长定律和经济增长阶段论等来解释财政支出总量变动的规律。由于各国均面临社会资源的有限性，强调财政支出的产出和社会效益，一般采用成本效益分析法来衡量投资性的政府支出效益，采用最低费用选择法来衡量政府在军事、教育、卫生、文化等社会效益明显的项目上的支出效益。

从一个较长的历史阶段来看，各国财政支出总量不断扩张是一种共同的发展趋势。在自由资本主义时期，由于受到经济发展规模的限制，以及政府对经济干预尽量减少到最小的要求，西方发达国家财政支出被控制在较小的范围和规模之内，尽管如此，财政支出的绝对规模仍然表现为逐渐上升的趋势。到了垄断资本主义时期，经济发展规模进一步扩大，市场经济的发展客观上要求政府要对经济进行有效的干预，财政支出规模呈现快速膨胀的态势。以美国联邦政府为例，1929 年美国联邦政府支出为 22 亿美元，到 1999 年上升为 17536 亿元，70 年的时间，政府支出绝对规模增长了近 800 倍。而在这之后，进入 21 世纪以来，西方国家普遍财政支出总量持续快速增长。美国联邦政府支出 2002 年达到 20739 亿美元，比 1999 年增长了 18.3%。这些数据充分反映了西方国家在自由资本主义时期与垄断时期的财政支出绝对规模变化的不同情况①。

---

① 张平：《中西方财政运行状态及运行机制的比较研究》，天津财经大学博士学位论文，2009，第 22~23 页。

四 工业文明走向信息文明过程的财政转型

王绍光、马骏对工业文明走向信息文明过程的财政转型有过很经典的描述，在他们看来，在税收国家，由于国家的财政收入越来越依赖于私人部门的财富，一种纳税人意识逐渐形成。在这种背景下，纳税人及其代表不仅希望将国家的征税行为纳入某种制度化的约束，而且越来越要求国家能够负责而且有效率地使用这些纳税人提供给国家的资金。对于税收国家来说，由于财政收入不再是来自统治者自己的财产所形成的收益，不再是"私人资金"，而是"公共资金"，用公共资金建立起来的政府就不再是"私人政府"，而是"公共政府"。既然是"公共政府"，就必须对公众负责，尤其是在资金的汲取和使用上负责（Webber & Wildavsky，1986）。正是在这个意义上，著名财政学家马斯格雷夫（Musgrave，1980）总结说："税收是现代民主制度兴起的先决条件。"由于不能将国家所有的收支活动都整合进一个有效率而且负责的制度框架内进行规范和约束，财政收支管理仍然弊端丛生。一方面，国家的收入汲取行为经常存在各种过度掠夺的现象，甚至激发了各种抗税暴动，而且收入征收也是低效率甚至是腐败的；另一方面，尽管国家汲取的财政收入越来越多，但是，这些资金中的绝大部分并没有被用于公共目的，而主要被用来满足统治者及其军队和官僚体系的消费，同时充满着浪费和腐败（Webber & Wildavsky，1986；Caiden，1988，1989）。要解决这些问题，需要全面、彻底地根据"公共政府"的原则重构国家财政制度。没有一个符合"公共政府"精神的现代预算制度，就不可能有真正的公共政府。随着现代预算制度的建立，这些国家开始以一种"前所未有的方式"从公民那里汲取财政收入，并将之用于公共目的或"集体目标"。这些现代民主国家终于发展出一种"被广泛视为有效率的、有生产率的，而且比以前更加公正的"财政制度（Webber & Wildavsky，1986）。现代预算制度的建立，使得国家汲取和支出财政资源的方式发生了根本性的转变[①]。

---

① 王绍光、马骏：《走向"预算国家"——财政转型与国家建设》，《公共行政评论》2008年第1期，第1~37页。

五　结　论

每一次文明的变迁都离不开大量的社会问题，例如人口压力、土地资源和生产力的进步等。每一次的财政制度变迁都是为了适应新的社会变革和发展的需要。可以说，人类社会的每一次经济革命不仅表现为微观生产过程中劳动分工带来的生产方式与技术的进步，而且更为重要的是表现为社会大分工带来的财政制度变迁与效率的提高（宋丙涛，2007）。按照宋丙涛的分析，人类社会的发展历史从一开始就表现为财政效率提高的历史。在工业革命爆发前的所有人类社会中，人的经济活动的主要目的仅仅表现为人类种群或个体的生存，但这个目标很显然是一个不完全取决于自己努力结果的公共产品。为了确保这个公共产品目标的实现，人类根据自己的生活环境先后尝试了各种各样的社会制度与组织形式。从远古时期与自然界、动物界斗争过程中结成的部落群体，到与植物生存环境斗争过程中形成的农业社会与君主集权国家，不断改进的公共产品供给形式极大地提高了人类的生存能力。近年来，许多学者已经注意到财政效率对经济发展的巨大影响，其研究结果表明，工业发展特别是制造业的扩张从公共投资形成的公共产品与基础设施中受益最大（Ortiz，2004）。

在工业化过程中，政府规模表现出了不断扩大的趋势，特别是第二次世界大战之后（李增刚，2007）。这不仅表现为政府支出规模的绝对增大，而且表现在政府支出占 GDP 的比重不断提高上。20 世纪 90 年代初，大多数国家的政府规模达到了最大，即该国政府支出占 GDP 的比重达到了最大值。此后，各国的这一数值基本上围绕某个值变动，而没有进一步攀升。20 世纪 90 年代以来，英、法、美三国的财政支出总量中，中央政府承担主要的支出责任，将较大的支出花在健康、教育、社会保障和福利支出、公共秩序和安全上（寇铁军、周波，2007）。与此形成鲜明对比的是，以我国为代表的发展中国家更倾向于让地方政府承担主要的财政支出责任，并将支出重点放在基本建设支出上（张平，2009）。

在文明进化过程中，税制结构的演进经历了由以简单、原始的直接税为主体的税制结构到以间接税为主体的税制结构；再由以间接税为主体的税制结构发展为以现代直接税为主体的税制结构；再到当前所得税与商品税并重的税制结构（岳树民，2003）。

当前中西方财政理论体系的基本框架可以表述为：市场有效运行→市场失效→（公共）政府介入→公共财政。财政理论研究内容的设置思路都是：公共经济论→政府职能论→公共产品论→公共选择论→公共支出论→购买性支出→转移性支出→税收理论→流转税类→所得税类→其他税类→公共企业→政府规制→政府预算→财政赤字→财政体制，都认为市场经济是人类社会建立的最有效率的经济运行制度，是能够将人们的个体利益和社会利益最有机地结合起来，将社会发展的各种动力源泉最大限度凝合起来的制度安排。但由于市场机制作用的理想基础是完全竞争市场，因而纯粹市场机制的现实调节结果并不理想，会出现竞争的不完全、外部效应、信息不充分、交易成本、偏好不合理、收入分配不公和经济波动等缺陷，导致市场失灵。若从各国各项财政活动开展的先后次序的角度来看，财政运行机制应先后涉及财政决策机制、财政管理机制和财政监督机制三个层次，这三个层次构成了分析财政运行机制的三方面内容。

第三节　工业化进程推动财政制度变迁

工业化是一个经济与政治、社会和文化互动的综合性变化过程，作为经济和政治制度一部分的财政制度，必将随着工业化进程而变迁，这也是本章前一节得出的一个基本结论。很显然，财政制度能够适应现代化进程的需要，将成为工业化的促进因素，否则将阻遏工业化进程。在工业化过程中取得优势的国家，其财政制度变迁往往顺应了经济社会发展的需要。那些工业化过程落伍和停滞的国家，其财政制度一般滞后于经济社会发展的需要。

一　工业化推进了财政收入制度的公平性

工业化进程引起的经济组织方式与经济结构的变化，必然推动财政收入制度的变迁。工业化的推进，往往意味着自然经济逐渐解体和工商业在GDP中所占的比重越来越大，市场范围不断扩大和商品贸易的繁荣，势必带动资本、技术、劳动力等生产要素在国内、国际流动，生产社会化程度越来越高，货币化度量收入的交易费用则越来越少，商业贸易与收入所得渐渐成为重要的财政收入来源，并为国债的发展提供了条件。

农耕文明时代的财政收入在中国表现为皇家财政或宫廷财政，财政收入形式的改革始终围绕农业做文章，清代的"摊丁入亩"使得自"初税亩"以来的农业财政收入模式达到顶峰。在西欧封建庄园制时代，财政收入来源于君主家庭拥有的财产（土地）收入，呈现私人收入而非公共收入的特征。君主的收入主要有两种：一种是庄园内土地和森林的实物形式租金；另一种是下级领主和自由民缴纳的货币形式特权收入。前者体现为君主对其直接领地的支配，是一种产权收入；后者是一种主权收入，是政治统治权的体现。来自领地内的租金收入是封建领主的主要收入，扩大租金收入主要通过武力夺取或兼并土地实现。因为农耕时代的财政收入集中于田亩农民，使得财政收入的面过于狭窄，"普天之下，莫非王土"条件下的土地私有制使得税收几乎全部由佃农和自耕农承担，无疑加剧了税收收入的强度和不公平。税收的显性更加剧了纳税人的反抗力度，为周期性的封建政权更替埋下了伏笔。

工业化和与之相对应的市场化促进了财政收支的货币化，产品流转过程使商品负载的财政收入通过价格转嫁而更加隐蔽，有利于降低财政收入成本。财政收入货币化使公债可以更方便地被采用，不仅作为一种临时性财政收入方式，而且可以被持续使用，使得政府对经济的调节力量更加显著。通货膨胀税的财政幻觉效应给现代政府干预提供了更方便的条件，也创造了现代财政危机的新形式。工业化的深入增进了财政收支的广泛性与公共性，使财政管理具有了更强的可测度性，使民众作为纳税人的痛苦与取得公共服务的报酬之间具有更强的可比性，从而为建立纳税人与政府间的交易关系提供了便利。工业化的发展追求全球化的资源流动市场统一，这无疑加强了各个国家的联系，为财政政策、财政制度国际竞争与合作提供了平台。

进入工业文明后的新兴资本主义国家，为有限的资源和广阔的产品销售市场而频繁地战争，军事技术的高技术化在推动工业技术革新的同时，也带来对财政收入的巨大需求。以英国为例，作为工业化起步最早的国家，英国海内外贸易发展迅速，商品经济的发展使君主将财源瞄准来自商业的税收，较早地开始了向现代税收制度的演化，英国的关税税收在财政收入结构中的地位不断得到强化。英国革命时期由于军事开支不断增大，对人征收的所得税、对进出口商品征收的关税以及货物税三种税收，成为其财政收入主要来源，过去穷人不纳直接税的传统被打破，税收的普遍性得到了提高。可以说，英国国内工商业的繁荣与货币经济的发达，使征税、计税与监督趋于便利，来自工商业的税收的重要性增强，向众人征收的普遍性的、常规性的税收成为基本收入，使得英国政府的财政能力大大提高，为日不落帝国的建立打下了雄厚的财力基础。欧洲另一个较早工业化的国家——法国，在早期从所售货物中征收捐税，但仅仅是为了应对战争而进行的一次性征收，具有"助税"性质，一般等战争结束后就停止。但频繁发生的战争，使这些捐税不断地被征收。尽管各等级代表名义上对这些收入是否用于战争进行监督，但不同收入之间的相互流用经常发生，这种被频繁地征收的一次性助税逐渐演变为常规的税收。整个社会与市场流通习惯于这样的捐税后，这成为一种持续性的现象，税收的大幅增长成为绝对君主制时期国家构建的工具。在税收的支持下，各国君主建立起常设的专业化官僚机构、司法机构和军队，建立起绝对主义国家。税收成为最重要的财政收入形式，普遍征收的税收渐渐代替带有特权性质的贡赋或租金收入，原来的"贡赋国家"或"租金国家"向"税收国家"进化。

面对战争造成的国家生存威胁，西欧国家经常采用国债作为政府筹资手段。英国为了响应财政收入的需要开展"金融革命"，借助银行贷款为军事活动提供金融支持。1694年，议会同意建立英格兰银行，以赋予其货币发行权换取英格兰银行向政府购买国债。英格兰银行从伦敦的资本市场筹集资金，转借给政府壮大海军用于开拓市场，建立现代化进程中需要的基础设施。于是，英国的私人投资者发现了一条很强大的资金出路，通过国债的稳定回报，伦敦市及英格兰银行也稳固地建立起来。英国国债形成了财政系统的基础，伦敦市及英格兰银行的兴盛有助于多方面的资本服务，从而长期性地减少了交易及投资成本，同时也有助于降低利率，促进了英国在18世纪后期的工业化中的领导地位，伦敦市则成为主导世界的金融中心。政府与金融资本家建立了一种强大而"有组织的"或"互惠的"关系，在正和博弈中双方都获取更大力量。但是，如果英国为长期战争所积累的债务而支付高额利息的话，中期工业发展可能被抑制，因为投资活动将转移到政府的证券之上而不是工业化所需要的资本累积。为了保证国债利率的稳定和及时支付，英国政府即使在非战争期间也维持低利率，并鼓励私人投资。英国政府通过提高税率来归还国债利息，提高国债安全等级以达到国债利率大幅度降低的效果，国债的长期利率水平由 1660 年的 10%，下滑到 1698～1713 年的 6%～9%，1717 年后更下降至 5%，18 世纪中叶则下滑到 3%～3.5%。1714 年制定的高利贷法规定，利率的升幅只能在战争时期超过法律最高限额的 5%。[①] 为了支付国债利息给债权人，国家提高了关税及消费税，这些税收平均不少于 1715～1850 年中央政府总收入的 66%，它们都是递减税，负担最大的多是低收入阶层。事实上，国家债权人所收取的利息大部分都是由低收入阶层通过税款支付的，即国民收入从穷困阶层（消费者）转移到富裕阶层（高储蓄群体/投资者）。1792～1815 年，投资率大幅度提高，并为 1820 年后期的强劲经济增长奠定了基础。国家所支付的战争国债利息可以算是为工业革命融资的一种"非直接"形式。国家通过税收机制进一步为工业革命筹措了资金。英国政府拥有了相对可靠的公债发行机制与货币供给渠道，公债成为重要的财政收入形式，国家的财政应急能力，特别是满足战争需求的能力得到大大提高。

先发现代化国家税收制度与国债制度的演变，成为其现代化领先的重要制度措施，取得的成效逐步成为后来者效仿学习的对象。随着发展社会化工商业，现代化国家来自商业活动的货物税、关税长时间处于财政收入的主导地位，进一步强化了这些国家对于工商业活动的支持，以及对于具有竞争优势的产品开发及出口的重视。进入福利社会建设阶段后，财政收入的重点逐渐转移，个人所得税、社会保障税逐渐成为最重要的税源，当然这是后话。

税收以承认私人产权为基础，具有明确、固定、标准统一等特点，容易形成公民与政府之间直接、明确的交换关系，有利于形成政府与民间正式的完全合约，维护公民之间纳税过程的公正性，有利于提高政府效率，避免政府的掠夺性，为公民制衡政府创造了条件，对于宪政制度的形成有促进作用。采用累进所得税与社会保障税后，财政收入制度承担了社会收入公平分配的职能。

---

① 琳达·维斯、约翰·M. 霍布森：《国家与经济发展——一个比较及历史性的分析》，黄兆辉等译，吉林出版集团有限责任公司，2009，第 136 页。

二 工业化推进了财政支出制度的公益性

无论中国的封建时期还是西欧的封建领主制时期，国家的财政规模在经济中所占比重都较小，服务的对象也主要是皇族或君主，财政支出主要用于维持宫廷或支持战争。财政支出活动主要围绕君主或皇家管理的需要而展开，向社会提供公共品不占主导地位。在工业化过程中，英国王室不仅增加了对新兴消费品的需求，还频繁发动或被动卷入战争，王室支出与军事支出的快速增长，使其不得不寻找新的财源。最先进行工业化的英国海外市场的扩张，为财政制度的变迁与财政效率的提高奠定了基础。不仅表现在社会公共产品的提供越来越多地依赖于商业扩张带来的财政收入的增长，可以说工商业发展为政府提供了财政制度变迁的经济激励；而且工商业活动本身的成本、收益核算的技术也为公共预算的产生提供了技术可能性，而工业化过程的平等对话与协商妥协性也使法制与宪政的原则逐步成为城市居民的诉求。公司化的经营方式、私有产权保护与财政收入交换的机制在经过反复磨合之后，在英国引发了宪政改革与预算革命，作为主要的公共品成本的财政收入行为第一次在预算程序的规范下进入了议会监督的轨道。政府提供的公共品的多少第一次不再以统治者的主观好恶来取舍，而是开始以需求者的需要为依据来决定。作为政府行为开始进入商业经营者的成本收益分析范围，从而使公共品供给的效率得到提高，与生产商、贸易商结盟成为西欧封建国家国王的理性选择。为了从工商业领域持续地取得税收，西欧封建国家采用重商主义政策保护商业和工业发展。于是，保护对外贸易的军事支出，建设道路、港口、码头、运河的支出，维护交易秩序的立法、执法等行政支出在财政支出的占比不断增加。这使得财政支出的公共性受益范围从王室贵族扩大到生产商和贸易商，乃至工人。成功开拓殖民地的战争，为过剩劳动力输出提供了有利条件，用于殖民战争的军事支出带有"广泛"的公共性。在封建集权主义国家时期，为实现公共支出与君主私人支出的分离，国王颁布各种法律和社会政策来管理和调节社会，担负起更多的经济和社会责任，成为经济和社会关系的积极调节者。

工业化的巨大生产能力，促使政府为了税收和国家更加强大，主动调动社会资源支持工业化优先部门的发展。政府分配资源的重要方式是财政支出手段，为工业化部门的发展提供公共设施投资、公共教育投资、公共科技开发投资等。建立国有企业或为私有部门提供采购需求、采取减税优惠等方式给予财政支持等也是常用的财政手段。先发工业化国家还通过财政支持战争和军队，为工业化开辟原材料市场和产品市场，掠夺奴隶和建立殖民地等也是可选项。工业化的发展促进了现代科学技术的进步，现代化的电子技术、信息技术逐步替代了落后的计算技术、资金流转技术和财务信息传递技术，为提高财政管理效率打下了坚实的技术基础，为财政管理提供了新工具，引发了财政管理制度的变迁。

先发工业化国家新兴资产阶级力量的壮大，使得以商业资本和产业资本为依托的资本势力，在与以国王为代表的暴力社会力量的激烈冲突中率先取得主导地位，英国建立的君主立宪政府以及法国、美国建立的宪政共和政府均实现了代议民主制。政府成为资本的代理人，为资本与市场扩张服务的财政支出特征越来越明显。除军事开支外，财政支出中经济与社会支出的比重越来越大。进入 20 世纪以后，发达工业化国家将全球经济版图瓜分完毕，很难再向外转嫁国内压力，保持国内经济增长、充分就业与社会保障成了政府财政支出的主要责任。在这一过程中，财政为公民服务的公共性特征日益突出，在工业化后期这些国家的福利政策逐渐成为其政府财政的主要任务。

从工业化进程看，无论是开拓市场、建立殖民地、扶植新兴产业、扩大公共资本、维护社会稳定，还是提高政府效能等，都对国家财政支出提出了新的要求。首先，国家取得民族独立和保持国内秩序的过程，在财政支出上，就反映为军事支出成为其财政支出中数量大和要求急迫的项目。在工业化和现代化进程中，财政支出的公益性不断加强，既是现代社会中独立市场主体的要求，也是现代税收制度发展的必然结果，纳税人养活的政府有义务为公众提供公共服务。越是后发工业化国家，其发展的压力越大，社会矛盾也很尖锐，战争中所包含的国家安全利益扩张，使军事财政支出具有较高的公共性，促进民族产业和提升国家竞争力的财政支出的公益性也很突出。其次，工业化的深度推进需要解决资本稀缺和产业升级问题，经济建设与科技教育投入对财政支出的需要量巨大。现代工业体系发展需要政府提供越来越多的属于公共品性质的基础设施，公共产品供应领域也因此逐步扩大，其范围从交通、通信、电力、自来水厂扩展到学校和医院，并在某种程度上支撑和决定了经济活动和发展的基础。基础设施涉及的建设项目一般都具有投资巨大、建设周期长、年化投资收益率低和投资回收期长等特点，一般来说，私人部门不愿投资或无力投资。这些耗资巨大的长期投资属于"社会经营资本"，需要政府具有"远大的眼光和恒久的毅力"，靠"对未来的信心才能办得起来"。由于社会经营资本意味着社会经营开支，其本身是不赢利或很少赢利的，因此，客观上需要将其纳入政府公共财政计划，最好由政府来投资。① 19世纪初，在知识产权体制尚未建立的情况下，美国联邦政府对科技研究工作就给予了大力支持。1842年，美联邦政府资助了从巴尔的摩到华盛顿的世界上第一条电报线；19世纪70~80年代在全国各州设立了工业科学研究所和农业试验站；美国政府还赠予土地资助各州建立理工科大学和农业院校。德国政府非常重视资助和组织科学家的研究活动，尽可能为之提供良好的条件，引导科学家在一些重要的、有前途的部门做出革命性的发明。② 在财政的强大支持下，美、德、法、英、日等国家几乎垄断了近代世界上所有重要的发明专利成果。最后，工业化、市场化的现代国家为保持其国内稳定，需要兼顾在竞争中失败的人群，尤其是工人的生存保障，社会保障支出成为维护资本家集团长远利益所必需的支出。工业化以后出现的前所未有的社会危机，特别是19世纪末至20世纪初西方世界战乱、革命与各种社会冲突频繁发生，工业化国家开始通过立法确定政府的社会责任。1883年德国政府开始实施向劳动者提供津贴的社会保险计划，开创了有政府参与的社会保障制度，形成了包括疾病、工伤、老年及残疾保险等在内的社会保障体系。法国于1898年实行了工伤保险。1908年、1911年英国分别通过了《养老金法》和《国民保险法》。一个多世纪以来，工业化国家的福利性转移支付逐步扩大，福利国家模式为各工业化国家所采用。政府通过大规模的再分配活动，直接将收入转移到贫穷阶层手中，缩减了社会贫富差距，缓和了社会矛盾，使得富裕阶层能够持续发财致富，市场经济得以正常运转。

---

① 南亮进：《日本的经济发展》，对外贸易教育出版社，1989，第215~218页。
② 李炜光：《李炜光说财税》，河北大学出版社，2010，第24页。

三　工业化进程推进财政管理制度的公正性

诺思和托马斯在其所著《西方世界的兴起》中，考察了西欧 900 ~ 1700 年这段历史，并得出了这样的结论：西方的产业革命不是由于偶然的技术革新产生的，而是从现代所有权体系和社会制度漫长的孕育过程中产生的，是经济人合理选择的结果。有效率的经济组织是经济增长的关键，而有效率的经济组织需要在制度上做出安排和确立所有权，以便造成一种刺激，将个人的经济努力变成私人收益率，也就是应当设计机制使社会收益率和私人收益率近乎相等。经济差别的关键在于制度因素，提供适当的个人刺激的有效制度是促使经济增长的决定性因素。在制度因素中，明确界定所有权并付诸实施是财政管理制度的重要职能。英国的宪政体制为政府与社会的交易提供了一个平台，使政府成为实现经济增长过程中提供保护和公正而收取税金作为回报的组织。英国宪政下的财政制度为保护所有权和公正提供了有力的支撑。

要提高财政制度的效率，为社会提供最多的福利，财政管理制度阳光化成为必然，财政收入的取得必须经过法定程序并得到纳税人的同意，财政支出必须受到法定程序和公众监督。工业化进程中的政治宪政化，促进了国家政治生活日益民主化和法制化，财政决策、执行和监督作为一个政治过程，促成政府权力的运用在受到制约的同时具有了更好的法制保障，政府活动的效率提高了。宪政化使财政决策过程体现出更多公共决策的性质，同时财政决策的执行过程有更加严密的法制保障，受到规范化的社会监督。财政制度在宪政化过程中的变迁，最突出的表现是现代预算制度被广泛采用。现代预算制度，将财政决策过程公开化、民主化、规范化，使政府在财政资源运用上的自由裁量权受到约束，提高了财政资源的运用效率，提高了社会公共福利。在预算的执行过程中，宪政化过程也推进了财政管理制度的变迁，如政府采购制度、部门预算制度、国库集中支付制度、收支两条线制度等，都强化了对预算过程的约束和监督，有利于提高财政资源的使用效率。

在西欧封建领主制时期，财政管理通常表现为国王的家政管理形式，财政收支上直接由国王掌管的内府宫室来进行，没有公、私的区分。来自王室领地的实物租金是相对固定的，而临时性税收的税款征调次数、项目、数额及起征时间等，由王廷小会议商议，国王最后决定。支出项目、数额和方式等也由国王随意而定。到绝对君主制时期，西欧各国在财政管理方面才发展出一整套收税、估税机构，依靠税收支撑的官僚机构也越发庞大，并在全国行使无可替代的管理权力。自13世纪，宪政制度最先在英国确立，"无代表不纳税"的理念就成为宪政化进程中推动财政收入制度变迁过程的强大动力。美国的独立战争在英国强迫征税的情况下爆发了。宪政制度的发展逐步钳制了财政收入制度的掠夺性，使财政收入经过规范化的公共选择过程加以确定，财政收入的组织在纳税人的同意下进行，切实保障了纳税人的利益，有效地避免了"暴力潜能集团"滥用"公共利益"的名义假公济私和化公为私。经过资产阶级革命建立起来的代议民主制国家，收入来源于公众，支出被要求服务于民生，因而，在财政管理上也逐渐变得更民主，其典型的表现形式就是建立公开、专业的预算制度。以英国为例，这时政府财政部门分为两个部分，即王室土地总监和财政署。前者以土地收益为中心，管理王室土地的出售和租税，后者主要负责征收议会同意的税收，两者都控制在国王手中。

18世纪末开始，法国经过多次的革命和战争，打破了君主制时代的等级与特权制度，以法律的形式确立了财政管理制度，实行三权分立，推动了现代化进程。美国作为英国的殖民地，在反抗英国的不公正税收的过程中取得独立后，立即遣散军队，保持着对政府的高度警惕。在恪守英国议会通过协商决定财政问题的传统的基础上，借鉴法国的宪政观念，设计了"三权分立"的政府架构，为保护产权与民间的自由创新打下了坚实的制度基础。美国的财政制度体现了政府与民间的协商，财政活动受到议会与民间的监督，保证了政府不能过度干预社会经济活动，并能够根据社会发展阶段需要提高社会需求的公共品，成为同时发挥政府和民间两个积极性、保持美国长久活力的重要制度基石。

宪政化进程使财政支出制度向更加有利于公共利益的方向变迁。财政支出的方向及其有效性，体现了国家和财政的职能。在不断完善的宪政制度下，财政支出的安排是通过公众有秩序参与的方式形成有约束力的预算来安排的，体现了公共偏好，将公众的意见进行了整合并通过预算执行去实现，能够更有效地实现公共利益。在现代化进程中，国家间的竞争最终证明，宪政制度在与帝国制度的竞争中胜出。宪政制度成为后发现代化国家学习和引进的重要内容，而在财政制度创新中的运用是其关键所在。

　　现代化历史的演进表明，代议制民主是相对有效的宪政制度，现代预算制度是宪政制度在财政领域的体现，是宪政制度的核心内容之一。宪政下的财政管理制度，表现为财政过程内部控制与外部控制的统一。一方面，政府将财政资源的控制权统一由一个部门掌握，在法制化轨道上实施政府决策；另一方面，政府财政权与私人产权形成一种规范化的博弈与相互依赖关系，代议组织通过对预算的编制、执行、决算行使决策权或监督权，实施对财政过程的外部控制。财政管理制度的宪政化，就是财政过程的民主化和法治化的统一，是预算统一、预算参与扩大与预算监督的法治化的过程。

　　宪政下财政问题的实质，是公民财产权与政府财政权的博弈互动。在充分尊重和保护公民财产权的税收国家，国家以提供公共产品和公共服务为条件，取得公民对部分财产权的让渡。以纳税人为主的公民依法享有是否同意纳税的权利，成为一国宪政发展的基础，公民财产权对政府财政权形成制约。在宪政国家中，公民同意权是政府财政权的合法性基础，国家财政权以保护私有财产权为起点和依归。私有财产权与财政权的互相制约和互相支持，贯穿于一国财政活动的始终。财政权的归属问题是一个国家所有政治经济事务中最重要的问题，本质上是人民对政府行为的一种约束。现代国家都不约而同地奉行预算民主的原则，其基本特征是议会对预算实施严格的外部控制。

　　预算制度是代议机构控制政府行为的工具，是现代宪政国家财政体系的核心制度。现代预算的产生和发展与议会政治、市场经济的发展是同一个历史过程。纳税人通过代议机构对政府的制衡机制进行监督，政府编制预算并经代议机构批准付诸实施。代议机构从纳税人的利益出发对预算的议决、监督执行，赋予政府预算体现纳税人意志的政治意义。预算制度通过对财政收支严密的控制，形成指导、监督及批评一切行政活动的最有效工具，以法律程序保证政府收支不偏离纳税人利益，用法律保障私人财产权不受政府权力扩张的侵害。在制度运行机制上，预算一旦由纳税人的代议机关控制，财政必定是公共决策、公开透明的财政。

　　财政管理水平低下、效率差、充斥腐败的政府与社会，必然在国际竞争中处于劣势，导致战争的失败直至政府的崩溃，这迫使新兴的后发现代化国家强化财政制度管理中的公开性和公正性，提高财政制度效率。宪政制度逐渐被后来者学习和采纳，学习和采纳的程度成为其他国家崛起或落后的成因。德国、日本将宪政作为强国的工具而不是目的，导致其快速崛起以及随后成为战争的策源地，并遭受重大打击。对包括财政制度的宪政制度的进一步完善，促进了它们的再次崛起。在传统帝制国家中，政府具有强大的财政主导权，财政管理中公开性与公正性的缺失为滋生腐败提供了条件，妨碍了财政制度效率的提高。在现代化过程中，哪一个时期财政管理的公正性得到加强，现代化进程就会多一分成功的可能，否则就多一分潜在的风险。

四　工业化推动财政调控制度的不断创新

随着工业化进程中市场的扩展，生产社会化与经济一体化程度不断提高，经济稳定与充分就业越来越成为全局性问题。在市场发展不充分和缺乏市场的领域，由于分工缺乏与竞争不足，经济效率受到制约，建立与培育市场成为现代政府的重要任务。在市场得到充分发育的领域，又会产生市场无效问题，公共品、外部性、分配公平与经济稳定等问题需要政府通过财政调控加以解决。

进入工业化阶段后，市场分工产生巨大的激励效应，哪一个国家能够提供所有权保障和交易自由的环境，哪里就能吸引生产要素的集中。哪一个政府能够为新兴产业提供配套的公共投资条件，哪里的新兴产业就能快速成长。在绝对主义国家时期，国王与新兴资本家联合，实行重商主义财政政策，运用关税手段鼓励出超，努力将金银货币留到国内，为资本原始积累创造条件。同时入股海外商业贸易，大力支持海军发展，保护海外贸易利益，建立和扩大殖民地，促进金融与国债市场形成，在促进经济发展过程中政府取得了更多的财政收入，实现国王与新兴资本家的"共赢"，奠定了先发现代化国家的优势地位。

在先发工业化国家取得工业生产绝对优势后，开始奉行"不干预主义"，任由商人通过"自由"贸易赢利。政府的职能仅限于提供社会安全、法律秩序与基础设施等。这时，财政对经济的调控可以看成处于"无为"状态。实际上，这时政府依然是干预的——以军队为后盾维护市场秩序和不断对外扩大市场，维持其国家产业优势。在市场竞争导致贫富分化加剧，社会底层生存难以维系并影响社会稳定的情况下，通过调整财政支出结构，建立济贫和社会保障制度，控制社会矛盾。在生产社会化与财产私有的矛盾不断加剧、频繁爆发经济危机、经济波动的影响日益扩大的情况下，通过运用财政工具调控经济运行成为解决社会问题的必需手段。

在 20 世纪 30 年代以前，先发工业化国家奉行尽量不干预经济运行的经济政策时期，不存在系统的宏观调控经济理论。在这种任由资本家自由赚钱的政策下，出现了周期性的经济危机、严重的贫富分化、社会公平危机和环境危机，遭到马克思主义者的激烈批判，开始逐步建立公平收入分配的社会保障制度。而在继发工业化国家如日本、德国的崛起过程中，为壮大民族产业，增强国际竞争能力，奉行关税保护、扩大政府采购与建立国家资本扶持等微观财政调控政策。在实践中，美国、德国等都采用了一些重商主义时期的财政调控制度。在理论上，以李斯特为代表的经济学家主张政府具有生产性功能，不仅主张扩大市场，维持秩序，而且在改善和提升经济结构中发挥了关键作用。

1929～1933 年世界经济大危机促成了罗斯福新政和凯恩斯政府干预理论，财政宏观调控制度从实践到理论都得到了确立。20 世纪 40～60 年代，在市场经济国家，通过政府干预熨平经济波动、加快经济发展被奉为金科玉律。IS-LM-BP 模型成为决定宏观经济调控政策的重要分析工具，财政政策不仅具有改善经济结构的作用，还可与货币政策、对外经济政策配合促进宏观经济的周期性稳定，追求收支平衡的财政理念发生了革命性变革。建设福利社会实践与凯恩斯经济干预理论一起，在这一时期处于主导地位。

20 世纪 70 年代的经济"滞胀"，使得凯恩斯政府干预理论受到怀疑，自由主义经济理论再次得到发展，供给学派强调通过减税刺激民间投资，为促进长期供给创造条件。货币主义学派主张放弃财政调控制度手段，政府仅通过控制与经济增长保持固定关系的增长率，为经济运行创造条件。理性主义学派提出政府干预无效论，认为政府短期干预的效果将付出长期代价。新制度经济学派强调政府应提供公共品，保护产权与契约自由，使私人成本与私人收益相一致。公共选择学派认为政府由经济人组成，追求本位利益，强调通过优化公共选择程序，提高政府效率。

20 世纪末，凯恩斯经济理论在与自由主义经济理论的论战过程中，吸收了古典主义微观经济学的内容，夯实了宏观经济理论微观基础，形成了新古典综合经济理论。在发挥市场在资源配置中基础性作用的前提下，宏观调控经济政策是弥补市场不足、消除外部性、实现公平分配、促进经济稳定的必要手段。财政政策在解决经济结构失调、公平分配中更有效，货币政策对于解决宏观经济稳定作用更加突出。凯恩斯经济政策原来主要作为短期经济调控的工具，在吸收供给学派、内生增长理论等观念后，也注意通过投资的结构性选择，提高长期的生产能力，推动经济升级。IS-LM-BP模型作为凯恩斯主义宏观经济学的核心内容，在对经济总量政策的分析中仍然具有强大的解释力。

后发工业化国家面对更大的发展压力，实行阶段性国家产业支持政策，推进产业升级，实行促进社会保障的政策缓和国内矛盾，推动财政调控制度的持续调整。一些国家在工业化过程中，为进行资本原始积累，采取重商主义政策，通过关税等手段增加资本和资本品，压制奢侈性消费，通过补贴、减免税等手段支持优势产业和新兴产业发展，通过社会保障手段保证公众的最低生活水平，维系社会的发展与稳定。

一些后发工业化国家在资源极度匮乏、民族生存压力极大的情况下，将政府干预政策运用到极致，采用高度计划经济体制，通过建立国家所有制来垄断资本品，由政府决策工业化发展方向，实行了全能主义的财政调控制度。在战争压力下一度取得突出的工业化成就，由于缺乏市场化与宪政化的发展，最终不得不补上这一课。

第四节　财政制度变迁促进或阻遏现代工业化进程

财政制度变迁反映了政府在工业化进程中的作用。财政制度变迁有可能成为工业化的积极因素，也可能成为其阻碍因素。

一　财政制度创新是英美在工业化进程中保持领先的重要因素

英国之所以能够在与西班牙、荷兰、法国的竞争中占据优势，并且首先孕育出工业革命，很重要的一个原因就是英国财政制度的高效率。对于孤悬海外的英国而言，既没有大规模的外部入侵造成公共生存危机，又没有频发的自然灾害造成公共生存危机，所以强大的政府与常备军一直未能建立。国王对领主贵族的无强制力约束，"无代表不纳税"的传统的形成，使得议会与国王的协商机制得以维持。由于议员本身是纳税人，议会决定纳税遏制了政府组织财政收入的"掠夺性"，具有公益性的财政支出更容易实施。都铎王朝（1485～1603年）和斯图亚特王朝（1603～1714年）时期专制君主与议会之间持续的激烈斗争，也未能撼动议会对税权的掌控。"光荣革命"后确立的议会至上原则，确保了议会开征新赋税方面的绝对权力。

在新制度经济学看来，西方世界的兴起是基于市场经济的繁荣或源于保证市场交易的产权保护制度。但是，企业家虽有意愿保护私人的产权，但不可能公平地在实现规模效益的基础上保护自己的利益；国王有能力提供有规模效益的保护，但他没有意愿提供保护。幸运的是，以议会预算为基础的公共产品的有偿交易制度，将有效保护的可能与有效保护的激励结合起来，使英国商人的意愿与国王的能力找到了利益相统一的结合点。英国议会主导下的军事扩张与税收增加，使得受到议会限制的英国政府仍然花费了越来越多的税收，来为纳税人提供更多的公共产品。正是公共品供求之间的妥协与合作均衡带来了英国政府财政活动的高效率，促进了英国的现代经济发展与产业革命的爆发。14世纪以来，英国政府在国防或国外市场的扩张上有偿提供公共产品的规模与效率都有所提高，而内政开支甚至保持了几百年如一日的稳定，对内的协调职能长期以来几乎没有发生大的变化。这种公开的有偿服务一方面使英国的税收收入可以根据开支的需要增长；另一方面使英国的征税阻力很小，征税成本相当低。

"1688年光荣革命以后的30年里，英国建立了一套有效的政府信用制度代替了王室随心所欲的财政制度。而它恰恰是打败对手，最终奠定霸权的军费上的保障。"[①] 代议制下议会的公共选择过程，既可克服集体行动意见整合中交易成本过大的问题，又为财政接受社会监督提供了平台，赋予了财政管理的公开性。在国王独立的税收来源受到限制的过程中，英国的财政体制向公开、公正、有序、有效的现代财政体制过渡。议会的合法斗

---

① 〔美〕查尔斯·P.金德尔伯格：《世界经济霸权：1500～1900》，高显贵译，商务印书馆，2003，第203页。

争，阻止了国王对臣民财产的侵夺，有利于工业化初期的物质与人力资本的积累，进而为分工深化与规模经济创造条件，刺激了技术升级，促进了工商业的发展。

在英国的工业化过程中，法国的经济规模、西班牙的财政实力以及尼德兰新兴的市场组织无不构成强大挑战。为了保护海外贸易就必须扩充军备，从都铎王朝开始，英国国王便开始以出售和转让特权的方式来增加岁入。从 15 世纪后期开始，羊毛是英国国际贸易的大宗出口品和主要的税收来源。王室、羊毛出口商和国会三方为征税范围展开了斗争，由于国王不再具有军事垄断优势，不得不做出妥协：国王获得了税金，国会赢得了规定征税水平的权力，而商人得到了对贸易的垄断。后来随着羊毛垄断消失，羊毛税不再成为政府税收的主要来源，但国会专有的征税权被保留下来。原来由国王把持的对所有权的控制转移到国会手中，由商人和土地贵族所组议会出于这个集团自身的利益需要，限制王权以保证私人所有权和市场竞争，有利于其长期增长的产权规则逐步建立。"很显然，这些制度的演变奠定了英格兰走向不列颠和世界主宰的动力基础。没有财政革命，英格兰不可能击败法兰西。这些演变同样为工业革命奠定了基础。"[①]

由英国殖民地组成的美利坚联合政府承袭了英国的议会制传统，利用有利的地理环境和丰富的资源，通过资本市场为经济发展融资，发展自由竞争的市场经济，终于成为全球最富裕发达的工业化国家。在美国工业化过程中，政府以工业发展所必需的项目为主要目标提供的基础设施，特别是给予交通运输业巨大的支持和资助，为工业化提供了坚强的后盾。这一特点从美国铁路建设中就可以得到证实。在 19 世纪最后几十年至 20 世纪初，美国联邦政府和地方财政拨给铁路公司的土地总计在 21500 万英亩以上，鼓励私人资本修建横跨北美大陆的铁路干线。此外，美国联邦政府和地方政府还给予铁路公司财政资助或直接贷款，或出面充当铁路债券的担保者，极大地激发了私人资本投资于铁路建设的热情，美国铁路网的普及

---

① North, Douglas, C., Weingast, Barry R. (1987), "Constitutions and Commitment: The E-volution of Institutions Governing Public Choice in 17th Century England", Working Paper, St. Louis: Washington University.

在资本主义国家中是最快的。① 20 世纪 30 年代后，美国在民主机制下改变了原来政府干预经济最小化的传统，实施罗斯福新政，以扩张性宏观调控政策改变了原来的财政调控制度，实现了美国经济的强盛。

二　财政制度创新是德日在工业化进程中后来居上的关键因素

德国在 1871 年实现统一后，在财政政策上，对内鼓励自由贸易，对外实行产业保护，采取促进工业化资本积累为产业领先创造条件，配套完善了社会保障财政制度为国民素质提高构建基础，迅速站在第二次工业革命的前沿，其用了将近 30 多年的时间超过英国成为欧洲第一、世界第二的经济强国。但因为其引进的宪政体制更注重集权，缺少制衡机制，使得德国议会制下的财政制度在财政资源的征集与使用上缺乏纳税人的有效制约，导致整个国家被绑在缺乏刹车机制的战车上，在第一次世界大战和第二次世界大战中为世界带来深重灾难。1868 年开始实行明治维新的日本，以德国为榜样，把军工相关产业作为重点发展方向，以战养战，以加强民族工业为财政制度变迁的中心目标，通过财政手段实现快速的资本原始积累，扶植民族工业，普及国民义务教育，实现了经济的快速崛起。遗憾的是日本集权的财政制度设计为军国主义的孕育提供了财力支持，使得日本成为中国和其他亚洲国家的最大加害国。第二次世界大战后，日本实行扶植新兴产业发展的财政政策，取得了巨大的成功。

三　西班牙、俄罗斯等国的衰落与财政制度僵化密切相关

16 世纪上半叶，西班牙作为欧洲最强盛的国家，其统治集团哈布斯堡家族在欧洲拥有西班牙、荷兰等富庶之地，依靠新航线和殖民掠夺建立起势力遍布全球的殖民帝国，成为第一代世界大国。但是，这个依靠掠夺迅速崛起却在战争中挥霍财富而没有发展工商业的帝国很快盛极而衰，因此，世界舞台上的第一个主角黯然退场。作为 15 世纪欧洲最早诞生的两个国家之一，西班牙在迅速崛起之后很快衰落，给理论界留下无限的谜团，但从公共经济学的角度来看，财政制度僵化无疑是重要的原因之一。

16 世纪初，西班牙财政收入的主要来源包括新兴的尼德兰地区缴纳的

---

① 李炜光：《李炜光说财税》，河北大学出版社，2010，第 18 页。

税收、从美洲流入的黄金以及从养羊业团体那里收取的税收。但哈布斯堡家族的特权利益阻止了西班牙建立起保障有效率的产权制度的财政制度。15～16世纪，羊主团交付的税金是王室三大财政收入来源之一，为了换取羊主团的税收，统治者制定了一系列不利于土地所有权发展但对羊主团有利的法令和制度，如1501年的土地租借法允许羊主到任何地方放牧羊群，并允许羊主永远按最初规定的租金支付，如果羊群放牧不为土地主人知道，则可以不交租金。显然羊主团对土地使用的特权，严重妨碍了农民的土地所有权的保障，给农民从事农业生产的积极性造成极大损害，这是造成随后西班牙经济停滞的重要原因。诺思说："君主在出售可能阻挠创新和要素流动（从而阻挠经济增长）的专有的垄断权时会得到短期利益，因为他直接从这种出售中所得到的岁入多于从其他来源所得岁入——即经济结构重组的交易费用将超过直接收益。"① 西班牙为了取得较大的短期财政利益，而选择了不利于土地产权明晰的财政制度，使本该私人所有的土地资源进入"公共领域"，土地资源不能得到更充分的利用，妨碍了资本的形成，压抑了经济持续发展的活力。缺乏工商业的支撑，财政收入不足以应对日益增加的王室需求和战争支出，财政压力又迫使国王将某些重要的垄断权转让给了城市行会，地产被充公征用，贵族的身份（可免除征税）被出售。由于落后财政制度下的垄断、高税率和财产充公，导致产权结构的扭曲，鼓励了那些不受国家影响也对社会没有产出的活动，而阻止了个人去从事各种有价值的生产性活动，工业、贸易和商业不可避免地衰落了，使得曾经称雄一时的欧洲最强国——西班牙衰落到二流国家地位。

　　工业化早期，西班牙和法国的财政收入主要依靠固定税基，英国和荷兰则主要依靠移动税基获得财政收入，导致前者发展出专制政体而后者发展出代议制民主政体。与不动产税收不同的是，动产税和贸易税很容易偷漏，并且如果没有某种形式的代表制，政府增加税收的企图会遭到广泛的抗议。为了赢得纳税人的合作，英国和荷兰的君主们不得不做出必要的让步，他们建立一个机构，使纳税人的代表能够对政府的财政收入和财政支出有所控制。可以说，财政制度的差异成为荷兰、英国超过西班牙的重要原因。

---

① 道格拉斯·诺思等：《西方世界的兴起》，厉以平等译，华夏出版社，1999，第13页。

19 世纪初，彼得大帝试图以开明专制制度带领俄国走向工业化，他竭尽全力创办各种官办工业，从税收、贷款和劳动力等方面提供极为优惠的条件，极力鼓励私人办企业，鼓励出口，向各国推销俄国产品，保护商人利益，改善交通运输条件。但由于没有形成规范的财政制度，仅凭沙皇的喜好鼓励促进本国各项工商业活动的发展，同时实行对外贸易垄断，对工商业和资本主义活动形成了扼制。在推行对外扩张政策出现财政危机后，沙皇就不断强化传统的赋税，由于贵族和僧侣免纳人头税，人头税负担落在了农奴身上，从而造成经济发展激励不足，国内市场购买能力无法扩大。俄国工业化过程中几次自上而下的改革虽然在当时取得了一定的成效，但缺乏持续性和应变弹性，未能成为持续性的发展动力。

苏联早期严峻的外部安全形势，强化了俄罗斯的中央集权传统，使计划经济的全能财政制度发展到极致。丰富的自然资源和全能财政成就了苏联的工业化成就，为反法西斯战争胜利打下了雄厚的物质基础。然而，成也萧何败也萧何，在反法西斯战争中的胜利强化了对全能财政制度"优越性"的盲目认同，缺乏市场化激励的经济高增长注定无法持续。由于特权阶层掌管政权与社会资本，其利益来自政治权力而非资本收益，整个社会弥漫着追求权力分配而非经济增长的激励机制。但由于社会力量结构呈现官僚与民众的两极分布，高度组织化的以暴力潜能为后盾的特权阶层与分散的民众之间无法形成制衡格局，面临经济低增长导致的巨大财政压力，财政制度的调整只能在政权内部进行，即试图通过不同政府级次间的财政权限划分——政府间财政体制调整来化解财政危机。遗憾的是，在财政体制调整中，中央对地方的放权让利强化了地方的分离主义。由于财政制度的调整未能发挥保护和明晰产权的作用，社会的激励机制并没有从根本上发生变化，财政体制调整对经济增长的刺激是短期的，效果也很有限。由于长期经济状况得不到改善，中央又缺乏通过规范的制度持续取得财政收入的手段，最终中央政府的财政危机进一步恶化，于是在各加盟共和国的抵制中苏联最终走向了崩溃。

第三章 中国工业化进程中的
农区发展之惑

第一节 工业化转型与农区发展关系的一般规律

工业化转型通常是指传统农业社会向现代工业社会转变的历史过程。工业化通常被定义为工业（特别是其中的制造业）或第二产业产值（或收入）在国民生产总值（或国民收入）中比重不断上升的过程，以及工业就业人数在总就业人数中比重不断上升的过程。工业发展是工业化的显著特征之一，但并不能狭隘地将工业化仅仅理解为工业发展。因为工业化是现代化的核心内容，是传统农区由农业社会向现代工业社会转变的过程。在这一过程中，工业发展绝不是孤立进行的，而总是与农业现代化和服务业发展相辅相成的，总是以贸易的发展、市场范围的扩大和产权交易制度的完善等为依托的。

一 全球工业化转型与农区发展关系的历史回顾

18 世纪英国的工业革命，是在农业生产率很高的基础上开始兴起的。当时英国的圈地运动具有农业革命的作用。因为小农和一部分贫苦乡村贵族失去了他们的牧业所需的饲料基础，也失去了森林木材，结果是用于农业和林业的土地不久就日益集中于大地主手中，为规模经济的开发创造了条件，而不少小农放弃务农，出售了他们的小块耕地，进入城市，成为工业飞跃发展的劳动力后备军。看似轻松的英国工业化过程其实是建立在"羊吃人"的圈地运动基础上的，是以农民被迫离开土地为代价完成了其资本原始积累，并在农业发展的基础上最终完成的。可见，工业革命还表现出农村人口下降，农业劳动力向城市转移的规律。正如马克思所说，资本主义工业化的原始积累包括两个方面的内容，"一方面是指生产资料和生活资料转化为资本，另一方面是直接生产者转化为雇佣工人。因此，所谓原始积累只不过是生产者和生产资料分离的历史过程"①。这里已经很明白，英国工业化的资本原始积累，其前提是农村地区的土地资本主义经营，并实现将小农从土地上驱赶出来，剥夺一切旧制度给他们的一切生存保障，使其直接转化为供资本驱使的雇佣劳动者。

　　值得注意的是，英国工业化的原始积累往往伴随着对农村居民土地的掠夺和对农村劳动力的驱赶，其代表作是英国的圈地运动，马克思详细描述了这一过程中无与伦比的残酷与野蛮。直到 15 世纪末，"小农户仍然遍布全国，只是有些地方穿插有较大领地"。"为资本主义生产方式奠定基础的变革的序幕，是在 15 世纪的最后三十多年和 16 世纪最初的几十年演出的。"② 首先是对公有地的掠夺并将其变成牧场，这一过程从 15 世纪末开始，持续了 150 年；进入 18 世纪，法律本身成了掠夺人民土地的工具，"这种掠夺的议会形式就是'公有地圈围法'，换句话说，是地主借以把人民的土地当作私有财产赠送给自己的法令"③。对公有地的掠夺和随之而来的农业革命，对农业工人产生了十分强烈的影响，农业工人的工资在 1765 ~ 1780 年开始降到最低限度，因此必须由官方的济贫费来补助。他们的工资只能满足绝对必要的生活需要。圈地运动最残酷的程序并没有结束，"对农民土地的最后一次大规模的剥夺过程，是所谓的 Clearing of Estates（清扫领地，实际上是把人从领地上清扫除去）。清扫是前面谈过的英国一切剥夺方法的顶点。我们在上面谈到现代状况时知道，在已经没有独立农民可以清扫的地方，现在是要把小屋'清扫'掉，结果是农业工人在他们耕种的土地上甚至再也找不到必要的栖身之所了。"④ 故事远未结束，"由于封建家臣的解散和土地断断续续遭到暴力剥夺而被驱逐的人，这个不受法律保护的无产阶级，不可能像它诞生那样快地被新兴的工场手工业所吸收。另一方面，这些突然被抛出惯常生活轨道的人，也不可能一

---

① 马克思：《资本论》第一卷，人民出版社，1975，第 783 页。
② 马克思：《资本论》第一卷，人民出版社，1975，第 786 页。
③ 马克思：《资本论》第一卷，人民出版社，1975，第 792 页。
④ 马克思：《资本论》第一卷，人民出版社，1975，第 797 页。

下子就适应新状态的纪律。他们大批地变成乞丐、盗贼、流浪者，其中一部分人是由于习性，但大多数是为环境所迫。因此，15 世纪末和整个 16世纪，整个西欧都颁布了惩治流浪者的血腥法律。现在的工人阶级的祖先，当初曾因被迫变成了流浪汉和贫民而受到处罚，法律把他们看作'自愿的'罪犯，其依据是：只要他们愿意，是可以在已经不存在的旧的条件下劳动的。"① "这样，被暴力剥夺了土地、被驱逐出来而变成流浪者的农村居民，由于这些古怪的恐怖的法律，通过鞭打、烙印、酷刑，被迫习惯于雇佣制度所必需的纪律。"②

　　毫无疑问，在工业化起步阶段的欧洲诸国家，比如荷兰、英国、法国等，都有剥夺农村居民土地的过程，这种对直接生产者的剥夺，是用最残酷无情的野蛮手段，在最下流、最龌龊、最卑鄙和最可恶的贪欲的驱使下完成的。这个过程实质上就是资本扩张的原始积累过程。资本在这个积累也是扩张的过程中，一方面，要尽可能地占有生产资料；另一方面，要尽可能地将直接生产者变成无产者，成为替资本服务的一无所有的自由劳动者。其实，在资本的原始积累阶段，这两个方面缺一不可，否则资本主义就可能夭折。当然，我们关心的是小生产者在资本主义扩张时期的命运，就是他们注定要被资本所剥夺。

　　法国经过 1789～1794 年的资产阶级革命，扫除了封建障碍，开始了早期工业化过程。法国的工业化也是从纺织工业部门采用机器开始，进而逐渐扩展到冶金、采矿和机器制造业。在 19 世纪 60 年代，资本主义工厂制度取得统治地位，完成了工业化，但由于长期以来小农经济居于优势，因此，工业化进程较慢。在完成产业革命后，法国的工业化程度比英国和美国落后。

　　美国早在殖民地时期就开始了对印第安人土地的掠夺，随着一个个印第安人部落在殖民者犀利的子弹下消失，印第安人被迫出让他们祖祖辈辈生息的土地。可以说，美国工业化所需要的土地就是在殖民者的屠杀竞赛中实现的。1703 年，殖民者在立法会上决定，每剥一张印第安人头盖皮、每俘虏一个红种人奖赏 40 镑；1720 年，每张头盖皮的赏金提高到 100 镑；

---

①　马克思：《资本论》第一卷，人民出版社，1975，第 802 页。

·　②　马克思：《资本论》第一卷，人民出版社，1975，第 805 页。

1744 年，12 岁以上的印第安男子的头盖皮值 100 镑新币，一个男俘虏值 105 镑，一个妇女或儿童值 50 镑，妇女和儿童的头盖骨也值 50 镑。[①] 1776 年，几乎在《独立宣言》宣布的同时，宣布"人人生而平等"的白人移民把北卡莱罗纳西部的一个印第安小村子夷为平地。在美国赢得独立之后，印第安人更成了罪人，美国白人用杀戮和欺骗两种手段从印第安人手中夺取了大量的土地，其间的阴损与卑鄙连被印第安人称作"毁城者"的美国总统华盛顿都有些看不下去，只可惜作为总统也不能为印第安人提供多少帮助。美国人把剩余不多的印第安人赶到保留地之后，不幸的切诺基部族仍没有逃脱被赶往俄克拉荷马集中营的死亡历程，因为在他们的居住地发现了金矿。伴随着美利坚轰轰烈烈的西进运动，美国的工业化快速推进，而印第安人的生活却日益艰难，即便是 1924 年印第安人获得了美国公民资格，他们的境况也没有变得好一些，反而陷入更加贫困和悲惨无助的境地。在充满生机的北美大陆，印第安人的苦难延续了三四个世纪之久。据估计，1492 年美国境内的印第安人仍有 120 万人，到 1860 年只剩下 34 万人，1890 年只有 27 万人，1910 年只有 22 万人。

有人把美国的工业革命归结为斯莱特[②]等人复制别国科技和爱迪生等人的科技发明，这个结论有些道理，但不够完整。印第安人的土地才是美利坚工业化资本原始积累的第一桶金；第二桶金也不光彩，是靠贩卖人口得到的，大批的非洲黑人像牲口一样被贩卖到文明人窃据的北美大陆，为农场提供了无成本的劳动力，确保了在农场主获取足够利润的前提下，美国工业化所需要的低价原材料；第三桶金来自美国工人的高强度劳动和廉价的工资所创造的利润。可以说，由殖民地起家的美国工业化，其资本原始积累仍来源于土地和被从土地上驱赶出来的人。

苏联在 20 世纪 20~30 年代采取了战时共产主义政策、新经济政策，建立了集中计划经济体制。这一切都是对在落后的农业国家中如何发展工业化的社会主义经济的尝试。但战时共产主义没有解决国家的经济问题。苏联在列宁的领导下，从 1921 年 3 月开始实行新经济政策，到 1928 年结

---

① 中央电视台《大国崛起》节目组：《美国》，中国民主法治出版社，2006，第 146 页。
② 斯莱特于 1790 年突破英国的纺织机出口禁令，第一次把阿克莱特纺织机复制到美利坚国土，为美国提供了创业急需的新型工具机，被誉为美国的"制造业之父"。

束。新经济政策的实质是最大限度地提高生产力和改善工人、农民的生活状况，利用私人资本主义并把它纳入国家资本主义轨道。这一政策实行了7年，在农业方面取得了成功，但在解决工业化的主要问题方面没有多大起色。随着新经济政策的推行，当时在苏联出现了两种根本对立的意见：布哈林认为农业繁荣是工业恢复的先决条件；托洛茨基认为，只有增加工业品的流动量，谷物和原料的生产才能上升。普列奥布拉任斯基提出了更为极端的观点，他宣布社会主义原始积累是必需的，它必然地和私人积累相对立；他认为不发达的工业部门不能提供必要的资本，国家必须从农民那里取得它，正像资本主义原始积累是从非资本主义部门中取得一样。

追求经济高速增长的目标要求通过农业所创造的剩余价值向国家工业部门大规模转移，来加快工业化的进程。实际上，斯大林接受了这种思想，并沿用了战时共产主义政策的许多做法，从1928年开始，率先采用了中央集权的计划经济体制，这种体制的特征是：牺牲农业的发展，迅速实现重工业化的目标；抑制国内市场交易，很少进行对外贸易；国家对生产手段严格控制。这种工业化模式忽视了农业发展是工业化的基础，忽视了国内市场交易自由化，从而失去了效率性。当然，当时迫于外界的军事压力不得不这样做，而且也取得了巨大的绩效。

我国台湾省在20世纪50年代工业化开始阶段，采取了以农业养工业，以工业促农业的政策。1952年台湾农业就业人数占总就业人数的61%，农业产值为省内总产值的35.7%，农产品及农产加工品的出口额占出口总额的91.9%。台湾当局为了进一步发展农业，为进口替代工业的发展打下基础，在整个进口替代工业发展时期，对农业的发展都很重视，优先安排农业的基建投资，大兴水利，扩大化肥生产。大力辅导农民改进耕作技术和改良品种，使农业生产率大大提高，从1953年到1962年，农业生产平均每年增长4.8%。不仅粮食自给，农业生产结构也大大改善，渔牧业产量大幅度增长，促进了农产品和农产加工品的出口，换回大量的机器设备和农工原料，推动了进口替代工业的发展。

综上所述，全球工业化进程中工业化的原始积累总是和农业地区的土地缩减、农民被驱赶进入工厂相联系的，不同的是有的是靠对土地的抢夺，有的是靠法律强制性圈占，工业化需要农区土地并攫取农村人口创造的财富来实现工业化的资本积累和生产要素。但结局似乎都一样，初期的工业化成就及其带来的国家财富和农区的衰败是一回事。这一过程直到工业化结束农区的产出和消费能力不足以支撑工业化经济的继续前行为止，农区人们的状况才可能改观。但从另一个角度看，一个国家的工业化过程是需要一个经济相对发展的农区作为支撑的。英国的"羊吃人运动"看似残酷，但正是圈地使得资本主义生产方式首先在农业地区得以实现，农区日益增加的羊毛、棉花等农产品和资本主义生产方式下农村劳动力被挤出农业领域，才使得工业化最早在英国实现。美国的工业化也是依赖在夺取的印第安人土地上建立资本主义农场，依靠黑奴无偿劳动获取的丰收成果，满足了美利坚的工业化的廉价原材料需求。中国台湾的工业化更是建立在农区经济发展的基础之上。苏联是一个特例，没有一个经济发达的农区，只能依靠高度集中地计划经济体制从农区获得剩余，其结果是留下了一个个破败的农区，也为日后的经济发展留下了一个难以拓宽的制约瓶颈。

二　中国的工业化与农区发展关系

在 1949 年以前的一百多年中，从清末的洋务运动到 20 世纪初仁人志士的"实业救国"，从日本在中国东北的工业掠夺到抗战时期的军事工业，尽管有过几次工业化高潮，但总体来讲，中国的工业化始终没有取得实质性的进展。主要由于在帝国主义、封建主义、官僚资本主义三座大山压迫下，中国没有发展工业的稳定的国家政治局面，一代又一代中国人强国富民实现工业化的梦想都不能实现。所以，这个时期中国基本上是一个纯农业国家，并不是真正意义上的工业化转型。

1949～1978 年，中国实际上实行的是以满足国内市场为最终目的的内向型进口替代工业化战略。实施了近 25 年的传统工业化战略，中国在纯农业国的基础上初步建立了比较完整的工业体系。中国这一阶段的工业化转型很特殊，道路也很曲折，基本上是靠牺牲居民消费和农民的利益为代价的。这一阶段除大中城市之外的区域均被视为传统农区，农区的萧条、农民的贫困以及城市就业居民的过低工资水平与举世瞩目的工业化成就形成了鲜明的对比。尽管现在的经济学界对中国走苏联式的工业化道路给出了各种各样的评判，但要理解中国的这一转型过程，需要选择一个大历史的视角。一个新成立的人民政权，面对列强的虎视眈眈，唯一的出路就是尽快由一个农业国成长为一个现代化的工业国。但中国工业水平太低，如果只靠市场的资本积累，实现目标将是一个遥遥无期的事情。中国的工业化没有英国、美国的从容，更没有德国、日本的机遇。中国领导人从德日失败的教训与苏联的成功经验中，认识到要快速实现工业化就必须学习苏联，采用苏联的工业化模式，将人民的消费压低到最低水平，通过对农村剪刀差式的剥夺，迅速积累起工业化的基础。中国的新政权是在列强的欺侮中成长的，独立后的共和国不可能去侵略他国，只能用计划经济模式，在短期内发展各类企业。由此可见，那时的人民以其勤劳与自我牺牲的精神促成了我国的工业化，农民为此付出了很大的代价，农区的经济发展滞后成就了城市工业化体系的成功。应该说，中国当时确实无路可走，只能按照苏联模式来发展中国，并且事实也证明这个模式是最快速的、最有效的工业化之路。

以 1978 年 12 月中共十一届三中全会为标志，中国开始了体制过渡期的中国工业化转型。从 1978 年至 1992 年邓小平南方谈话之前，是中国传统计划经济体制向社会主义市场经济体制过渡的时期。这一时期的工业化转型与农区关系表现出以下几个特点：第一，中国的经济体制改革首先是从农村开始的。在改革的起步阶段，农村主要采取了三项重大的改革措施：一是在坚持土地等主要农业生产资料集体所有的前提下，实行土地所有权与经营权分离，把属于集体所有的土地承包给农民家庭分散经营。同时，帮助农民在家庭经营的基础上扩大生产规模，提高经济效益。二是取消了原来不适应农村生产力发展要求的政社合一的"三级所有，队为基础"的人民公社制度，恢复了乡村政权组织。三是大幅度地提高了农产品的收购价格，缩小农副产品统购范围，开放和扩大了议购议销的范围。中国农村的改革取得了巨大的成功，使农业生产潜力得到较大的发挥。从 1978 年到 1984 年，我国农村社会总产值按可比价格计算，增长了 80% 左右，平均每年增长 10.3%。1985 年起取消了过去 30 多年来对农副产品实行统购和派购的办法，采取了充分尊重农民自主权的国家计划合同收购的新政策，初步把国家向农民收购粮食的关系建立在商品交换的基础上，并将农业税由实物税改为现金税，使农村经济向商品经济的方向前进了一步。90 年代，中国政府高度重视农业的发展，把农业作为基础产业来抓，采取了一系列重要措施，包括继续深化农村改革、稳定和完善以家庭联产承包为主的责任制，发展多种形式的社会化服务体系，增加对农业的投入，加快大江大河治理，开展农田水利基本建设，进一步抓好科技教育兴农，努力改革和完善农产品流通体制，逐步建立农业社会化服务体系等，取得了成功。这一时期，农业生产结构由单一向多样化发展，农业生产率大幅度提高，农村劳动力迅速向乡镇企业或中心城镇转移，形成了农村工业化浪潮。第二，乡镇企业的"异军突起"拉开了农区工业化的序幕。中国的乡镇企业在国家不投资靠自身积累资金的情况下异军突起，企业规模迅速扩大，乡镇企业总产值出现超常规增长。1978～1984年，全国乡镇企业年平均增长速度为19.38%，1985～1990年增速为28.3%。① 当然，中国乡镇企业在发展过程中也出现了许多问题，比较突出的是过于分散，占用耕地多；在一些地方和一些行业出现过度竞争，由此造成产业结构、产品结构等不太合理；低水平重复建设和能源、原材料浪费较严重，一些企业产品质量差、能耗高，一些企业环境污染严重等。乡镇企业的发展在地区间不平衡，东部地区发展快，中西部地区相对落后。但是，中国乡镇企业的发展的确是改革开放初期政府所没有想到的，是中国农民的一个创举。对此，中央领导给予了高度评价，赞扬它是"异军突起""完全没有预料到的最大收获""在世界上是个独创"。乡镇企业的发展为中国的工业化开辟了一条新路子。当然这一轮农村工业化也使得中国"农区"的范围大大压缩，东部和东南沿海的很多"鱼米之乡"消失了，留下的中西部农业区域承担了更多的贫困和不发达责任。

1992年中共十四大确立建立社会主义市场经济体制，中国进入社会主义市场经济体制新工业化时期。到2011年，中国国内生产总值达到471564亿元。其中，第一产业增加值47712亿元；第二产业增加值220592亿元；第三产业增加值203260亿元。第一产业增加值占国内生产总值的比重为10.1%，第二产业增加值比重为46.8%，第三产业增加值比重为43.1%。全部工业增加值达188572亿元。② 随着中国整体进入工业化时代，农区的基础作用更加重要，农区的发展越来越受到18亿亩土地红线的

---

① 根据《中国乡镇企业统计年鉴》1978～1991年提供的数据整理计算。

② 《中国统计年鉴2011》，中国统计出版社，2012。

制约，中部、东北部和西部的农区发展与工业化发达地区的差距越来越大。但农区为工业化的贡献更加显著，自 2002 年以来，农业生产稳定增长，粮食连续八年增产。2011 年，全年全国粮食总产量达到 57121 万吨，比 2000 年增产 10870 万吨。截至 2001 年底，全年农民工总量 25278 万人，其中本地农民工 9415 万人，外出农民工 15863 万人。从城乡人口结构看，2011 年底城镇人口 69079 万人，乡村人口 65656 万人，城镇人口占总人口的比重达到 51.27%，首次超过农村人口。但农区居民与城镇居民的收入差距仍然很大，2011 年全年城乡居民收入比为 3.13∶1（以农村居民人均纯收入为 1，上年该比值为 3.23∶1）。应当说，中国的工业化转型基本完成，工业化和农区经济发展的关系已经由工业从农业获取原始积累阶段进化到向工业农业回报阶段，工业反哺农业是今后一个时期工业化的主要特点。但农区经济发展依然是一个长期任务，中央政府和农区地方政府在这一过程中的定位不同，也存在各自的利益博弈，但应各自有所作为。

三 工业化转型与农区发展关系的历史结论

世界工业化转型和中国工业化转型的历史告诉我们，在一个封闭的经济中，工业部门的大小是农业生产率的函数。农业所生产的粮食和原料，除工业部门消耗外还必须有剩余；只有农区经济发展、农村居民富裕，才能为工业品提供更大的市场。因此，如果工业产品能在国内市场销售，工业革命就要以农业革命为前提，对于大国来说尤其如此。在工业化开始阶段，虽然可以通过出口制成品、进口粮食和原料来弥补国内市场狭小的困难，但这不可能成为维持工业部门的决定性力量。即使社会主义国家掌握政权以后，这个前提条件也并不因为政权的性质不同而改变。苏联社会主义理论家布哈林认为，增加农业方面的购买力是增加工业生产的必要条件，农业经济繁荣是工业恢复的先决条件，任何别的政策都将会损害工人同农民结成的联盟；工业品的低价格对于发展现阶段农业生产是必需的，并且使工业本身具有更高效率，这可以通过提高国营工业的利润，对繁荣的农业及富裕的农民和富农的储蓄进行征税来积累投资基金。在列宁领导下于 1921 年 3 月开始推行的新经济政策，在很大程度上体现了布哈林的思想。新经济政策在农业政策方面的成功在于：用实物税代替余粮收集制，使农民能够保留他们的剩余产品的一个确定部分，并取消对自由贸易的限制，恢复了工农业之间的交易关系。但是，它还没有解决后进国家工业化的基本问题。后来，斯大林发展重工业是以牺牲农业生产率来实现的，也就是凭借国家工业的垄断地位，调整工业品和农产品进行交换的价格比率，使其对工业有利（所谓剪刀差危机）。历史证明，这种做法在工业化之初虽然能够起到突发性效果，却影响工业化后劲。这说明农业是工业化的制约因素之一。苏联和中国第一次工业化都是在农业不发达的基础上进行的，而且忽视了农业的发展，这是工业化不彻底的原因之一。

中国新式工业化是在个体农业和手工业这两种传统经济的汪洋大海中诞生的，它与农区经济的关系如何，决定它发展的道路。中国作为一个传统的非海上国家，工业发展必须以国内农区的农业发展为基础。根据50年代的经验，一年丰收，次年工业即有发展；一年歉收，次年工业发展即受阻。这也适用于近代中国，不过那时因受殖民地型外在因素干扰，反应不甚灵敏而已。那时的国际和国内条件都不允许我国采取外向型发展战略，我国的工业化应当建立在工农业协调的基础上。但是，中国的工业化和城市化存在着严重的畸形，主要表现在工业化和市场化转型进程中，形成了一个被留下来的农区。

第二节　后工业化时代农业在国民经济中的基础地位更加突出

考察发达国家的工业化历史，可以发现农业在整个国民经济中的比重呈下降趋势；比较发达国家和发展中国家的农业状况，也可以看出农业在整个国民经济中的比重与经济发展水平呈反方向变动的关系；从世界各国农业发展的实践来看，随着工业化进程的推进，农业产值占 GDP 的比重呈下降趋势，这是包括发达市场经济国家在内世界各国所遵循的一个普遍规律，只不过是不同的国家、在不同的经济发展阶段，农业产值占 GDP 的比重呈下降趋势有所差别。中国在转型期的情况也证明了工业化、城市化和市场化过程中农业在整个国民经济中的比重下降的趋势规律。农业产值在整个国民生产总值中的比重降低很容易让人们产生农业越来越不重要、农区经济发展滞后无关大局的结论。其实农业的重要性不在于其在经济总量中的比重，而在于没有农业的保障工业化根本不可持续。农业在国民经济中比重的降低和农业从业人口的比重下降恰恰凸显了农业的基础地位。

一 工业化阶段农业基础地位应有一个新的解释

在我国，对农业基础地位的表述是基于马克思的相关描述，他认为，超过劳动者个人需要的农业劳动生产率，是一切社会的生产基础，而且首先是资本主义生产的基础。现在，也是社会主义生产的基础。我们称之为农业是国民经济的基础。这是因为：第一，农业劳动是其他一切劳动得以存在的自然基础和前提。第二，在一个国家里剩余劳动首先是在农业劳动中出现的，然后才有可能再从农业中取得原料的那些工业部门中出现。第三，社会用来生产小麦、水稻、牲畜和棉花等所需要的时间越少，用来进行其他的生产——物质和精神的生产时间就越多。人们就有时间从事工业生产、政治、科技、文化等活动，从而又反过来改善农业生产工具，大幅度地提高农业生产率，进一步改善人民的衣、食、住、行等物质生活方面。只有把农业和工业结合起来，才能促使城乡对立的局面逐渐消灭。第四，只有使人口尽可能地平均分布于全国，只有使工业生产和农业生产发生内在的规律性联系，在废除资本主义私有制生产方式的前提下，才能使农村人口从数千年来几乎一成不变地栖息在里面的那种孤立和愚昧的状态中挣脱出来。在我国已经整体进入工业化时代的前提下，对农业基础地位的认识也应该有所突破，本书试图做出如下解释。

第一，农业的基础地位意味着农业发展是国民经济健康运行的必要条件，而非充分条件或充分必要条件。这就意味着，有发达的农业支撑，则国民经济有可能（不是一定）健康发展，若没有发达农业的支撑，则国民经济一定不可能健康运行。虽然农业在国民经济中的相对比重会随着经济发展程度的提高而逐步下降，但是，这并不表明农业的重要性也因此下降，非农产业对农业的依赖关系也消失。与此相反，农业以相对弱小的比重支撑着庞大的工业和整个国民经济的发展，更凸显它的基础性地位。如果没有农业的技术进步和劳动生产率的提高，国民经济的其他部门不可能保持发展，整个国计民生也会受到威胁。

第二，"农业是国民经济发展的基础"并不是说"农业是国民经济发展的唯一基础"。这是因为，在工业化发展成熟阶段，国民经济基础部门具多元化的特征，不仅仅是指某一项产业或某一部门。随着工业化进程的推进，特别是进入工业化中后期后，国民经济发展和整个社会进步对交通、能源、通信、基础设施等部门的依赖性不断增强，这些部门的重要地位和作用日益显现出来，也成为当今国民经济发展和整个社会进步的重要基础。

第三，"农业是国民经济的基础"是一个动态的概念，其内涵与一定的经济发展阶段相适应。生产力发展阶段不同，农业劳动生产率很不一样，作为基础的"农业"，其内容也不完全相同。在不同的生产力发展阶段，人们对作为"国民经济基础"的农业有不同的认识，至少经历了三个认识阶段。一是原始农业乃至传统农业生产水平阶段，认为狭义农业，即以动植物生产为主的农业是国民经济的基础。在这个阶段，农业劳动生产率很低，农业重点是解决人们的温饱问题。这里的基础，内容比较单一，主要体现在农业为人类提供衣食之源、生存之本，同时也为非农产业部门的缓慢发展提供劳动力、资金等条件。二是在农业内部各业分工及非农产业有所发展即生产力发展阶段，认为传统广义农业，即农、林、牧、渔业为主的农业是国民经济的基础。在这个阶段，农业劳动生产率有了明显提高，农业已不仅仅是解决人的衣食问题。这里的基础，既是指农业为人类提供生存资料，又是指农业为非农产业，特别是加工业提供原料，提供所必需的资金、劳动力等要素。三是在商品经济和分工分业有了较高程度发展的市场经济阶段，认为现代广义农业，即包括农业产前、产中、产后三个环节在内的农业产业是国民经济的基础。在这个阶段，农业劳动生产率进一步提高，农业已融入社会化大生产之中。这里的基础，内涵与外延都有了明显变化，也就是说，它是以农产品的生产与加工、销售等环节的结合，来构成整个国民经济各部门发展的基础。

二　农业——从"国家之本"到"国家之基"

（一）农业是人类维持自身发展的无奈选择

在距今 10000 年到 2000 年这一段人类发展史上相对短暂的时间内，全世界大部分的人类都转向农业。显然这是一次强制性的转变，因为没有一个靠捕猎为生的原始人会自愿放弃舒适而可靠的生活方式，做被终日禁锢在自己土地或牧场上无休止耕作的农民。[①] 人口压力迫使人们转变了生存方式。随着新石器时代的到来，工具的改进以及耕、养技术的快速进步，在单位土地内，农业养活的人口远远超过了食物采集。为了供养虽增长缓慢但越来越多的人口，他们不得不放弃采集、捕猎，转而从事农业。

（二）农业为国家之本——封建帝王的重农思想

农业生产率的提高和社会分工的细化，使得各种手工业、商业从农业中分离出来；人口的不断增加和社会职业的分化，有些村庄逐渐拓展为城镇乃至大的城市，城市扩张为拥有巨大宫殿和庙宇以及集聚大量财富的帝国。这是一个农业被重视的时代，以国王或者皇帝等为代表的统治集团很清楚，城市的繁荣、贵族的享乐以及城市工商业的繁荣，都离不开农业所提供的剩余。有些学者在谈到中国封建王朝的重农思想时，总是不屑一顾，但农业兴则王朝兴、农业衰则王朝危的现实让历代统治者牢记一条古训，农业为国家之本。

（三）工业革命时代农业开始了由"本"到"基"的转变

工业革命的成功是人类社会的新纪元，工业文明使得社会分工进一步细化，城市急剧增加和膨胀得益于现代发达的工业和商业，国民财富的积累越来越依赖工商业的繁荣，工业文明的成果很快惠及农业，新技术和新机械不断走向田间，解决了人们对农业供养能力的担心。一方面，农业技术的进步使得农业人口急剧减少，纷纷走向工业和商业部门，为现代工商业提供了廉价的劳动力；另一方面，越来越少的农业人口却创造了越来越

---

①　斯塔夫里阿斯诺：《全球通史》，董书慧等译，北京大学出版社，2005，第 23 页。

多的农业剩余,保障了越来越多的非农业人口的食物需求。如果单从物质层面看,农业对非农产业的作用已非常明显。从价值层面来考察,工业和商业资本的利润从哪里来,工业的积累是如何完成的,这个问题经济学家一直在思考,并给出了不同的答案。笔者更赞成马克思的观点,那就是一部分人(农业人口)从事必要劳动,另一部分人则从事剩余劳动。必要劳动构成工业社会的经济基础,在这个基础之上的工商业劳动才有可能完成社会财富的积累与创造。

(四) 后工业时代农业的基础地位更加凸显

后工业时代如何理解农业与工业、商业、信息产业的关系,农村人口和城市人口的关系,已变得非常复杂。农业产值的份额占社会总产值的比重越来越低,农业人口占全部人口的比重下降更快(主要指发达国家和新兴工业国家,中国正在加入这个行列),人们的食物结构正在发生变化,转基因技术和其他的生物技术正改变着农业的生产方式,现代国际贸易的发达让地区间的食物在全球范围内求得供给与需求的平衡。有人甚至惊呼,农业将消失,农民将不复存在。真的如此吗?事实上,农业人口的锐减、农业产值在总产值中比重的降低以及人们对食物数量和质量需求的骤增是同时存在的。食物供给结构随着人们的需求也发生着深刻的变化。由于新的科技成果应用于农业,单个农民的食物生产量明显增加,农业的自然率明显提高。但传统农业的重要性并没有降低,这主要是由于人们对食品安全提出了更高的要求。转基因食品受到质疑,人们更希望食品绿色化。在实际生活中,我们可以看到"笨蛋"比养殖场的鸡蛋更受欢迎,天然养殖的禽、鱼肉产品更受欢迎。可以说,工业文明离不开农业的支持,信息文明更应强调农业的基础地位。这就不难理解已进入信息时代的美国对农民的补贴仍保持着在欠发达国家看来近似天文的数字。

第三节　农区经济发展之惑

一　农业解决不了农区的经济发展问题

很多学者甚至决策者都认为,农区工业化是不可取的,发展农业才是解决农区经济的可行之道。其实很多行政首长到农区视察，谈得最多的也是农业生产问题，这主要是基于全国产业布局和对国家粮食安全的担心。然而，鼓励农业发展以解决农区的经济问题，在市场化、国际化和工业化的大环境下很不现实。

农业很特殊，单就农业问题而言，我们一直在努力，但远未解决。因为农业问题，主要是农产品尤其是粮食的供给问题很复杂，既不能"高产"，因为"高产"必将"伤农"；也不能"减产"，因为"减产"会危及国家的粮食安全；只能是"稳产"，即随着国内外农产品的供需状况的变化使农作物的产量保持适度、稳定的增加。哪个经济学家敢说中国粮食实现了"稳产"？更令人头痛的是，农业生产中的内部矛盾，即粮食生产和经济作物的生产以及农村其他经济活动之间的矛盾越来越突出，强调粮食生产势必牺牲农业的比较优势，影响农民的收入；强调农业的比较优势，则无法保障国家的粮食安全。可以说，政府如何把有限的资金用于中国农业的稳定与发展，仍是一个严肃的政治和经济问题。

这样，在公共经济学的视野里，所谓农业问题就是政府对农业投入不足和保护不力的问题。先看农业本身的产业属性。农业作为一个基础产业存在应该没有什么异议，但农业作为一个产业能否完全市场化还存在着较大争议。在笔者看来，农业作为一个产业在完全市场条件下是不能独立存在的，或者说没有存在的经济合理性。因为农业生产要受自然条件的约束（季节、气候、地理位置、土壤结构等），并且农业生产过程具有"生命"特质（庄稼、家禽、牲畜等是有生命的），这就决定了其经营的巨大风险；同时中国农业的经营规模、经营成本、科技转化水平以及商品化程度等诸多限制使其不仅在国际农产品贸易中处于弱势地位，即使在国内市场也很难实现平均的利润率。一个经营风险远远高于其他产业的农业，却不能获得平均的利润水平，在完全市场经济条件下肯定是要被淘汰的。但问题是，这个产业还必须存在，因为其存在的福利损失远远小于其给社会带来的福利收益。这恐怕就是我们所说的市场失灵问题了。很显然，农业的基础地位决定了农业生产存续和发展的必要性，而农业的弱质性又决定了农业生产的存续和发展以及从事农业生产者——农民生存和生活的困难。正是这一对矛盾的存在，决定了农业、农民和农村问题在一定程度上的公共性特征。既然在农业问题上存在市场失灵，农业本身又具有公共性特征，政府出面给农业以补贴并提供其他的政策保护就顺理成章了。同时，农业产品尤其是粮食存在需求弱弹性，从粮食安全角度看需要粮食高产，但这势必会减少农民收入（谷贱伤农），这也要求给农业适当的补贴。问题是我国的农业补贴不仅很少，而且很不稳定，农业问题自然就演化为国家对农业保护不力的问题。

无论从农业功能的发挥来考察，还是站在公共经济学的视野里考量农业问题，都可以认为农业本身没有多大问题，问题出在靠农业满足不了农区政府和农民的利益诉求。原因在于：中央政府对农业的保护政策和投入不足。解决农产品供给问题和农业功能的全面发挥问题，政府要做到：加大政府在农业科技发展方面的投入；强化政府对农业基础设施，尤其是水利设施的投入；切实加强对农业的保护力度，最少要达到WTO框架内的保护水平。这就需要形成一种公共财政可持续增长的投入机制、农业补贴机制和农产品的关税保护机制。有人说农业问题是一个产业化问题和规模经营问题，这是很片面的，农业的产业化和规模经营只是一个发展途径的选择，到底中国农业的发展走规模化经营还是走小规模经营，走产业化经营还是其他的经营方式，至少目前很难定论。但采用何种发展路径，其目的是要保障粮食供应和农业与其他产业的协调发展。

二　农区未必只是经营农业，农民未必仅仅从事农业生产

本书无意对农业的概念认真地探讨，在这里我们可以认为，作为和工业、商业等行业相对应的农业，系指通过生物的繁殖已取得产品的产业。农业生产包括植物生产（种植业）和动物生产（饲养业）两大基本部分。种植业包括作物种植业（狭义农业）和林业；饲养业包括畜牧业和渔业；而对农畜产品的加工则是农业生产的延续，被称为副业。这样就构成了农、林、牧、副、渔业。在传统理论看来，农业是农村的产业，农业是由农民来从事的职业。在基本完成工业化的中国，农业的内涵已经发生了巨大变化。

第一，农业不仅仅存在于农村，城市也可以有农业。所谓"都市农业""休闲农业"等提法并没有改变农业的内涵，仅仅是农业在空间上的大腾挪或者在旅游业中加进农业的形式。实际上没有哪一个农区只从事农

业生产，也没有哪一个工业区（包括城市）不从事农业。

第二，农村不仅有农业，还可以有工业、商业、旅游业等一系列产业。把农业的产前服务（如商业活动等）和农产品深加工等工业生产过程纳入农业的概念范畴，显然犯了"农村只能有农业"的认识错误。

第三，农业经营者和生产者被称为农民，但农民并非只从事农业。

三 粮食问题仍寄希望于农区，但农区的问题已经不单是粮食

在传统农业阶段，我们已经形成了一个固定的思维，粮食问题等同于农业问题，农区承担粮食安全任务天经地义。在城市化、工业化起步阶段，这个结论也是正确的，但在中国工业化和城市化达到一定水平、中国经济进一步融入世界一体化进程的时候，这样的提法就有些问题了。粮食问题虽然仍然是农业的一个重要问题，但农业问题已经不单是粮食问题了。

（一）粮食问题仍然是农业的一个重要问题

1994 年美国世界观察研究所所长莱斯特·布朗发表了题目为《谁来养活中国？》的文章，提出"中国粮食危机论"以后，相关学者就中国未来的粮食供给能力与需求水平进行了大量严肃认真的系统性研究，他们的结论和后来的实践证明布朗的观点是错误的，但他提出的问题还是引起了我们的高度重视，中国政府始终把"保护耕地、保护农民种粮的积极性 - 保障粮食产量 - 确保国家粮食安全"的粮食自给战略作为一项基本国策坚持下去，警惕布朗发现的那条"规律"在中国变为现实。然而，布朗并不认为自己的基本论点有什么错误，仍然在他发表的各种演讲和文章中提醒世人重视中国的粮食短缺问题。2004 年 3 月 10 日担任美国地球政策研究所所长的布朗在其网站上又发表《中国不断缩减的粮食产量》一文，警告中国目前正面临日益严重的粮食短缺问题，而其日益增长的粮食进口将会直接导致世界粮食价格上涨。与此同时，国内的专家学者与相关政府官员也正在进行新一轮有关"国家粮食安全"的大讨论。这一次讨论并不是对布朗警示的又一次回应，而是起因于 2003 年底出现的国内粮价上涨又一次触动了国人脆弱的神经。粮价的每一次波动，只要不是政府预计的行动，都会被视为一种不祥之兆而深深地触动

这个社会最敏感的那根神经，这已经形成了一种条件反射。对 2007 年的全球粮食涨价和中国的猪肉等食品价格猛涨，政府同样做出了激烈的反应，对于中国来说，粮食与其说是一个问题，不如说是一块心病——一块千百年来没有治愈的心病。

（二）中国的粮食短缺问题已基本解决，但粮食安全仍有隐患

如果把中国的农业问题归结为粮食短缺问题，那么我们现在可以说，这一问题已经基本解决了。自 1949 年以来，我国粮食总产量由 1949 年的 11320 万吨增加到 2011 年的 57121 万吨，62 年间增加了近 4.58 亿吨，年均增长 738.7 万吨，年递增率近 3%，这样的增长速度在全世界是非常罕见的。其实从比较宏观的历史角度看，所谓"粮食问题"主要指有关粮食安全的三种担忧，即总量问题、波动问题、资源问题。所谓总量问题，即粮食自给问题，我们已经做到了"温饱有余"；所谓波动问题，就是说，即使我们现在已经具有了从总量上保障粮食自给的综合生产能力或潜力，还是要关心粮食生产可能会大起大落从而影响社会经济与政治稳定的问题；所谓资源问题，即我们现在虽然说解决了粮食问题，但这种解决是暂时的，我国今后的粮食需求量将不断增长，而生产粮食的自然资源条件则没有潜力了，而且耕地面积只会不断减少，因此若干年后我国的粮食自给问题将会严重恶化。

1. 总量问题及其解决路径

在关于总量问题的文献中，有一种结论是非常可靠的，那就是粮食总产量的提高与粮食作物播种面积的扩大没有多大关系，或者面积扩大对产量增长的贡献并不大。许多专家的分析表明，粮食播种面积扩大对于粮食产量增长的贡献份额不足 2%，即便把那些"私房田"考虑进去，也不足 3%。总的来看，从 20 世纪 60 年代开始，我国粮食产量的变化，大都是受到栽培面积以外因素的影响。如我国粮食总产量由 1949 年的 11320 万吨增加至 1978 年的 30476.5 万吨，年均增产 660.5 万吨，年递增 3.4%；然而这一时期播种面积由 19.14 亿亩减少到 18.09 亿亩，主要是靠扩大灌溉面积以及增加了良种与化肥的投入。2011 年中国耕地面积仅为 18.26 亿亩，却生产了 57121 万吨的粮食。

可以说，在我国粮食生产的增长中，单位面积产量的提高是最主要的

因素。有人说，农业生产制度的革新对农作物单位面积产量的提高起到了很大的促进作用，但我们不要忘记，这一时期我国工业化粗具规模，在农用工业部门已经有能力向农业部门提供化肥、农药、农机具等各种现代投入品的同时，我国的农业教育、科研与推广体系也具备了向农业生产源源不断地输送各种新知识、新技术、新技能的能力。适用技术与现代投入品的应用，才是粮食生产单位面积产量增长的根源。可以说，解决粮食总量问题在政策选择上应该把重心放在农业教育、科研及其推广使用上，而不是仅仅抓住耕地数量的扩张。

2. 波动问题及其解决路径

就大跨度和远距离看，我国的粮食生产虽然有起有落，但并不存在明显的周期，而只与体制、政策因素及气候变化等高度相关。例如，20 世纪50 年代末至 60 年代初的粮食超常减产，其主要原因就是政府决策失误和受自然灾害影响；20 世纪 70 年代末至 80 年代中期我国粮食生产出现超常规的快速增长，原因主要是以家庭联产承包制为核心的农业生产和经营体制的变革、市场价格激励、生产条件改善和技术进步；1985～1989 年，我国粮食生产超常波动和徘徊，根本原因是政策失误、资金和物质投入太少、农业技术进步贡献率下降；1990～1997 年我国粮食生产能够摆脱下滑趋势，其主要原因是政府高度重视发展粮食生产，从投入、资金及政策方面采取多种办法鼓励粮食生产的发展；2000 年后，粮食产量开始恢复性增长，2006 年达到 49000 万吨，经过连续 5 年的稳定增长，2011 年达到57121 万吨，与这些年政府鼓励粮食生产的政策有关。很显然，解决粮食的波动问题，关键在于政府的农业政策要有一个稳定性，财政投入要有一个刚性的增长机制。

3. 土地资源问题

近些年理论界和政府层面都关注土地资源问题，严格地说是对"谁来养活中国"问题回应的延续，确切地说，是未来的人口和耕地比例的问题。在长三角、珠三角等原来的"鱼米之乡"，农地消失之后，很多仅存的传统农区也在追求自己的工业化和城市化速度，让人们不得不担心，在未来中国人口达到 16 亿～17 亿规模的时候，耕地的减少和粮食播种面积的下降是否会危及中国的粮食安全。

需要强调的是，我国已经进入现代农业发展时期，这一时期约束现代型农业增长的因素不再是自然条件因素，如气候、耕地资源和水资源等，而是市场因素，即市场需求给出的市场价格信号和政府的政策信号引导、指导或约束着粮食生产与供给。技术进步的作用就是不断地打破各种自然条件对农业增长的约束，使其不成为约束因素。从这样的角度看，那些时刻强调自然因素（如"人多地少是我们的基本国情""中国农业增长面临着资源条件的刚性约束""中国未来的人地矛盾将会越来越严重"等）的人可归为技术悲观主义者，因为他们不相信我国今后的农业技术进步能够不断打破自然条件对农业增长的约束。

有意思的是，目前国内比较有影响的关于中国未来粮食供求关系的研究成果，其结论基本上是一致的，即中国能够基本保证粮食自给。这方面一个比较早的有影响的研究是中国科学院国情研究中心的所谓"倒U形模型"，这一模型考虑了工业化对中国的资源结构、粮食生产的机会成本和比较收益的综合影响，也考虑了粮食价格变动、生产补贴和贸易保护的演变情况，并把供需缺口等同于粮食净进口规模，即通过粮食国际贸易解决国内供需矛盾。

展望未来，中国有五个"不会变"：人口逐年增长不会变；土地逐年减少不会变；城乡居民生活改善对粮食的需求量逐步增长不会变；以粮食为原料的食品工业和粮食深加工业的进一步发展不会变；以自力更生为主解决粮食问题的方针不会变。这种发展趋势表明，全国粮食需求呈刚性增长，整体处于紧平衡状态。换言之，中国对粮食安全问题，必须警钟长鸣，不可放松，采取必要措施，有效增强粮食综合生产能力，在2011年5.7亿吨总产量的基础上继续稳定持续提高，但是否继续单纯靠耕地面积维持这样的增长值得商榷。

（三）农区发展已经不单是农业问题

针对布朗等人对我国粮食供需状况的总结，笔者认为首先要反思这样一种心态，即长期以来，人们在粮食问题上普遍存在的"手里有粮，心中不慌"的心态，一种"宁多毋少"的倾向，一种不计成本地追求粮食生产"多多益善"的政策惯性模式。但事实上，粮食供给过剩，粮价下跌，对农民增收来说是不利的；粮食过剩还会造成库存量庞大，给国家财政带来沉重的包袱；把农区发展寄希望于粮食和农业，对农区经济发展不利，对缩小区域经济发展差距不利，进而会影响中国经济的可持续发展。

经过 30 余年的改革开放，我国的农业发展进入了新的阶段。粮食从长期短缺变成了自给有余；粮食的生产条件也非昔日可比，生产能力大幅度提高，特别是农业科技在发挥着越来越重要的作用；人们的食物结构也在发生着变化；加入 WTO 后，使我们利用国际资源和市场的空间大大增加。这些变化应该成为我们重新审视中国粮食安全问题的全新背景。虽然有一部分人仍然对中国的粮食安全忧心忡忡，对农区的工业化和现代化耿耿于怀，但粮食问题毕竟不是农业问题的全部，更不应该以粮食产量论农区经济之成败。也就是说，粮食归粮食，农业归农业。如果说以前可以把农区发展归结为农业问题，把农业问题简化为粮食生产问题还有其现实的理由的话，现在我们已经发展到了这样一个阶段，即冷静、客观地分别看待粮食安全与农区发展。

四 人多地少不是农业的问题，更不是农区的问题

很多人把中国的农业问题归结为人多地少，这是不准确的。事实上，人们对食物的需求是有限的，每个人每天的食物消费是既定的，人们对农产品的消费是有总量限制的，在一个相对封闭的市场体系内食品的总需求量是依赖于总人口的，这一规律自古就有体现，历史的经验是当农业产量和生产技术上升后，常常伴随着耕地数量的人为减少或人口的增加，这与到目前为止农村仍然存在的土地弃耕与撂荒现象是一致的。吴慧的研究证明了这一点。她发现，历史上代表农业生产技术的"粮食单产"与代表农业经营规模的人均耕地之间存在着这种关系。作者选取的一系列数据证明从战国时期直到清朝中叶人均耕地面积确实随着粮食单产的提高而下降，而且人均粮食数量是稳定的。[①] 章有义的研究也表明，清末至 1949 年间粮食单产变化不大，人均耕地面积也变化不大：1812 年为 2.87 亩，1851 年为 2.47 亩，1887 年为 2.99 亩，1912 年和 1932 年为 2.77 亩，1949 年为 2.65 亩。[②] 这些研究都表明，历代粮食生产都是根据粮食需求总量而定，

---

① 吴慧：《中国历代粮食亩产研究》，农业出版社，1985，第 194～195 页。

② 章有义：《近代中国人口和耕地的再估计》，《中国经济史研究》1991 年第 1 期。

粮食生产是依赖于总人口的，在正常情况下，市场会导致耕地使用量的最小化。进入现代以后，上述函数关系并没有发生变化。随着粮食单产从1952年的176.29斤上升到1998年的600.30斤，全国人均农作物耕地面积从3.69亩下降到1.87亩。一项来自中国科学院自然资源综合考察委员会的研究报告表明，1986~1995年中国耕地资源数量下降的主要原因是农业结构调整（耕地改为园地、林地、牧地、鱼塘），占总减少量的62%，其次才是三项建设（国家建设、集体建设、农村建房）用地，占21%，第三是灾害毁地，占17%。[①]这说明我们在主动减少耕地，也就是说当前我国耕地的总量是过剩的。经过连续5年的粮食丰收之后，2012年中国农区开始出现大量耕地撂荒现象。据2012年10月14日《每日经济新闻》报道，河北省易县约有2万亩麦田出现季节性的撂荒。事实上，抛荒的现象不仅出现在河北省易县。坐车从易县到保定，沿途都能看到撂荒的地块。另外，在安徽部分地区也出现了这一现象。安徽省亳州农民专业合作社负责人说，前段时间调研时发现，很多村民都不种小麦了，改种中药材。

因为农业的一个基本特征是其经济总量单纯随人口总量变化，农业生产技术的进步带来的仅仅是人均耕地规模的缩小，而不是人均农业经济总量的增加；从人口消费总量来看，当前土地产出所提供的维持社会成员消费的产品总量应该是足够的。如果加上历代政府为实施有效的赋税管理而圈占的大片非耕地来看，维持适度的人均耕地是政府调节的重要手段。在一定的生产技术条件下，人均所必需的耕地是既定的，在维持社会成员必需的口粮的情况下，即使耕地有可能多，农民也会在实际的生产活动中通过休耕、轮作或广种薄收进行微观调节。如果农产品还有剩余，那么就会维持一部分人脱离农业，促成更多劳动力离开土地，寻找其他生计来源。这在当前的生产技术背景下，表现得更加突出。所以，人均耕地少在历史上乃至现在都不是农业问题的关键。

---

① 陈百明、李世顺：《中国耕地数量下降之剖析（1986~1995）》，《地理科学进展》1998年第3期。

五　农业解决不了农区居民收入问题

这里引入"农区居民"的概念而非"农民"的概念，是因为农区户籍的人口（即居民）很大一部分已经不从事农业生产，已经成为实实在在的工人、商人等，但仍然被称为"农民"。在当前的很多文件里，强调发展农业以解决农民的收入问题，很多学者也认为农业发展可以有效地解决农区居民的收入问题，这显然是一种很理想化的观点。

（一）农产品的基本特征决定了农业解决不了农区居民的收入问题

农产品有两个基本特征：第一，农产品规模是依赖于消费这些农产品的人口总量的，因此，任何时代人们都仅仅生产出接近总需求量的农产品。农产品的需求总量最终取决于人类个体卡里路摄入量与人口总量的乘积，这说明农产品产量的价格弹性非常小，不会因为市场价格大幅上扬而减少需求，也不会因为市场价格下挫而增加需求。这与制造业和服务业的状况形成了鲜明对比。这种差异最终会导致农业在整个经济中的份额不断减少。非农产业（工业和服务业）持续高速增长，农业则持续快速增长，这是由农产品自身的性质决定的。任何企图刺激生产或者抑制生产的努力从长远看都不会有好的结果，也就是说，与非农经济总量的高速增长相比，农业经济总量几乎是不变的。第二，农产品不可以出现短缺，否则必将导致通货膨胀乃至社会动乱。农业经济不仅不会随经济景气变动，也没有供需矛盾的调节，由于民以食为天，农产品只能剩余不能短缺，这时的市场调节只能是单方向的：持续的农产品过剩不断压低市场价格，失去了商品短缺对市场价格的抬升机制，因而如果没有国家财政政策的干预，农产品市场价格总是趋于下降的，在农产品领域，价值规律的作用是有限的。农民增产不增收，应该说是一种常态。如果说新中国成立后的某个时期对农产品的体制性剥夺是存在的，但从农业的产业特点来看，农业的产业结构发生变化的产业背景下，即使相对剥夺不存在，农业的从业者如果没有发生生计的适应性变化，贫困就会是必然的了。[1]

---

① 孙立平：《"厨师困境"、"剪刀差"与农民的相对困境》，《财政研究》2001年第1期。

（二）农村居民收入结构变化决定了农民增收的渠道已经多样化，农业收入已经退居次要位置

笔者为完成《转型期"三农"公共财政政策》一书[①]，曾于 2007 年 11 月在河南省进行了将近一个月的实地调研。选取了河南省三个村作为样本，分别是城乡接合部的郑州市管城区南曹乡姚庄村（以下简称 X 村）、具有农村集镇特色的河南省邓州市龙堰乡歪子村（以下简称 Y 村）以及远离县城与集市的河南省邓州市余集村（以下简称 Z 村）。调查的内容涉及农村居民生产、生活的市场化程度及变化趋势；农村居民收入和生活在转型过程中的矛盾和问题；农村向现代化过渡及其问题等。

在调研中发现，目前农户收入来源已发生质的变化，传统农业时期以农业收入为主、兼营副业的局面不复存在，代之以劳务收入和非农经营为主、农业为辅的收入来源格局。为了数据的准确和调研的深入，本项目的调研并没有涵盖三个村的全部农户，而是在三个村各选一个村民小组，逐农户进行座谈。根据调研数据，笔者在整理时把农户收入来源分为七类：劳务就职类，该类农户的全部收入靠打工获得，既没有农业经营，也没有非农经营；劳务就职为主，兼非农经营类，该类农户主要收入靠打工获得，辅之以工、商等非农经营；劳务就职为主，辅之以农业经营类，该类农户主要收入来源于劳务就职，但基本的收入仍依赖农业经营；非农经营类，该类农户几乎全部的收入来自于经营工、商及其他服务业，不再从事农业经营，也没有务工收入；非农经营为主，辅之以劳务就职；非农经营为主，辅之以农业经营；其他模式，该类型农户仍以农业经营为主，或只从事农业经营，或家庭成员失去劳动能力，靠救济生活等。

通过表 3－1 我们可以清楚地看到：第一，就整体而言，农业经营已经不再是农户收入的主要来源。第二，劳务就职和非农经营已经占到很大比例，其中 6.77% 的农户完全依靠劳务就职取得收入，其家庭成员户口在农村，但生活和工作基本在城市；7.81% 的农户完全靠非农经营取得收入；劳务就职和非农经营作为第一来源和第二来源的农户所占的比例高达 39.06%。第三，劳务就职和非农经营为主、农业经营为辅的收入来源格局

---

① 该书已于 2010 年 3 月由社会科学文献出版社出版，调研的详细数据参见该书第六章。

已经成为农村的主流。很显然，农户收入渠道的多元化意味着靠发展农业提高农村居民收入水平的想法不过是一个美丽的谎言。

表 3 - 1　2007 年农户家庭收入来源结构

单位：户，%

农户家庭收入		X 村		Y 村		Z 村		合计	
第一来源	第二来源	户数	占比	户数	占比	户数	占比	户数	占比
劳务就职	—	7	11.29	4	6.06	2	3.13	13	6.77
劳务就职	非农经营	10	16.13	5	7.58	3	4.69	18	9.38
劳务就职	农业经营	14	22.58	25	37.88	35	54.69	74	38.54
非农经营	—	10	15.13	4	6.06	1	1.56	15	7.81
非农经营	劳务就职	15	24.19	9	13.64	5	7.81	29	15.10
非农经营	农业经营	5	8.06	15	22.73	10	15.63	30	15.63
其他模式		1	1.61	4	6.06	8	12.5	13	6.77
合计		62	100	66	100	64	100	192	100

六　农区市场化改革面临诸多制度性障碍

（一）市场化改革已经渗透到农区生产、生活的各个层面

在人类社会历史上出现过两种类型的市场化：一种是从自然经济向市场经济的转化，主要体现在整个经济中的自给性生产部分不断减少，通过交换实现的生产即商品生产部分不断扩大。另一种是从计划经济向市场经济的转化，主要表现为国家对经济活动的直接干预不断减少，计划机制的作用越来越弱，市场的自发调节作用越来越强。与我国的二元经济结构相适应，中国的市场化也表现出二元特色，工业的市场化属于第二种类型的市场化，农业市场化则基本归入前一类型的市场化。因此，农业市场化是从自然经济向市场经济转轨的过程，在农业经济中主要表现为自给自足份额的减少、市场体制的产生和成熟的过程。农业的市场化直接的体现是农产品商品率的不断提高和生产要素配置的市场化。农产品商品率的提高一方面依赖于市场需求的拉动；另一方面则是农业扩大市场供应的能力。此外，农业市场化意味着农业生产经营方式的变革，即农业生产方式从自给自足转向专业化生产。根据笔者调查的数据显示，截至 2007 年 11 月 30

日，农户生活性支出的市场化率达到 80% 以上。就日用品消费而言，经历了由自给到购买的比例逐渐变化的过程，尤其是粮、油、蔬菜、衣物、棉被等农村可以生产的项目，是市场经济初期农民的主要自给项目，比如衣物，棉花、麻、线等在 20 世纪 70 年代主要自给，农民只需到市场上购买布并自己加工完成。现在的情况已经完全不同，变化非常明显，但农民自己消费的工业品（如烟、盐、酒、碱等）则变化较小。从调查数据看，目前农村生活消费品的商品化率基本在 90% 左右，这说明农村已经基本上摆脱了生存型的生产方式，开始注意发挥比较优势，开始为市场而生产，为"利润"而生产。

盖房、婚庆和丧葬是农民生活中的三件大事。计划经济时期，这三件事主要是通过村民互助和集体组织提供帮助来完成的。因此，生活中大事件购买和服务的商品化程度提高是农村最显著的变化，盖房、红白喜事等从自给和共济型向商品化变化，构成了农民生活方式变化的主要方面。实地调查显示，收入水平与生活大事件购买和服务商品化程度呈正相关，并且与当地的城市（镇）化水平有密切的关系。

起房盖屋行为在传统的农村生活中是标准的互济行动，笔者调查了X村 1978 年盖房的三户农民，那时用的砖是自己烧制的，木材是自备的，用工也主要靠邻里帮忙，估计商品化率不会超过 20%；30 年过去了，现在盖房的商品化率在 90% 以上。在 X 村，2006 年有 5 户购置新房。其中，2 户是在城市购买商品房，应该说商品化率达到 100%；2 户采用包工包料的出包方式，估计商品化率达到 95% 以上；只有 1 户是采用自备料的包工方式，但物料主要来自市场，商品化率也应该在 90% 以上。为了对比方便，笔者同时调查了 Z 村 2006 年购置房屋的 4 户农民，发现即便是在偏远的农村，工程出包已经成为一种常态，由于农村的新房不再采用土木建筑形式，所以农民自备材料也主要来自市场。因此，Z村的盖房商品化率和 X 村并无多大差别，至少在 90% 以上。有意思的是，笔者在 Y 村和 Z 村调查时，发现比较富裕的 4 户农户有准备到县城购置房产的愿望，他们认为在县城购置房屋可以增值，比在农村盖房划算，住在城里、工作在乡下也是不错的选择。这说明即使在偏远的农村，小部分农民已经把购置房产作为投资。当然房屋配置的大件家具是有区别的，X 村主要从城市的家具市场购买，Z 村则大多是用自产的木材打家具。

在调查的 3 个村中，婚庆和丧葬的"一条龙"服务已经建立起来。在 X 村，2006 年有 3 对新人结婚，婚礼主持均由城里的婚庆公司承担，婚宴也均由专业的婚宴服务专业户承担，从餐具到帐篷均通过租赁方式得到，只有少量的婚宴用料如时令蔬菜、米、面是自给的，商品化率在 95% 以上。在 Y 村 2006 年结婚的 2 对新婚夫妇，其婚庆仪式的商品化率也在 89% 以上。丧葬仪式的商品化率也很高，笔者对调研数据整理后发现，X、Y、Z 三个村丧葬的商品化率已经达到 95.65%、90.34% 和 88.23%。

毫无疑问，农民的生活已经达到了比较高的市场化程度，当下的村庄社会生活形态实际上是现代化、城市（镇）化和市场化对农民生活理念和行为的再造。在农民经济生产和物质生活已经实现高度市场化之后，农民的精神文化生活也在逐渐地走向市场化。城市的生活形态和生活理念不断地向农村渗透，市场和现代化步步紧逼，而农民的传统生活方式步步退却。农民传统生活领域越来越多地让位于市场并具有现代性，受市场化和现代性冲击的农民日常生活正在逐渐走向"仿城市（镇）化"，农民必须为自己生活形态的变迁支付越来越高昂的成本。笔者所担心的问题是，在农民的经济基础尚未发生根本改变的情况下，农民生活的超前城市（镇）化和市场化对他们来说究竟意味着什么？我们该如何认识农民生产上的小农性与生活上的现代化、城市（镇）化之间的张力？

调查同样发现，农业生产中生产资料的市场化程度已经达到了比较高的程度，尤其是种子、肥料和农具及其修理，作为传统农业生产中的三大件，其商品化率已经很高。就种子而言，被调查的 X、Y、Z 三村商品化率分别达到 96.25%、94.38% 和 90.21%；就肥料而言，X、Y、Z 三村的商品化率分别达到 99.85%、95.22% 和 90.31%。这说明传统的农业生产已经接受现代农业技术，或者说种植业越来越受到现代科学技术的影响。由于农业已经基本实现机械化，主要的农机服务已经实现专业化，农民从耕种到收获已经习惯了专业化服务，农具主要是农户的小型农业机械，包括小型拖拉机等，因此，在农具修理方面，靠近城区的 X 村更多选择专业化的修理厂，而远离集镇的 Z 村村民有时会选择自己修理。

由于受经营规模的限制，农业经营中雇工现象并不普遍，因此在工资支出中商品化率并不高，但由于从种到收已经基本上外包给专业化的农机专业户，我们在统计时把这一部分支出列为工资支出，但 Y、Z 两村大概有 30% 的耕地已经种植辣椒等经济作物，这些农作物的收获主要靠农民自己完成，因此超过 70% 的商品化率是符合实际情况的。由于 X 村可以耕用的土地已经很少，很多农户已经不在土地上种植农作物，而是种植果树、草莓等经济作物，这些作物更适合农民自己劳作，因此，在工资的商品化率方面，三个村的差距并不明显。

农村副业，包括猪、羊、牛等的养殖规模并不大。这一方面是受市场化养殖的影响，农户单独进行养殖业并不赚钱；另一方面也是受近些年来农村治安状况恶化的影响，农民养殖的非市场风险很大。因此，尽管种崽的商品化率达到 100%，但由于权重并不大，对农民生产活动的商品化率的影响并不显著。同时，农民养殖主要考虑一些残次农产品的消化问题，因此养殖饲料的市场化率并不高，

农民生产活动商品化率已经达到 80% 以上是个现实，并且商品化率逐步提高的趋势还将进行下去。

作为市场化农业的一个重要方面，农产品的市场化程度是一个重要指标。在调研中我们发现，不同地区的农产品商品化率差别很大。

X 村的农业生产已经是完整的商业化生产，从经济效益角度考量，村民已经不再生产诸如小麦、马铃薯等大路农产品，而是种植草莓、蔬菜等城市需要的经济作物，所生产的农产品 99% 以上直接销售到城市，生活所需要的食品也主要从市场获得。只有少数家庭，因为主要人口在城里生活，老人们才在地里种植少量满足家庭成员所需要的农产品。总体上讲，该村农产品的商品化率已经达到 98% 以上。

Y 村地处农村集镇，这有利于农产品就地销售，但由于市场需求有限，距离县城较远（15 公里），所以农民生活所需的农产品大部分靠自给，但农民已经有经营意识，如果种植收益足够高，农民不再为满足生活而生产，因此，这里的农产品商品化率也达到了 89% 以上。Z 村是个偏远的乡村，但农民已经初步摆脱了生计式生产，尤其是养殖业已经基本上是为市场生产，总体上说，这里的农产品商品化率已经达到 85% 以上。

（二）农区市场化进程中的诸多体制性障碍

商品经济产生和发展有两个基本条件：一是具有独立经济利益的产权主体，这是商品经济产生和社会分工发展的前提条件；二是社会分工，社会分工的深化和市场的发展是社会经济发展过程的两个方面。按照中国农村改革的实际，我国农业市场化过程开始于"家庭联产承包责任制"，这种带有产权改革性质的制度变化，一方面使农产品产量在短时间内激增；另一方面使农民有了基本的生产自主权和部分的流动自由，可以自己决策生产什么、怎么生产的问题。后者与农产品的流通体制改革共同构成了农产品市场范围扩大的可能。然而，最初的"家庭联产承包责任制"，以及后来的一系列改革都没有赋予农民对自身以及对农业、农村各项资源的完全产权，其集中体现是城乡二元体制使大量的农村剩余劳动力束缚在农业生产领域，使农村生产要素市场发展受到严重阻碍，农业市场化进程受到极大的制约。农民不能取得完全的产权，这是农业市场化进程中第一个方面的问题。农业市场化的第二个前提条件是社会分工的发展。这不仅意味着农业生产内部环节的专业化分工和农产品优势产区的分工，而且指农业与第二、第三产业之间的分工。这种广义的农村专业化分工是农产品生产成为商品生产的必要条件，其发展不仅有利于农业生产力水平的提高，提高农业的市场供应能力，而且有利于农村市场规模的扩张。现阶段，我国大部分的农户经济还是半自给半商品经济的复合体，在生产决策上，首先考虑家庭成员需要。这是我国农业市场化在改革开放以后落后于其他产业的症结所在。因此，我国的农业市场化存在如何使农业和农村分工发展的问题。

农户从事农业生产经营活动需要支付各种成本，除在农业生产中支付的各种物化成本和活劳动以外，为获得有效的市场信息，寻找交易对象并与之讨价还价等都需要支付费用，这些费用构成了农户进行交易的交易费用。农业在市场竞争中的弱质性和农业生产的技术特性决定了农业的分工发展和市场化进程更加取决于市场的交易效率。农业生产具有以下特点：一是农产品对市场发育程度的依赖性很高，因为劳动密集型农产品如蔬菜、水果、畜产品、水产品等具有明显不容易储存的特点，一旦生产出来，就必须在短期内出售。二是农户较强的自给倾向。农民由于抗风险能力弱而具有很强的回避风险的倾向，专业化分工生产由于增加了交易费用和分工网络协调失败的风险，在交易费用很高的情况下，农民更有可能退回到自给自足的状态。三是农业生产活动在空间地域上分布较广，使得交易成本更高。市场的交易费用越大，农民进行专业化生产和参与市场的预期获利水平就越低。当市场交易费用过高时，农户可能选择自给自足的生产方式以规避市场风险。分散经营的农民直接参与市场交易成本很大，因而更倾向于自给自足的生产方式。因此，农业的分工发展和市场化进程更加取决于市场的交易效率。

工业化过程中我国农区经济的发展和农民收入的增加面临着劳动生产率低、农产品市场空间小、人均资源占有量低等方面的矛盾，突破这些因素对农民收入增加的制约，改变半自给自足的农业经营方式，进行专业化的商品生产，无疑是最根本途径。但是，选择自给自足的生产方式却是农民在所处环境条件下的理性选择。农业市场化不是政府的简单推动所能达到的目标。农业本身在市场竞争中的弱质性和当前我国的城乡二元经济环境使农业生产和经营处于非常不利的地位，农产品交易面临的交易费用巨大，交易效率非常低下。因此，加速我国农业市场化进程在于创新制度，给农产品生产和交易创造一个良好的制度环境。

当前制约农村分工和农区市场发展的核心问题还是我们体制上存在的一些障碍：城乡二元体制，人口、就业、社会保障等方面的分割管理办法，在城市与农村形成了不同的身份制度、教育制度、就业制度、公共服务制度以及公共财政制度，城乡二元金融制度等；农民在土地方面的权益没有以法律的形式确定下来，既造成了农民土地使用权缺乏有效的法律保护，又制约了土地使用权的市场转让和交易，导致土地使用权的流转市场难以发育。这种长期不公平的制度，一方面阻碍了农民向第二、第三产业的转移，将大量劳动力束缚在农业生产领域；另一方面，严重地阻碍了农村要素市场的发展，农业其他生产要素特别是土地资源等要素不断减少，单位劳动力的农业资源占有量减少。这种城乡二元体制不仅损害了农业本身的专业化分工和市场化进程、农业生产率的提高，更大的弊端在于它阻碍了整个社会分工的演进，影响了整个经济效率，最终影响了社会对农产品的市场需求和对农业富余劳动力的吸纳能力，阻碍了农村市场化进程和农村劳动力的流动和转移。因此，加速农业市场化进程，我们必须彻底清理各种不利于农村专业化分工的制度，创新农业经营和管理制度，降低农业经营的各种交易费用。

(三) 农区市场化进程中的逆市场行为

1. 制度性过度竞争

按照鹤田俊正的定义，过度竞争指这样一种状态：在集中度很低的产业中，尽管许多企业利润率很低或陷入赤字状态，但生产要素（主要是劳动力）和企业却不能顺利地从这个行业中退出，使低或负的利润率长期继续。显然，中国农业存在着过度竞争，这使得市场经济条件下要素流动的利益导向失效。根据胡鞍钢的研究，全国每个农民农业剩余（指出售农产品现金收入减去用于农业现金支出）1997 年为 655 元，到 2001 年下降为 340 元，如果计入农民自身的劳动工资，实际农业剩余为负值。但中国农户并没有退出农业领域，这缘于退出的制度性障碍，土地制度和户籍制度使农民在是否进行农业生产方面只有生产权，没有不生产权。在生产权的制度约束下，农户生产经营很容易出现合成谬误，一旦什么赚钱就一窝蜂种什么，个体理性导致集体非理性，形成过度竞争。

2. 行政性经济规制

市场经济中，生产什么、生产多少应该由行为主体分散决策，但我国农业中的经济规制现象严重。我国农民在生产什么、生产多少方面没有充分的自由决策权，"逼农致富"成为很多地方政府领导一大政绩偏好，用行政命令手段统一规划，进行结构调整，农户常常需要赔上结构调整的投入成本。

3. 单向性双层经营

我国实行以农户家庭为基础、统分结合的双层经营体制，本来统的层次与分的层次应该按照市场化方式互动起来共同面对市场，但目前统与分是行政结合，而不是市场交换关系。统与分本来应该是服务与被服务的关系，按照"使用者付费"原则，收费就要提供相应的服务，但现实往往是：统的层次借服务之名来向农户索取各种费用；农户进行生产经营不断受到来自统的层次的干预；农户与市场的连接往往受到统的层次的阻挡。

4. 部门性市场分割

顺畅高效的产业链是市场竞争力的核心体现，但我国农业产业链处于部门性市场分割之中。农民只有在农业"产中"的权利，但没有充分自由进入产前、产后环节。改革以来，我国农业产业链被割裂的情况虽有所改善，但迄今农用生产资料（种子、化肥等）与农民的需求脱节，农产品流通不畅，农产品加工环节过度侵蚀产中农民利益等现象仍不时发生，农产品市场和农业要素市场处在农业、林业、经贸、外贸、劳动等不同部门的分割之中，在一些地区，畜牧、水产、水利等管理部门也参与了市场分割。

逆市场行为的存在表明，目前我国农业已不能仅在整体上一般地继续追求市场化水平的进一步提高，而重点应是对农业市场化在不同环节进行调整和深化。作为农业基本出路的农业产业化，重点在于重新整合农业产业内的市场关系，形成顺畅高效的农业产业链。为此，政府应该塑造良好的农业发展外部环境，推进要素市场化。

（四）市场化取向与农户资金需求之间的矛盾突出

在坚持市场化取向的改革进程中，商业化体制改革要求银行完全按照市场经济的运行机制来判断其经营行为，从金融部门看，这当然无可厚非。但从中国农村发展的需求看，则应该另外评价。因为商业化的正规金融机构是不可能适应农户由于高度分散并且兼业经营而提出的资金信用需求的，商业银行和小农经济这两方面的对接有问题。这里的问题不是农户资金需求不足，也不是政府不想加大农业资金投入，而是市场化取向的银行商业化改革必然要求其退出农业。

从近几年对农户的整体调查情况来看，农户的存款增长幅度大于其贷款增长幅度，因此，有大量资金从农村流出也是一个必然的趋势。表面形式就是农业银行以及农村信用社吸纳农村的资金有所增加，银行给农户的贷款却是减少的。农民的信用需求能够从银行和信用社得到满足的只占24%，连1/4都不到。这就会引出一个问题：在整个国家坚持市场化改革取向的同时，农业经济无法实现市场经济。

其实问题不只是银行方面的信贷资金不足的问题，面对远远低于社会平均利润率的农业经营，外资、其他行业的资金是不可能自觉自愿地投向农业领域的。单纯地强调农业的市场化改革，解决不了农区经济的复杂矛盾。如果政府真的想扶持农业，必须从国家安定团结的大局出发，必须用适宜小农经济的思路来解决农业资金需求问题。

第四节 被工业化"驱赶"和"转移"的农民与日益贫困的农区

一 被工业化"驱赶"和"转移"的农民

工业化和城市化必然要大量占用农村的土地，必然会引起失地农民的数量在继续增加，失地农民的问题日益突出，失地农民集中在城市周围，他们是工业化和城市化过程中被"驱赶"的农民。在城市化的过程中，因为土地升值，农民应该成为城市化的受益者。但在我国，农民不是城市化过程中的受益者，而成为利益受损者和受害者。陆学艺先生的一段话最有说服力："农民在中国社会结构里，不断被边缘化；至今还在继续。农民在政治、经济、社会方面的权利不断被弱化、被侵蚀。弱化到连自己的基本生产资料（土地）和基本生活资料（住房）都保护不了。一部分农民沦为新的贫民群体。进入21世纪，在'加快城镇化''经营城市''以地生财'等口号下，空前规模地侵夺强占农民的承包地。"据国土资源部不完全统计，截至2011年底，全国国家级开发区达到350余个，省级开发区有1200余个，还有数目不详的各类市、县级工业开发区。开发区所到之处，农民的庄稼被毁，祖坟被挖，老屋被拆，耕地被强占，农民被强制迁移，只给极少的补偿，又不进行合理的安置。农民作为弱势群体，无权、无势、无组织，只好任人驱赶，沦为"种田无地、上班无岗、低保无份"的三无游民。他们在本地求告无门，只好越级上访。这是近几年农民上访骤增的主要原因。

对于一个生于农村且正在经历工业化、城市化的农区居民而言，他们在未来将面对许多抉择，一个人是否应该移居到大城市？他会被允许这样做吗？他应在农村还是小城镇创业？是否该放弃其土地使用权？是否应在当地的乡镇企业找到工作后就放弃农耕？还是应继续做一个兼职的农民？

这些并非容易做出的决定，并非只有一些人需要做出这类决定，而是几乎每一个乡村的成年人在未来的 30 年中都将面对的选择。他们中有超过 3/4 的人将会在彻底地还是在很大程度上离开农村的问题上做出决定。在未来几十年中，这些居住在中国农村的人们如果想要分享经济增长的成果的话，将不得不如此，这就是被"转移"的农民。改革开放以来，中国的乡村劳动力已经经历了重大调整。国家统计局网站发布的最新数据显示，2011 年中国大陆总人口为 134735 万人，城镇人口 69079 万人，乡村人口 65656 万人，大陆城镇人口首次超过农村人口，城镇人口占总人口比重达到 51.27%。问题的关键是，近 7 亿的城镇人口，还不包括常年在城市打工的庞大的农民工群体，而在这个群体中，有相当一部分人仍然是户籍上的"农村居民"，尽管他们已经脱离了农村，成为"准城镇居民"。

二　农区劳动力转移的经济社会发展困局

对农区而言，转移劳动力一度作为地方经济发展和提高农区居民收入的重要举措被列入地方政府的政绩规划，这样的报道现在还出现在媒体上。中国农村劳动力转移网（www.nmpx.gov.cn）2012 年 7 月 27 日的一篇题为《黑龙江省召开农村劳动力转移暨阳光工程培训工作会议》的报道就很有代表性。该文指出，为深入贯彻落实某书记在省委农村工作会议上做出的"以劳富农"和某省长"做大做强劳务产业"的指示精神……分析当前农村劳动力转移面临的新形势、新情况和新问题，部署下半年农村劳动力转移工作，省农委劳转办于 2012 年 7 月 25 日，在绥棱县召开了全省农村劳动力转移暨阳光工程培训工作会议。报道中特别提到该省的两项在农村劳动力转移的政绩——"转移规模稳中有升、劳务收入较快增长"和"省外转移人数增加"。很显然，"以劳富农"和"做大做强劳务产业"作为农区政府的一个选择并非黑龙江省独有，在吉林、河南、湖北等农区集中的省份均有这样的提法。

目前理论界普遍认为，农民离开贫穷的农村迁移到大城市，直接的效果是可能会缩小一些城乡贫富差距，但实际的情况是，中国农村"剩余"劳动力迁移到城市的过程，恰恰是城乡收入差距扩大的过程。世界银行一项新的报告显示，中国城乡人均收入差距之比已从改革开放初期的 1.8∶1

扩大到 2007 年的 3.33：1。中国社会科学院城市发展与环境研究所发布的《中国城市发展报告 No.4》也显示，2010 年我国城乡收入差距比为 3.23：1，成为世界上城乡收入差距最大的国家之一，并且越是发达的地方，这一差距越小，比如北京、上海、广东等地，这一数据低于全国平均水平。而中西部省区高于全国平均水平，城乡收入差距更大，比例也更高，达 4：1 以上。这让我们不得不思考一个问题，让农民转移出去是为了提高转出地（农区）的居民收入水平，可结果是城乡收入水平和贫富差距逐渐拉大，并且 2007 年以来一直在高位运行；农区政府希望以劳致富，做大劳务产业，可事与愿违，劳务产业是做大了，可农村（区）与城市的发展差距越拉越大，成为当前我国经济生活中存在的突出矛盾之一。目前城乡差距的表现是多方面的，不仅有收入水平之间的差距，更有教育、医疗、社会保障等社会发展方面的差距。这让我们产生了疑问，"以劳致富"真的能让农区致富吗？"做大劳动产业"真的能做大农区经济和促进农区社会发展吗？

　　经济学家库兹涅茨首先发现了自 1800 年以来，经济的发展引起经济结构的重组及人口由农村向城市的大迁移的规律。他认识到，工业化的需要引起了对新生产技术的大量投资，工业化导致了城市化；城市化引起了对基础设施的大量投资，接着往往因为对新生产技术和基础设施的投资过热，而经济结构的改革没跟上，导致金融危机，甚至经济崩溃。历史的经验已表明"工业化→城市化"的发展过程经常会因金融危机的冲击而受阻，其周期一般为 15～25 年出现一次（Eastedin，2000）。1997 年的亚洲金融风暴和 2008 年的全球金融危机是不是库兹涅茨周期的再现呢？今天的中国会不会重蹈覆辙呢？怎样避免库兹涅茨周期呢？这是我们研究农村劳动力转移时必须面对的一系列问题。还有学者关心，作为一个农业大国，中国的工业化和城市化进程中，即使很小比例的农民迁移到大城市，也会引起城市交通、就业、住房、环境、子女上学等一系列的问题（Yao，1998）。在西方与中国出现的"大都市病"是否为我们大规模的转移农民提出了警告呢？其实西方学者并不了解中国，不了解中国的二元户籍制度，不了解中国工业化和城市化过程中留下一个贫困的农村的真正原因。中国的工业化、城市化可以像库兹涅茨说得那样引起基础设施的投资过热，例如房地产过热和政府基础设施投资的激增并居高不下，但迁移到工商业领域和城市的农民仍然是户籍上的"农村居民"，城市并没有为他们提供太多的诸如住房、教育等公共服务。因此，如果中国发生金融危机将更具有杀伤力，中国将来的"大城市病"可能更具有破坏性。

对于中国的农区而言，转移的并不是"剩余"劳动力，而是农区居民的精英，农村有限的资本流向城市，这对农区发展将构成最直接的影响；转移出去的农民把利润留在了劳动力输入地，消费留在了输入地，税收自然也随之留在了输入地，但养老、医疗、住房、子女教育等社会保障和基本的公共服务最后由劳务输出地的财政承担，这对农区而言，将构成巨大的财政压力。农区与城市、工业聚集区的发展差距将越拉越大。

第五节　全球化转型中的农区发展困局

以 2001 年 12 月加入 WTO 为标志，中国开始全面的全球化转型。全球化实质上是资本的全球化，其直接表现为商品、服务、资本和技术在世界性生产、消费和投资领域的扩散。全球化过程不仅意味着组成世界共同体的国家、社会彼此之间相互依赖性的进一步加强，更意味着资本主义经济体系对世界的支配与控制。中国融入全球化的过程中，在国际分工体系中找到了自己的一席之地，"中国制造"使得中国工业化发达地区获得了经济发展的机会，但同时也成为农区发展的严重滞后的国际因素。一种流行的说法是，中国是全球化最大的受益者，但是如果考虑到全球化所带来的社会成本，这一结论恐怕尚未完全成立。2007 年 6 月 7 日，出席八国峰会的中国国家主席胡锦涛在柏林与印度、巴西、墨西哥、南非首脑一道进行五国领导人会议，他呼吁发展中国家保持团结，认为发展中国家在世界发展进程中的不利处境总体上没有改变。[①] 显然，加入 WTO 以后，中国领导人最担心的是农业能否经受得住冲击。看一看西方发达国家在全球化过程中顽固的农业保护政策和在农业方面发展中国家所受到的冲击，就会明白这种担心绝非杞人忧天。

---

① 《中国捍卫自身立场》，2007 年 6 月 9 日《产经新闻》（日本）。

一　中国农区不得不面对来自西方的农业保护政策和全球化的农业竞争

对西方贸易自由高调的最大嘲讽，恰恰来自其顽固实行的农业补贴政策。美国、西欧和日本的国内补贴占到全世界总额的大约80%。美国一家报纸承认，美国对糖和花生分别征收240%和175%的关税；这两种产品在斯威士兰和苏丹这样的穷国可以很便宜地生产出来。与此同时，欧盟以213%的关税阻止牛肉进口，日本对小麦征收的关税高达353%，加拿大对黄油征收的关税为360%。2000年，亚太经合组织中最富有的25个国家，在农业补贴上总共花掉3600多亿美元，用于鼓励把自己的过剩农产品倾销到第三世界国家。显然，西方这种迫使第三世界国家产品压价、市场缩小和导致农业萎缩的措施，被称为"富国最离谱的手段"。①

在粮食问题上，西方首先是美国同第三世界的关系，尤其不是一种纯商业性质的贸易关系。粮食外交，是美国对外经济的、政治的、军事的、政策的一个相当重要的组成部分。美国当局在很大程度上正是通过控制粮食，来保证自己的利益和实现霸权主义的。美国具有建立在现代科技和长期政策基础上的强大的农业潜力，已经占领世界市场的很大一部分，并且获得了得心应手地使用粮食武器的丰富经验。

恰恰在西方全球化的进程中，全球市场和国际贸易越来越为美国、西欧和日本这些大国所把持、所瓜分。所谓自由贸易，只是西方的自由。正像一家美国报纸所说的，"经济学家常常喋喋不休地要求世界穷国放弃其经济保护和限制措施，抛弃马克思学说，使经济转变成自由市场经济。穷国照着做了。但它们接着就发现，由富国经营的全球市场几乎没有自由可言，反而关闭着，无法打进去"②。

二　中国农区受到来自西方要求过度开放农产品市场的压力

2006年9月5日，时任中国农业部部长的杜青林会见来访的WTO总干事拉米时强调，中国在发展农业过程中依然面临许多挑战。稳步、适度

① 《穷国也许不会接受贸易谈判》，2001年5月15日《华盛顿邮报》（美国）。
② 《第三世界发现"自由"市场关闭着》，1992年4月24日《洛杉矶时报》（美国）。

的开放有利于中国农业稳定发展。短期内过快、过度开放市场是中国农业难以承受的。他认为，过快地开放市场也对中国农业和农村发展带来了负面影响，压低了农产品价格，对中国小规模生存型农业造成了很大的竞争压力，随着时间的推移，这种影响还将进一步显现。

三　加剧了弱势群体的边缘化和收入差距的扩大

"入世"之后，中国还没有改变在全球整个产业链末端的位置，因此，在全球化过程中，丰富的劳动力资源将仍然是中国比较优势最为明显的要素。持续增大的劳动力供给，也将会使中国劳动力持续保持低价格。农业开放对农民增加收入会带来不利影响和调节压力。我国缺乏竞争优势，农产品进口可能会进一步增长，通过对国内产出可能发生的需求替代作用，对我国生产这类农产品的农民收入产生不利影响。这类影响主要集中在土地密集型大宗农产品方面，而这类产品的国内产区集中在中西部地区，因而贸易冲击可能较多地被相对不发达地区所负担，对于区域收入分配差距产生负面影响。另外，我国经济增长与可贸易部门快速提高的生产率，不可避免地派生出人民币实际汇率升值趋势，给包括农业在内的国内可贸易部门的国际竞争力带来调节压力。所以，如果通盘考虑农业扩大开放与农民增收目标的关系，从农业部门角度观察，或者从短期直接贸易平衡角度观察，对农民增收负面影响可能大于积极作用。很多观察人士认为，农民及农民工群体在全球化背景下将处于弱势，更加被边缘化。中国是 13 亿人口的大国，而农民就有 7 亿人，这么庞大数字的人群成为弱势阶层、被边缘化自然导致贫富差距的扩大。在过去 20 多年间，北京师范大学收入分配与贫困研究中心主任李实共进行了 4 次关于基尼指数的大型调查和测算，结果分别为：1988 年是 0.382，1995 年是 0.455，2002 年是 0.454，2007 年是 0.48。根据该中心的估计，2010 年的基尼系数已经达到 0.50 的水平。这表明中国的贫富差距已经与美国处于类似的水平。根据亚洲发展银行对中国数据的分析，不论是农村居民和城市居民，还是内陆及沿海地区，抑或高薪与低薪工作，处处都显示收入最高的人与收入最低的人的差距在不断扩大。不仅如此，上述情况必然导致宏观经济领域城乡差距和地区差距不断加剧。

四　社会保障越显脆弱

不少学者认为，由于社会保障系统的不健全，使得中国收入分配问题凸显出来。2006 年 11 月 16 日，劳动和社会保障部部长田成平表示，当前和今后一个时期，中国社会保障体系除了面临城市化、人口老龄化、就业形式多样化等挑战外，还将面临经济全球化的挑战。"入世"以来，全球化进程不断加快，中国企业面临越来越大的国内外竞争的压力，企业改制和产业结构重组的速度加快，失业问题增加了新的变数，劳动关系中的新情况、新问题层出不穷。

事实上，原本已经脆弱的社会保障体系，随着经济全球化的深入，将面临更大困境。中国在实行最低生活保障制度的 1992 年，得到国家定期定量救济的城镇困难户人数只有 19 万人，占城镇人口的 0.06%，全国城镇社会救济费用（包括临时救济）总共只有 1.2 亿元，仅占当年国内生产总值的 0.05%，不到国家财政收入的 0.03%。而在美国、英国这样一些发达国家中，社会救助经费在社会保障开支中的比例高达 1/3 以上，受助人数占总人口的 1/10 以上，救助经费分别占国内生产总值的 1.6% 和 3.9%。

城市居民最低生活保障制度实施后，大批城市贫民被纳入社会救助范围，但是中国绝大多数贫困人口分布在农村，农村人口并未包含在内。在社会保障体系中，尤以医疗和养老问题为外界所特别关注。医疗费用不断增加，但并没有一个完善的医疗保险系统来承担这些费用，那些无法支付巨额医疗费用的患者经常无法在医院接受治疗。全球化强化了人口和劳动力的流动，对开展国际社会保障合作提出了新的要求，对完善我国的社会保障体系也提出了新的挑战。同时，资本市场的逐步全球化，也需要我们积极应对养老保险基金投资的风险与危机。

面对经济全球化的冲击，中国社会保障制度建设不仅是单纯解决制度变迁过程中所涌现出来的国内层面的社会问题、维系社会稳定的需要，而且是在国际层面建立一种国家保护机制的需要。"入世"以来，是中国全球化进行最剧烈的时期，许多国家的经验表明，如果在全球化不断深入的过程中，政府不推行强有力的社会政策，在经济高速增长的同时，缓解一部分"全球化输家"的经历痛苦，经济增长将不具有可持续性。

第四章　传统农区工业化的制度
驱动力：政府间竞争

目前，我国实行的是中央、省（直辖市、自治区、特别行政区）、地区（地级市、自治州、盟）、县（县级市、自治县、旗、自治旗、市辖区、特区和林区）、乡（民族乡、镇、街道办事处）五级行政区划和管理体制。截至 2003 年底，全国县级以上行政区划共有：22 个省，5 个自治区，4 个直辖市，2 个特别行政区；282 个地级市，51 个地区（州、盟）；374 个县级市，845 个市辖区，1642 个县（自治县、旗、自治旗、特区和林区）；18064 个乡，20226 个镇，5751 个街道办事处。乡（民族乡）、镇、街道办事处之下还设有村委会、居委会（社区居委会）之类的一级城乡自治组织，村委会、居委会之下又设有村民小组、居民小组等。截至 2003 年底，全国设有村委会 66.3 万个，村民小组 519.2 万个；居委会 7.7 万个，比上年下降 9.4%；居民小组 122.2 万个。此外，全国共设市 660 个，其中直辖市 4 个，副省级城市 15 个，地级市 267 个，县级市 374 个。全国共设有乡（镇）级以上自治区域 1513 个，其中特别行政区 2 个，自治区 5 个，自治州 30 个，自治县 117 个，自治旗 3 个，民族乡 1356 个。在理论上，一个地方政府代表一个所管辖的区域，因而也可以被称为辖区。所谓地方政府竞争有时也被称为辖区竞争，即各辖区为了本地的利益最大化而采取相应的公共政策，以争夺有限的经济资源的竞争过程①。如果一个经济区域具备一定的规模，受信息不对称的约束，中央政府很难有效提供最优的

---

① 黄纯纯、周业安：《地方政府竞争理论的起源、发展及其局限》，《中国人民大学学报》2011 年第 3 期。

公共品，因而需要地方政府来提供；不同级次的地方政府间同样存在这样的委托代理关系。根据委托代理理论，在信息不对称的情况下，次级政府由此就获得了一定的私人信息和相应的自由裁量空间，无论是分权政体还是集权政体，每个次级政府都有各自的利益，为了追求辖区利益最大化，相互之间就难免会展开竞争。可以说，次级政府间竞争是存在多级政府的分权体制下一定会出现的现象，竞争在本质上和政体无关。中国农区政府间的竞争正是其工业化冲动的直接动因。现代市场经济国家，无论是联邦制国家，还是单一制国家，都实行财政联邦主义制度，即实行分权的分税制财政体制。而财政分权必然引起政府间的财政竞争，换言之，只要政府是独立的利益主体，政府间的财政竞争就一定存在。所谓"财政竞争"，是指政府间在公共产品的提供、公共产品的资金来源，以及管制市场等其他方面开展的竞争性财政活动。财政竞争不仅发生在不同国家政府之间，也发生在一国内各级政府之间，包括中央与地方政府之间的纵向竞争和地方政府相互之间的横向竞争。到目前为止，人们对国际财政竞争的研究已取得相当大的成果，而对国内财政竞争尤其是地方政府间横向竞争的研究还相对比较薄弱。因此，从理论上探讨地方政府间财政竞争问题将有助于补充和完善已有的相关研究成果，同时结合我国实际梳理和分析地方政府间财政竞争活动也有助于理解传统农区工业化的财政原因，使传统农区工业化建立在财政竞争的基础上健康运行。

第一节　政府间竞争的理论与中国的政府间竞争

一　政府间竞争的早期文献回顾

蒂伯特最早发现了地方政府竞争的这种必然性。蒂伯特提出了著名的"蒂伯特假说"：居民考虑选择辖区居住的一个关键要素是辖区可供选择的税收和服务（支出）结构及水平，在居民可以择区而居的条件下，如果一个辖区试图吸引更多的居民进驻，就必须提供具有吸引力的公共服务，由于居民的偏好不同，辖区之间可以采取差异化的竞争策略，结果均衡的时候，辖区之间存在差异，但辖区内部可能没有差异。在这种理想状况下，居民的"用脚投票"足以给辖区政府带来硬约束[1]，那么各辖区的政府之间就会出现竞争。"蒂伯特假说"及其模型继承了完全竞争市场的假定，创造了一个分析地方政府行为的新古典模型。后续的研究者尝试把产业组织理论的原理和模型应用到政府间关系当中，逐步形成了一套相对完整的"辖区竞争理论"。这一理论是针对地方政府之间而言的，其后的发展大致经历了三个阶段：第一阶段属于早期的政府竞争理论，这些理论主要基于蒂伯特模型的拓展和变形。第二阶段是博弈论和信息经济学理论的运用，少数研究运用了内生增长理论，主要着眼于地方政府的财政竞争（税收或者支出）对资源流动的影响，进而探讨对宏观经济增长和波动的影响；部分研究引入选民的集体选择因素，建立了标尺竞争模型。第三阶段主要是空间计量经济学的运用，研究者开始侧重于检验政府间竞争的存在性、程度以及后果。

　　以居民的自由流动为假设前提的早期政府间竞争理论是否适应居民不能充分流动的集权国家，樊纲等人提出的所谓"兄弟竞争"[2]很好地回答了这个问题。他认为，集权条件下如果存在多级政府，尽管居民不能充分流动但因为各次级政府之间居民偏好、利益不一致，同样也会出现竞争，也就是说，竞争在不同政体下都是存在的，只不过竞争的内容和方式不同而已。按照蒂伯特假说模型，在居民无成本流动的前提下的地方政府竞争能够改进政府效率。这一结论引起了奥茨的反对，奥茨明确指出了竞争可能带来的副作用，例如公共服务达不到最优水平，因为各地的税收竞争会导致税率下降，进而导致政府税收收入下降，并最终导致公共服务供给的融资不足[3]。为了更好地解决蒂伯特和奥茨的分歧，许多研究者开始尝试在地方政府竞争问题中引入博弈论和信息经济学的理论模型，并侧重于讨论某种竞争类型的存在性、程度及其后果。对政府来说，财政收支是其最直接的可采用的策略，所以这些理论拓展大多集中在诸如税收、财政支出等财政竞争上。同时，重视选民投票权在民主制国家地方政府首脑选举中的决定性作用，凸显出标尺竞争的重要性。当然，还有其他视角的政府竞争的类别问题的讨论，比如盖博瑞和维兰考特（Gaboury & Vaillancourt）

---

[1]　Tiebout, Charles M., "A Pure Theory of Local Expenditures", *Journal of Political Economy*, 1956, 64: 416 – 424.

[2]　樊纲等：《公有制宏观经济理论大纲》，上海三联书店，1990。

[3]　Oates, Wallace E., *Fiscal Federalism*, New York: Harcourt Brace Jovanovich, 1972.

把税收竞争划分为显性（税法和管制作为策略）和隐性（实际税负作为策略）两类①；威尔森和威尔德森（Wilson & Wildasin）区分了三种类型的税收竞争；马蒂尔斯（Madies）等人则从财政竞争的外部性来区分不同类型的竞争，即层级政府间的外部性以及选民选择标尺过程中出现的外部性。总的来说，在现有文献中，大多数文献都把财政竞争划分为横向财政竞争、纵向财政竞争及标尺竞争三类。

（一）横向财政竞争（Horizontal Fiscal Competition）

所谓地方政府的横向财政竞争，就是为吸引更多的要素流入本地，以实现本地利益最大化，同级政府之间通过税收、支出等手段来展开竞争。我国省级政府之间的竞争、各城市政府间的竞争以及各县级政府间的竞争等都属于横向竞争。横向竞争的思想直接来自蒂伯特模型，最早的文献来自艾坡和泽勒尼茨（Epple & Zelenitz），在他们看来，由于土地的非流动性，地方政府就会寻求土地租金最大化，使得辖区竞争无法实现公共品的有效供给②。泽德罗和米斯科维齐（Zodrow & Mieszkowski）建立了正式模型来讨论这一问题③，他们的研究证明，在劳动是非流动而资本是流动的前提下，同质辖区间的竞争会围绕资本税展开价格战，从而导致各辖区税收水平太低，并最终导致公共品供给不足。之后的研究把这一模型扩展到多期等情形，研究发现随着参与竞争的辖区不断增加，资本税就会竞赛到底（race to the bottom），辖区公共品供给严重不足的现象就不可避免。正如威尔森和威尔德森所指出的那样，这类标准的财政竞争会导致无效的低税率和公共支出水平。

（二）纵向财政竞争（Vertical Fiscal Competition）

纵向财政竞争是指当上下级政府共享某些税基或者共同承担某些公共

---

① Gaboury, Genevieve and Francois Vaillancourt, "Tax Competition and Tax Mimicking by Subnational Entities: A Summary of the Literature", Working Paper, Economics Department, Universite de Montral, 2003.

② Epple, Dennis and Allan Zelenitz, "The Implications of Competition Among Jurisdictions: Does Tiebout Need Politics?", *The Journal of Political Economy*, 1981, 89 (6): 1197 – 1217.

③ Zodrow G. R. and P. Mieszkowski Pigou, Tiebout, "Property Taxation, and the Underprovision of Local Public Goos", *Journal of Urban Economics*, 1986, 19: 356 – 370.

品供给的时候，相互之间存在的竞争。这种竞争缘于不同层级政府之间行动的纵向外部性，这种纵向外部性通常存在于某一层级政府的税收政策对其他层级政府的预算产生影响之时。弗劳尔斯（Flowers）的研究也表明，当不同层级政府之间共享一个或者多个税基的时候，竞争的策略互动就产生了[1]。当然，纵向竞争及其后果取决于不同的假定条件。如果层级政府之间采用斯塔科尔伯格模型，其中中央政府或者联邦政府作为斯塔科尔伯格领导者行动，那么纵向外部性导致的扭曲会得到改进。纵向竞争还会影响公共品的供给，一些研究认为，当某种公共品需要不同层级的政府联合提供时，那么该公共品可能会供给过度。

（三）标尺竞争（Yardstick Competition）

所谓标尺竞争，又被称为基于信息的横向财政竞争，是指同级政府管辖下的选民会通过相邻辖区之间的公共服务水平等的比较，来做出选举投票决策，选民所在辖区的官员为了赢得竞选，就会考虑将相邻辖区的公共服务作为自己施政的参照。因此，相邻辖区的政府的做法就成为本地政府的标尺。百思利和凯斯（Besley & Case）在一个政治代理模型中最早完善了该思想。他们的观点是，在一个民主制国家，地方政府首脑都是由选民直接选举产生的，但由于在选民和地方政府首脑之间存在信息不对称，所以，选民缺乏相关的信息，很难正确评价政府官员的政策和绩效；而自利的官员就可以利用私人信息来从事机会主义行为，从而获得政治租金。在这种情况下，选民可以通过比较当地政府与其他地方政府的政策和绩效，来推测本地政府的行为。结果，其他地方政府就成为标尺。例如，某个辖区的选民在选举时，会把其他辖区的公共服务水平和税负等作为一个标尺（评价基准）[2]。很显然，标尺竞争有助于改进地方政府的绩效。其后的许多文献都致力于这一竞争模式的研究。标尺竞争实际上是辖区信息溢出效应的体现。后续研究的共同结论是：首先，由于存在标尺竞争，一个地方政府的官员会特别在意其他地区（尤其是周边地区）地方政府的行动，因

---

[1]　Flowers, M. R., "Shared Tax Sources in Leviathan Model of Federalism", *Public Finance Quaterly*, 1988, 16: 67 – 77.

[2]　Besley, T. and A. Case, "Incumbent Behavior: Vote Seeking, Tax Setting and Yardstick Competition", *American Economic Review*, 1995, 85: 25 – 45.

此，如果某个地方政府试图调整其税率或者支出政策，那么必然会受制于其他地方政府的税收或者支出策略，这意味着地方政府之间产生了策略互动。其次，给定每个地方政府的自利动机以及居民和企业的流动性特征，地方政府之间就很难进行合作，这就意味着地方政府竞争最好在一个非合作博弈的理论模型上展开。

二 中国的政府间竞争：动因及其激励机制

（一）中国政府间竞争与主体之间的利益互动

在一个地方政府的辖区内，存在着各种各样的利益主体，政府官员、社会团体、当地企业和一般居民之间各自有自己的利益取向，当其利益一致的时候，一个辖区就可能成为一个利益集团，当其利益不一致的时候，就会发生冲突。

1. 官员晋升与地方政府间竞争

不同于计划经济时期的政治挂帅，改革开放以来，我国对地方政府官员的绩效考核主要是看经济绩效，并且看重的是经济绩效的相对位次，在经济绩效排名中处于优先位次的地方政府，其主要官员更易于获得升迁，一些学者的研究也印证了这一点。在这种绩效考核制度与激励体制下，为了职位的升迁和职业的发展，地方政府的主要官员有很大的动力去实现良好的相对经济绩效，并由此展开了激烈的地区间竞争。

很显然，更高层级的职位是竞争的标的，这种标的是稀缺的，职位的获得也是独占的和不可分割的，一方得到了这个职位，他方完完全全地失去这个职位。职位的不可分割性更加突出了职位的稀缺性，也使以更高层级的职位为标的的竞争更显激烈。更高层级的职位本身是一种诱因，获取更高层级的职位意味着物质待遇、社会地位等的提高，同时，更高层级的职位还可以为被激励者事业成就感的获得与自我价值的实现创造条件。可以说，晋升激励本身是一种综合性的激励，具有强大的激励效应[①]。

中国现有的官员绩效考核标准，导致地方政府的财政竞争行为异化。在中国目前的干部考核机制下，经济增长（尤其是 GDP）的相对绩效评估

---

① 周黎安：《官员晋升锦标赛与竞争冲动》，《人民论坛》2010 年第 15 期。

成为官员考核的主要标准，地方政府的财政竞争行为更多地考虑上级官员的满意程度。地方官员只关注那些能够被考核的指标，而对那些不在考核范围或者不易测度的后果不予重视。地方政府更加注重能够很快在经济增长上获得效果的工作，对其他长期目标则相对忽视，而且很难找到相应的机制来激励地方政府追求长期目标。教育和医疗等基本公共服务的发展，从长期来看是非常重要的目标，但对于经济增长的短期效果并不显著，因此，地方政府普遍对教育和医疗等基本公共服务采取了"甩包袱"或"一拖再拖"策略。

尽管理论界对现行的政绩考核问题有颇多异议，但观察地方官员与上级首脑之间的关系就可以看出问题的端倪。上级委派的党政首脑有权利和义务执行上级的统一政策，地方官员也必须证明自己和上级首脑保持一致，其行为符合上级的要求。然而，上下级之间的信息不对称，上级政府只能选择一个监控费用最小化的指标考察其下属的业绩和努力程度。最简便易行的指标便是经济总量和它的增长率，这就不可避免地出现了大国治理过程中的政绩考核问题，地方政府间竞争就在所难免。

2. 辖区公众"用脚投票"的推动

在经济转型之初，辖区居民的流动性受到各种限制，居民的权利意识还比较薄弱，其利益诉求机制和渠道也尚未形成，因此，辖区居民对地方政府的约束较小。随着中央政府对还权于民的日益倡导和强化，随着公众权利意识的不断增强以及上访、游说、呼吁、示威、诉诸媒体、选举参与、"用脚投票"等表达渠道的多样化，辖区居民给地方政府造成的考核压力越来越大。居民的选票压力迫使地方政府为谋求辖区内居民的各种利益诉求以及令辖区居民满意的公共产品和服务而在政府服务市场上展开竞争，进而证明其自身存在的合法性、权威性和可信赖性。

"用脚投票"的要素退出机制推动地方政府竞争。"用脚投票"是表明民众对于地方政府偏好的表露机制，是要素退出机制的表现形式。民众的"用脚投票"在市场经济不断完善的今天发挥了越来越重要的作用，这给地方政府及其官员带来了越来越大的压力。民众会对本地方政府所提供的公共物品的质量和数量进行衡量，再与其他地方政府进行对比，从而选择公共物品的质量和数量与其偏好相符的地区来居住。如果一个地方可以提供良好的公共服务和服务设施，具有完善的法律法规体系和司法程序、较低的商业运行成本和公平的市场交易秩序，这个地方就明显地具有较强的竞争力。

显然，在各主体的利益互动过程中，一个地方辖区往往会把稳定宏观经济、公平收入分配、粮食安全、环境影响等视作"外部性"问题，而对吸引投资、争取上级政府资助或政策优惠等特别重视。这就是目前我们看到的许多现象的原因，中央要求调控房地产，地方则鼓励本地房地产的价格上涨；中央要求保持耕地数量和粮食安全，地方则更强调工业化和城镇化等。

（二）财政产权、税收剩余和投资冲动

1. 财政产权

改革开放以后，我国逐步向地方政府下放了财政权力，从1980年的"分灶吃饭"到1985年的划分税种、核定收支、分级包干，再到1988年的"大包干"，后来又有1994年的分税制改革，地方政府的财政权力逐步得到了确认与明晰。财政分权改革使地方政府成为相对独立的利益主体，如果说在计划经济时期，由于中央政府控制了主要的资源并对其进行统一调配，各个地方政府还是一个大家庭内的兄弟关系，那么在改革开放以后，经过不断地财政分权，各个地方政府分了家，拥有了自己的产权，这种产权可被称为地方产权。地方产权的获得，使地方政府能够与中央政府分享经济增长的收益，使下级政府能够与上级政府分享经济增长的收益，地方的经济越是增长，地方政府可以分享到的经济收益和财税收入就越多。

因此，地方政府为获取更多的财税收入，有动力去推动经济的增长，为实现经济的增长，又需要千方百计去扩大当地的投资（这也说明包括外资在内的各种资本对于地方政府的重要性），于是便产生了一系列竞争性的行为。

2. 税收剩余

随着非国有经济占国内生产总值比重的迅速提高，出现了财政收入占国内生产总值和中央财政收入占总财政收入两个比重下降的问题。至于为什么会出现"两个比重"下降的问题，这方面的文献已经浩如烟海。归纳起来，主要有这样几个原因：第一，以增值税、消费税、营业税为主的流转税主要是针对国有工业企业，成长性较高的个体私营企业、乡镇企业和三资企业由于种种税收优惠而税负较轻。第二，税收以第二产业为主，而成长性较高的第三产业对财政收入的贡献太小，如房地产、金融保险、电信、餐饮、娱乐业等。第三，当时的"包干制"财政体制加剧了"两个比重"的下降趋势。在"包干制"财政体制下，虽然中央政府有制定规则的权力，但是地方政府有执行规则的权力，为了对付中央政府在比例确定上的随意调整，保护本地区的利益，地方政府往往会采用"藏富于企业"的策略，该收的税不足额收取，或者采用"藏富于地方"的策略，以摊派和集资的形式将这部分本来应该是税收的资金截留在地方，形成普遍的乱集资、乱摊派现象。

为了扭转这一不利于市场化改革持续推进的财政趋势，1994 年，中央政府实行了分税制财政体制改革。分税制改革的核心内容可以概括为"三分一返"，即分支出、分收入、分设税务机构、实行税收返还。其中，税收返还制度的具体做法是：以 1993 年为基期年，按分税后地方净上划中央的收入（消费税加增值税的 75% 减中央下划收入）确定中央对地方的税收返还基数。从 1994 年起，每年递增返还，递增率按各地区上划收入增长率的 1∶0.3 系数确定。如果本地区 1994 年底向中央净上划收入达不到上年税收返还基数，则相应扣减税收返还额。由此，不难理解为什么 1993 年第四季度各地税收会超额增长。分税制财政体制运行几年以来，在提高"两个比重"上成效卓著，这主要是由于明确了地方政府对某些税种的收入权，从而大大调动了地方政府理财的积极性，同时设立了国家税务局，增加了中央政府执行规则的权力。但是，由于中央政府既拥有制定规则的权力，又拥有部分执行规则的权力，使得中央政府经常通过改变游戏规则的形式，使地方政府处于不利的地位。然而，随着各地区非国有经济占本地区国内生产总值比重的日益提高，地方政府的支出责任越来越大，与此同时，我国法律既没有赋予地方政府税收立法权，又严禁地方政府发行地方债券的情况下，地方政府要么乱集资、乱摊派、乱收费，要么增加诸如土地出让金在内的预算外收入，当然最可靠的办法是争取更多的税收剩余，这便构成地方政府间的税收竞争。如果地方级政府开征的税种税目过多，税率过高，那么必将增加辖区内企业的生产成本，使得本辖区的产品在辖区内外的市场份额降低；与此同时，在利润的驱动下，通过"用脚投票"，辖区外投资不会进来，本辖区企业还可能退出，双重作用的后果便是伤及税本、侵蚀税基，阻碍财政收入的增长。同样地方政府会不会征税过少，不可能让税率过低呢？虽然税负低有利于降低本区产品的供给价格，提高本区产品的市场竞争力，增加市场份额，但是价格弹性总是有限的，增加的市场份额也是有限的，其结果是，如果税负过低，那么即使本区经济很活跃，政府收入可能还是少的。

3. 投资冲动

在地方政府竞争理论看来，地方政府间为增长而展开的竞争是解释我国投资冲动和宏观经济波动的主要内在机制：其一，由于中国所面临的国际和国内压力，中央政府和地方政府具有追求经济增长的强烈意愿，经济增长是政府政绩和执政能力的最重要体现形式之一。为此，我国进行了经济分权改革。同时，在政治上，对地方官员采取一种基于 GDP 增长的考核模式，通过政治锦标赛来激励和控制地方官员的行为。在财政分权体制下，地方政府获取了可信的财政收入承诺，因此，地方政府会想方设法增加投资项目，通过投资来拉动经济增长。同时，由于地方政府拥有管理当地经济和社会事务的自由裁量权，它可以利用手中掌握的大量经济和行政资源，通过一系列方法来间接影响和引导其他经济主体的投资行为，实现其投资意愿。在我国的政治锦标赛下，GDP 增长状况是考核地方官员政绩的关键指标，通过追求经济增长速度以获得政治晋升是地方官员目标函数的重要组成部分。当地方政府官员之间展开关于晋升的博弈后，最优投资意愿会进一步提高，高于只考虑投资对地方政府直接收益时的水平。并且，相对晋升锦标赛会带来一种激励扭曲，使得地区间缺乏合作的动力。如果一项投资具有增加自身晋升概率并降低他人晋升概率的作用，即便这项投资本身效益很低甚至为负，地方官员仍然有做此项投资的激励而政治晋升的收益越高投资对提高获得晋升概率的边际贡献越大，地方政府投资增长的幅度就越大，与中央政府意愿投资总量的偏差也就越大。于是，在财政压力和晋升激励之下，地方政府投资冲动由此而生。其二，为实现快速的经济增长，在投资、消费、净出口三大因素中，地方政府最容易影响的变量是投资。尤其是在有限的任期内，追求多投资是短期内促进经济增长最直接和有效的手段。其三，一般来说，地方政府与中央政府的目标函数并不完全一致，地方官员以追求地区经济利益和自身的政治利益为最大化，而中央政府以追求全社会的利益为最大化。如果地方政府与中央政府的目标函数不一致，地方政府可以将经济增长中的部分成本外部化，那么地方政府最优投资总量就会高于中央政府的意愿投资总量，两者之差取决于地方政府可以外部化的增长成本的大小。存在外部性的情况下，地方政府的投资行为会导致社会福利的损失，这包括经济过热、通货膨胀压力增大。经济系统稳定性下降、生态破坏和自然资源过度消耗等由此而生，其结果是社会投资增长总量超出中央政府意愿的投资增长，导致宏观经济过热。为抑制宏观经济过热，中央政府就会进行宏观调控来保持经济平稳增长。对于处在转型期的经济来说，中央政府调控可以从两方面进行：一是运用市场化方法，通过紧缩性的货币政策来压缩地方政府和企业所能获得的信贷资金。二是行政手段，一方面暂时上收地方政府的部分权利；另一方面则将地方政府完成中央调控指令情况作为政绩考核指标。在中央政府的紧缩指令和考核下，地方政府所能获取的信贷资金、项目获批可能性、资源可得性都会大为减少，而且其投资冲动会受到来自中央政府考核的约束。这样一来，投资就会出现较大幅度的下降，从而导致宏观经济步入一个下行轨道。等到中央政府不再采取紧缩性政策和其他抑制投资的措施时，地方政府又会产生投资冲动，导致宏观经济再度过热。

三　中国特色的地方政府间竞争的主要特征

有不少相关文献对中国地方政府竞争特点进行了论述，它们大多从财政关系、权力关系、公共行政关系等方面入手，并结合我国社会转型结构的特点，认为财政分权是中国地方政府竞争现象出现的最重要动因；地方政府竞争的主要机制表现为"用脚投票"机制；与中央政府进行讨价还价的博弈过程成为地方政府竞争的主要内容；地方政府竞争产生了一些不良后果，如地方保护主义严重、重复建设严重、土地审批与税收竞争等领域的无序。这在一定程度上反映了中国地方政府竞争的某些特点，但并不全面，缺乏动态的观点。

（一）中央政府管制下的地方政府间有限竞争

这是中国地方政府竞争最为重要的特征。中国地方政府竞争在中国现有的政治体制和经济社会环境下进行，表现出一些有别于其他国家的制度环境特征。中国地方政府竞争最为重要的制度特征，就是地方政府竞争是在一个单一制的主权国家框架内推行分权的结果。由于中央政府对地方的财政预决算、地方经济与社会发展规划、资源的配置等具有重大影响或决定的权力，中央政府的优惠政策和特殊待遇为地方经济的发展创造了重要条件。中央政府的天平倾向，对该地方政府的竞争优势具有绝对性的决定力量。因而，与中央政府的讨价还价、谋取中央政府提供的优惠政策和特殊待遇，成为地方政府竞争的重要内容。竞争关系是当代中国地方府际关系的重要内容，而实质上，地方政府间关系是中央政府和地方政府间府际关系的延伸，对地方政府间关系的分析往往以中央同地方政府之间的纵向关系为主要参照物。这是由于地方政府间的关系与国家的整体与部分、中央政权机关与地方政权机关间的组成关系密切。换句话说，地方政府间关系的形成和发展是以一定的国家结构形式为基础的，"国家结构形式所代表的纵向的国内政府间关系的中轴，直接决定国内政府间纵横关系的格局和运作形式"。因此，地方政府间竞争的状况，直接受制于中央与地方政府间的关系，受制于单一制的国家结构形式。

中央政策主导是中国长期以来的体制传统。自 1949 年新中国成立及以后多次的改革，特别在改革开放以后，地方政府有了越来越大的自主权。由于行政区域的独立性，中央政府在对各地方政府进行绩效评估的过程中，省、市、县各级地方政府之间出现了财政竞争和"赶超经济"行为。这种竞争的首要前提是地方政府拥有分权体制下的财政支配权。而在自由支配权限日益增大的情况下，各级地方政府为了吸引更多的经济资源、资本投资流入本辖区，竞相提供优质的地方公共产品和更好的财税优惠政策，这就产生了财政支出竞争与税收竞争。我国的地方财政竞争是非常厉害的，而且竞争的形式随着经济发展的阶段不同和经济、政治体制的变化而变化。

（二）竞争手段与途径选择的自主空间较大

由于地方政府的竞争政策自主选择空间较大，竞争条件下的地方政府具有机会主义行为的较大可能性。当前，分权体制下的地方政府拥有诸多权力，其竞争手段与途径选择的自主空间较大。原因有三：首先，中国的地方政府在正式的财政制度之外，存在大量非正式的财政关系。对于大量存在的预算外收入，地方政府具有事实上的决定权和支配权。其次，地方政府有一定的政策制定权，能根据实际情况制定富有弹性和切合自身需要的税收政策、引资政策。最后，在全球治理运动与思潮的推动下，地方治理进一步推进服务型政府、效率型政府、廉洁型政府等政府工程的改革与建设，采取各种措施来培育和提升政府管理的竞争力。由于地方政府有着较大的政策决策权，采取积极竞争行为和消极竞争行为均有可能。地方政府是经济理性和公共理性的统一体，为使自己利益最大化，会与其他地方政府展开竞争，在追求经济利益的同时，亦受到公共理性的制约。当制度健全时，政府更多地表现为"公共善"；当制度缺乏时，政府就可能变为追求私利的"怪兽"。这就是地方政府竞争行为的行为逻辑，具有机会主义行为的较大可能性。制度经济学理论说明，"机会主义"（opportunism）原用来描述"经济人"具有机会主义倾向，即人在实现自我利益的考虑和追求时，具有随机应变、投机取巧、为自己谋取更大利益的行为倾向。地方政府间竞争中，地方政府为了追求自身利益，在转轨时期各项制度不完善的前提下，极有可能采取机会主义行为的做法，如基础设施的重复建设、优惠政策的过度供给等行为。

（三）体制内竞争与体制外竞争相结合，有序竞争与无序竞争并存

地方政府竞争的手段，有体制内竞争和体制外竞争两种。其中，体制内竞争，是通过合法、正规的渠道来进行的，包括改善投资环境的竞争、政府管理的竞争以及法律制度的竞争；体制外竞争，是通过非正规的、非正式组织的甚至违反法律及行政法规的渠道来进行的，包括通过政治寻租获得的政治倾斜、政治保护。但体制内竞争与体制外竞争的划分不是绝对的。以税收竞争为例，地方政府优惠的税收政策可能以体制内的途径进行，如地方政府出台有关税收方面的地方性法规与政策，但这只是合法外表下的非法行为，因为它违反了行政规章，或者是通过政治寻租获取的。就地方政府竞争秩序而言，分为有序竞争和无序竞争。判断竞争是有序或无序，其依据有三个：机制是否有利于促进竞争；手段是否合法和合乎行政伦理；结果是否有利于生产力发展。因此，所谓有序竞争，即在地方政府竞争中促进生产力发展，并给竞争秩序带来正面影响的一系列竞争行

为；所谓无序竞争，即在地方政府竞争中抑制生产力发展，并给竞争秩序带来负面影响的一系列竞争行为。

（四）各种资源争夺激烈，地方保护与市场割据现象严重

劳动力、资本、技术、土地等生产要素，成为当前地方政府竞争的焦点，是推动经济增长、获得竞争优势的重要因素。王小鲁和樊纲的研究表明，影响中国经济增长最主要的因素是资本；周业安等人通过实证分析得出，资本是影响各地区经济增长的重要因素之一。地方政府一方面竭力争夺和吸引外来资源；另一方面努力留住本地区的各类资源避免其流失。为此，地方保护和市场割据现象严重，各种要素的流动性受到很大的限制。

（五）竞争重点逐渐由资源竞争转向制度竞争，由无序竞争转向有序竞争

所谓资源竞争，是指地方政府为了获取竞争优势，以争夺各种有形或无形资源为手段的竞争方式，它包括要素竞争和产品竞争两种形式。所谓制度竞争，是指地方政府间所选择规则或规则体系之间的竞争。由于不同的制度成本水平造成不同的赢利可能性，因此当可移动要素在投资选址重新定位时，不可避免地在各种制度系统间进行选择。这样，制度选择就变成了一种竞争的挑选。在地方政府竞争中，制度系统对发展地方经济的成本水平影响极大，成为经济交易中的关键要素，是区位竞争力的重要组成部分。

当代中国处于经济与社会的转轨时期，地方政府竞争亦表现出许多非制度化、不稳定的过渡性特征。例如，20 世纪 80 ~ 90 年代，争夺优惠政策曾一度成为地方政府竞争的重要战略。但随着全方位、多层次、宽领域的对外开放格局的形成，优惠政策的生存空间逐渐狭小；随着中国产业结构的调整和生产效率的提高，生产要素所起的作用减弱，今后的经济发展更多程度依靠的是各种制度竞争以及体制创新。若持续这种重资源争夺、轻制度建设的政府竞争模式，最终将走上低水平发展的道路。因此，随着地方政府竞争的不断发展，地方政府竞争必然会由初级阶段的资源竞争走向高级阶段的制度竞争，由无序竞争转向有序竞争。

第二节　中国政府间竞争的核心：财政竞争

一　新中国成立以来中央与地方政府的财政竞争

（一）改革开放之前中央与地方的关系

1949 年新中国成立后在一定程度上继承了两千多年来的中央集权体制并融入一些苏联体制因素，建立了单一的中央集权的计划经济体制。在计划经济体制下，一切权力属于中央，地方的权力需要中央政府授权，地方服从中央的指令，并接受中央的监督。中央直接任命、调换和升迁地方官员来操控地方政治，并通过财政权控制地方经济。由于中央集权体制弊端逐渐暴露，国家开始不断调整中央与地方的关系。1958 年开始，中央进行了第一次权力下放，将大量的企业管理权、计划管理权、基本建设项目审批权、劳动管理权、财税权下放到地方。但是，在"大跃进"和"赶超英美"的背景下，由于权力下放过快过大，导致中央财力大大受损，也破坏了中央必要的统一性。于是中央不得不重新集权，收回了下放到地方的权力。

中央的第二次分权始于 1970 年，当时出于两个目的：实现出于军事考虑的地方自给自足和实现第四个五年计划的高增长目标。这次权力下放，追求地方经济自成体系，调动了地方的积极性，但是由于缺乏有效的中央调控，又造成了地区分割、重复建设、管理混乱，于是权力再一次集中。

从新中国成立到改革开放的 30 年间，在中央集权计划经济体制下，地方政府之间也存在激烈的竞争，比如"大跃进"时期的虚报粮食产量；各地纷纷学大寨，争当南泥湾等。但这一时期的政治取向是以阶级斗争为纲，经济发展并不是国家的中心任务。在地方政府的独立经济利益尚未被合法化之前，地方政府即使对某种稀缺资源有需求，也只能通过隐蔽的、非正常的甚至非法的渠道来表达。但是，这种竞争主要是争夺中央资源分配的竞争，竞争结果全凭中央政府的裁决，地方政府在经济发展中仅仅扮演执行中央政府指令的工具角色，并没有调动生产积极性的有效的激励因素。

（二）改革开放后的中央与地方关系

1978 年改革开放以后，分权伴随着经济市场化而展开，中央给予地方更多的自主权。如从 1980 年到 1984 年实行的"划分收支，分级包干"的"分灶吃饭"的财政收入分成体制，1985 年的利改税改革，1987 年的"财政大包干"。1980 年建立了四个经济特区，1983 年启动了金融系统的分权改革。由于缺乏规范性的放权让利，衍生出地方政府非理性的追求自身利益，导致地方政府发展经济的冲动和盲目，也削弱了中央的宏观调控能力。1994 年开始围绕建立"社会主义市场经济体制"在各个领域实行全面改革，产生了分税制和加强中央银行作用，在合理划分中央与地方事权的基础上，明确划分税种，在一定程度上从制度上理顺了中央和地方的财权关系，适度收紧了中央权力，增强了中央的宏观调控能力。这一传统的"死－乱"循环模式因没有随着"一放就活"格局的重新出现而被中断。

改革开放以来的中央与地方关系使中国的经济体制从以往的"条条"为主转变为"块块"为主。地方政府之间的竞争逐渐从改革之前的争夺中央资源的"奔向顶层的竞争"转向了发展本地经济的"扑向底层的竞争"。

（三）改革前后的分权及地方政府竞争

央地关系的变迁主要就是财权和事权的分配，以及这些权力的分配能否在制度上固化。在改革开放之前，中国的放权程度甚至比改革开放之后还大些，地方政府竞争更为激励。因为改革前各地方政府均是中央政府的行政代理工具，具有明显的同质性，同质性个体必然表现出比异质性个体更加激烈的竞争。改革开放之后逐渐形成了"地方政府统御地区经济发展"的格局，地区差异化较大，其竞争激励程度反而会降低。但是，改革前后地方政府竞争的问题不是存不存在和激不激烈的问题，而是"为了什么而竞争"的问题。只有始于改革开放的与市场化和对外开放紧密结合在一起的分权才真正激励地方政府为了经济发展而展开竞争，就像张军和周黎安所描述的"为了增长而竞争"。在中央高度集权的单一制下，地方政府是纯粹的行政代理人，他们之间的竞争是争夺有限稀缺资源的"分蛋糕"式的向上的分配性竞争，而不是"做大蛋糕"式的向下的生产性竞争。最终结果就是总量一定的中央资源分配到了某个地方，而社会资源总量和国家总财富没有明显变化。

改革之后的分权能够实现"增长奇迹"的原因在于其与改革之前的分权在形式和内容上的区别所引致的激励差异：第一，改革前地方政府的竞争压力主要来自中央的政治压力，而非来自本身所辖的社会经济活动的压力。改革后地方政府获得了改革自主权和资源配置权，成为地区经济的统御者，于是才有了发展辖区经济的意愿和竞争动力。第二，改革前的分权没有涉及政企关系，因为企业都是政府附属物。改革之后开始注重对企业放权，激励了企业追求利润最大化的动机，而且也激励了地方政府对下放企业的扶持。第三，改革之后的分权赋予地方政府发展经济的自主权和财政收入分享权，使得地方投入的资源能够有效地增值从而促进社会总福利增长，能够克服中央政府对改革的政治约束，成为改革开放的动力。第四，市场化取向的分权化改革允许地方政府进行经济试点，创造了高度灵活、适应性很强的制度基础，促进改革的制度创新。第五，改革之前，中央政府地方政府的目标和行动是一元的，政治为纲。改革之后，在"经济建设"为中心的新体制下，以 GDP 为最主要指标的政绩考核体系决定了地方官员的政治利益和经济利益均直接取决于当地的经济发展。第六，改革之后的对外开放导致国际资源大量流入，大大增加了地方政府可以争夺的内容，地方政府竞争也只有在对外开放条件下才显示出了对经济增长的巨大作用。

通过以上分析，是否可以得出结论：分权改革导致中国的经济增长奇迹？其实不然，分权改革是中国高速经济增长的必要条件，而非充分条件。分权化的大国治理结构并非中国独有，西方联邦制国家的分权化程度更高，甚至跟中国同样处于转型时期的俄罗斯的分权化程度也比中国高，但是这些国家都没有出现像中国这样的高速经济增长。为什么中国的分权化治理就能实现高速经济增长呢？答案在于分权治理的另一面——集权治理。与联邦制国家不同的是，中国的特征是经济分权和政治集权。政治集权保证了中央政府对地方政府的控制和监督，能够通过等级制将中央政府的目标和决策逐级发包给地方政府，交由地方政府来完成和实现。正是因为中央政府手中掌握有政治市场的稀缺资源——政治分配权和控制权，地方政府才为了争夺之而互相展开激烈的竞争，竞争的标尺就是经济绩效。当各级地方政府都为了经济增长而努力时，全国的经济自然而然地获得了高速的增长，可以说，这是地方政府竞争的一种客观结果。联邦制国家的地方政府也存在竞争，但是它们不会像中国的地方政府这样在中央政府的"增长共识"之下为着一个共同目标而竞争，这也恰恰体现了我国集权体制能够"集中力量办大事"的优越性，这种优越性在较短的变革时期体现得尤为明显。而不恰当的政治和经济分权往往会削弱中央政府的权威，不仅不能激励地方政府发展经济和约束地方政府的"掠夺之手"，而且还助长了地方私利的膨胀和地方保护主义。

二 地方政府间财政竞争的主要形式及其诱因

（一）中国地方政府财政竞争的主要形式

从理论上说，地方政府间财政竞争不仅包括不同级别政府间的纵向财政竞争，还包括同一级别政府之间的横向财政竞争。地方政府间的纵向财政竞争是与分税制财政体制相互关联的。在没有实行分税制改革之前，社会资源主要是由中央政府通过计划来配置，地方政府的自主权很少。地方政府间的纵向就表现为争夺中央资源，如争取中央政府在本地区的投资，争取中央的补助。分税制改革之后，地方政府间纵向税收竞争开始显现。分税制改革明确划分了中央和省级政府之间的财政权限，但没有明确划分省级以下政府间的税权。于是，为了增加财力，省级政府尽可能多地将可以带来较多收入的税种划归省级政府，地市级政府则效法省级政府。这样一来，到了县一级，就没有多少税种可以从乡镇一级集中。税种在不同级别地方政府之间的这种划分方法，决定了较低级别的政府在竞争中只能扮演弱者的角色。中国地方政府间的横向竞争包括三种形式。

1. 减免税优惠

改革初期，国家采取的是区域性税收倾斜政策，允许沿海各经济特区和经济开发区实行"免二减三"的企业所得税优惠措施来吸引外商投资。极其优惠的税收措施帮助沿海各经济特区和经济开发区以及整个东部地区吸引了不少外来资本，使得这些地区的发展步入"快车道"，经济增长速度明显快于国内其他地区。经济增长速度上的巨大差异，驱使没有享受这一待遇的中西部地区也开始去大力寻求税收优惠来吸引外商投资和国内资本的流入，从而被动地展开了税收优惠竞争。尽管最初一些地方政府是被动地卷入税收优惠竞争的，然而随着财政分权改革的推进，税收优惠竞争却逐步成为各级地方政府的一种主动行为。到 20 世纪 90 年代中期，全国各地都已经形成了多层次、形式多样的税收优惠竞争体系，这就使得区域之间的税收优惠竞争变得异常激烈。1994 年改革之后，由于中央在税权统一上采取了种种措施，该形式的财政竞争已不再是主要问题。

2. 税负输出与财政返还

税负输出是一种以辖区为本位的税负转嫁，即将本应由本地区居民承担的税收负担转嫁给其他地区居民承担。从本质上说，税负输出是一个地区的政府对其他地区所实施的一种间接征税。如果能够成功地实现税负输出，那么进行税负输出辖区居民的"财政剩余"将会得以提高，进而提升本地区的公共利益水平。其实，为了尽可能地扩大本地区居民的财政剩余，并以此来提高本地区的公共利益水平，各级地方政府都有将税收负担转嫁给其他地区承担的倾向，一旦条件许可便争先恐后地进行税负输出。这样税负输出也就成了一种较为特殊的政府间财政竞争形式，我国现行财政体制把大量从流动性税基中产生的税收及其征管权划给地方政府，这就为以税负输出的形式进行政府间财政竞争提供了可能性。当前，我国的营业税、证券交易印花税、企业所得税和资源税等税种不同程度地存在着税负输出。地方政府的财政返还，事实上减少了财政收入，与税收竞争无异。1994 年以来，地方乱减免税受到中央政府的有力遏制后，地方政府将在分税制财政体制中分得的财政收入通过财政返还的形式返还给投资者。这种形式在很大程度上，已取代了第一种形式，虽然第一种形式还在一定空间存在。

3. 支出竞争

支出竞争也是横向政府间财政竞争的一种形式，地方通过综合配套措施，增加特定方向的公共支出和减少应该收取的费用。各地将一般财政收入用于特定投资项目和特定对象，进行基础设施改善，它具体通过提高财政支出的效率，以提供更多、更好的公共产品和公共服务来吸引流动性要素的流入。从长期看，支出竞争的有效性要高于税收优惠竞争，因为支出竞争更加注重改变本地区内社会生产生活的一般外部条件来提高对流动性要素的吸引力，而不是简单地给予直接的税收优惠。因此，与税收优惠竞争相比，支出竞争是一种更高层次上的政府竞争形式。但改革开放以后，我国地方政府之间的支出竞争还不多见，只是在近几年各地区纷纷掀起的基础设施建设高潮中，支出竞争才略有端倪。

（二）中国地方政府间财政竞争特征产生的原因

与市场经济国家相比较，作为从计划经济向市场经济转轨的中国，之所以出现了多种形式的国内财政竞争，其原因大致包括以下五个方面。

1. 中国现有的官员绩效考核标准导致地方政府的财政竞争行为异化

在西方国家，地方政府官员政绩的好坏主要由选民进行评价，因此选民的满意程度成为财政竞争行为所要考虑的首要因素。而在中国目前的干部考核机制下，经济增长（尤其是 GDP）的相对绩效评估成为官员考核的主要标准，地方政府的财政竞争行为更多地考虑上级官员的满意程度。地方官员只关注那些能够被考核的指标，而对那些不在考核范围或者不易测度的后果不予重视。地方政府更加注重能够很快在经济增长上获得效果的工作，而对其他长期目标则相对忽视，而且很难找到相应的机制来激励地方政府追求长期目标。教育和医疗等基本公共服务的发展，从长期来看是非常重要的目标，但对于经济增长的短期效果并不显著，因此，地方政府普遍对教育和医疗等基本公共服务采取了"甩包袱"或"一拖再拖"策略。

2. 地方政府没有税收立法权

地方缺少税收立法权，就必然采取与常规做法不同的财政竞争措施。第一阶段出现的减免税常常是越权减免税。随着经济体制改革的推进，以及中央政府对统一税权的强调，地方政府只好采取其他财政竞争形式。

3. 税收收入和支出相对应的观念尚未完全树立起来，税收收入和公共支出在很大范围内还是相互独立的

征税服从的是完成税收任务的目标。毫无疑问，做好征税工作，完成税收任务是非常重要的，但它只能是政府征税的一个最基本的目标。政府更应该注重的是考虑征税与提供公共服务的对称性关系，只有这样才能提高政府征税活动的经济效率，各地区之间的税收竞争才有可能是良性的。市场经济国家一般强调对流动性资本应该课征受益型税收，即资本要为所享受到的相应公共服务承担税收。

4. 规范化的政府间财政关系尚未确立

各税种如何在不同级别政府间进行划分尚未进入规范化状态，现在某个税种提供高收入可能会导致未来这个税种归属的变化。个人所得税就是这样的税种。由于个人所得税是具有收入再分配性质的税种，从理论上应该归属具有收入分配功能的中央政府，但1994年因当时该税种的零星分散且难以征收而划归地方，但这几年个人所得税增速很快，有的地方就出台了个人购买住房可以抵免个人所得税的措施，引得众多地方效仿。这可以减少该税种所提供的财政收入，在未来新一轮税种划分过程中增加筹码。在一定程度上，这样的做法也可能给未来的纵向财政竞争带来负面影响。

5. 财政支出决策的监督体系还不够完善

财政竞争决策是一种重要的公共决策，是一个公共选择过程，行政机构和立法机构对此有着不同的影响力。财政竞争行为，理应通过立法机构批准，受到立法机构的监督。但从现实来看，政府的财政支出决策往往并不是民意投票的结果，而是来自行政长官的意志，支出决策的执行结果也并没有受到监督体系的制约，从而导致制度外的地方政府间财政竞争。

三　地方政府间财政竞争的经济效应分析

地方政府间的纵向财政竞争格局显然最不利于较低级别的政府，从而无法保证不同级别的地方政府间的激励和相容机制的形成，不利于较低级别政府培植税源，促进经济效率的提高。同时，对于不具有资源环境优势的地方城市而言，在与其他城市的财政竞争中显然不具优势，导致地区之间的发展差距扩大。

从中央政府的角度来看，如果境外资本总是要来的，或者说境内资本总是会留在本地，那么，无论哪个地方政府获得投资，结果都是一样的。现在由于一地实行特别的税收优惠，导致外资落脚该地或境内资本的流动，从而减少了全国的财政收入，那么，从中央政府的角度看，这是不可取的。从地方的角度看，如果地方政府缺少相应的税收优惠权（税收竞争权利），那么，地方政府就可能缺少引进外资或者境内其他地方资本的积极性，激励不足可能导致流入本国境内的外资数量的相应减少，导致境内资本缺少流动性。因此，针对吸引资本的最优财政竞争是如何在保证地方政府间具有充分激励的约束之下，最大限度避免财政收入减少。

各地间的财政竞争充分发挥了地方在引资上的积极性，增加了地方政府在公共方面的支出；完善了地方政府的公共基础设施建设，医疗卫生、文化教育水平也得到一定程度的提高；促进了当地的就业和经济的发展。毋庸讳言的是，各地间的无序也带来了问题，在一定程度上抵消了财政竞争的正面效应。很明显，财政竞争减少了包括财政收入在内的政府可支配收入，从而可能妨碍政府公共服务的提供，这是财政竞争的必然代价。更重要的是，无序的竞争严重扭曲了资源的合理配置。征税本身就会给资源配置带来扭曲，进一步的税收竞争相应地会引致双重扭曲，带来更多的效率损失。恶性的竞争致使各地方政府之间各自为政，阻碍了资本、技术、劳动力等要素的合理高速流动，导致经济发展的后劲不足。同时，单纯以GDP为主的考核机制，促使地方政府片面追求GDP的数量而忽视质量，由此引发的重复建设、资源浪费、生态环境破坏、人文建设缺位等都不利于经济的结构转型，不符合可持续发展的要求。

四 促进传统农区工业化的地方政府间良性财政竞争的政策建议

地方政府在经济发展过程中起着落实中央政策、保证民生的重要作用，地方政府职能的发挥直接关系到百姓的切身利益，关系到改革的人心向背和改革的成效。努力疏导和规范地方政府间的财政竞争行为、调整利益分配格局、保障地方政府的财政额度、缩小各地方政府之间财政差距，关系到传统农区工业化的成败。

（一）合理划分中央与地方之间的税权

给地方一定的税收立法权，可以更好地发挥地方的积极性以及当地人们的监督作用，促进财政效率的提高。地方税收立法权必须在统一的税收基本法约束下行使。这可以减少地方在没有税收立法权下所进行的无休止的其他形式的财政竞争。通过赋予地方一定的税收立法权，从而让财政竞争回归到最初的意义上的财政竞争，便于各级政府在财政竞争中地位的确定，从而解决未来税权分立过程中出现的不利于地方政府的纵向财政竞争问题。地方间的恶性税收竞争可以通过税收基本法得到协调。

（二）建立有效的地方官员绩效考核制度

当前中国在很大程度上实行的是以当地国内生产总值（GDP）来考核地方政府绩效的制度。合理的考核指标不应该只是经济增长速度，而是应该选择更具有综合意义的指标，如以绿色国内生产总值（绿色 GDP）代替传统意义上的 GDP。另外，还可考虑建立主要由地方人们对当地官员的绩效进行考核的制度。地方官员要当地人民满意，就不能做出可能影响当地经济和社会发展长远利益的财政竞争行为。

（三）提高财政竞争决策过程的透明度

经过改革，中国财政竞争决策过程的透明度不断增加，但与有效监督的要求相比，还有一定的差距。财政竞争决策应该尽量公开，充分发挥人民代表大会的监督职能，减少暗箱操作带来的失误。财政决策过程民主程度的提高需要进一步完善部门预算的编制和执行制度，细化预算，严格预算管理和监督。同时，推行公共部门的健全化改革，将政府的财政部门、税务部门、土地部门等与政府收支有关的部门的收支行为进行统筹考虑，在公共经济的框架下讨论问题，以利于监督。

（四）建立政府间的利益协调和补偿机制

财政分权改革改变了中央政府和地方政府间的权力对比，也影响了各级地方政府间的利益分配。构建不同地区政府间的利益协调机制和利益补偿机制，在一定程度上解决地方政府的收支缺口，有利于减少和消除政府间的不良竞争，加强不同地区政府间的沟通，强化地区间的合作，共同维护市场秩序，包括中央对地方的各种财力补助、东部对中西部地区的横向转移支付制度、向地方政府提供具有外部性公共产品的补偿机制。

第三节　政府间竞争条件下的农区工业化

一　政府竞争必然导致农区政府的工业化冲动

（一）传统农区需要经济发展

改革开放以来，中国经济发展呈现显著的区域不平衡，内地滞后于沿海，农村滞后于城市。传统农区经济社会发展不仅远远滞后于东南沿海发达地区，也远远滞后于本地的大中城市。区位条件与市场经济的"马太效应"在一定程度上抑制资本向传统农区流动，初始资源禀赋条件又决定其自身资本积累缓慢，所以，传统农区摆脱所谓的"贫困的低水平均衡陷阱"、走上经济发展的"康庄大道"，面临的问题和困难要比其他区域艰巨得多。

但是，如果一个国家的人口和劳动力的绝大部分仍必须主要依赖不富裕的土地为生，那么很难说这个国家进入了现代社会。传统农区所覆盖的面积之广、人口之多是可以想象的。所以，不管困难有多大，传统农区的经济社会发展都是建设全面小康社会不可缺少的环节，也是中国经济发展必须完成的任务。总之一句话，传统农区需要而且必须发展。

（二）传统农区发展不能仅仅依靠农业

传统农区如何发展？一种看法认为传统农区应该以农业为主，传统农区的经济发展就是用工业的理念与技术来武装农业，实现农业产业化与现代化，所以认为不应该提"传统农区工业化"，或者传统农区至少在农业产业化完成之后才能考虑"工业化"。笔者不同意这种看法。进入工业社会以后，农业在国民经济总量中的比重不断下降是一个不可逆转的趋势。这是因为：（1）在生产要素的供给方面，农业部门使用的土地是非再生性资源，可供耕种的土地总量是有限的，土地供给不可能随着农业生产规模的增大而持续增加。（2）在产品需求方面，农产品的需求弹性小，随着收入的增加，农产品需求在总收入中的份额不断下降。所以，无论从生产要素的供给，还是从市场需求来看，农业总体规模存在一个相对的极限，在国民经济总量中的比重呈现不断下降的趋势。现代经济增长主要表现为工业和第三产业的发展，单纯依靠农业的经济体，其经济社会逐渐强盛是极其困难的。尤其是中国这样一个人口众多、人均耕地偏少的国家，单纯依靠农业发展让老百姓过上富足的生活极难实现。在不考虑农民劳动力投入成本的情况下，目前每亩耕地年收益为 500～700 元，按人均耕地为 1.2 亩计算，农民来自耕地的人均年收入为 600～840 元，而美国农民的人均收入是 3416 美元，是我国农民的 16 倍。但是，即使在中国农民人均收入与发达国家差距如此之大的情况下，通过对能够客观衡量各国农业发展水平的土地生产率进行比较可以发现，中国农业与发达国家的差距也并没有我们想象中那么大。2006 年，农业高度产业化与现代化的美国土地单产是 3.42 亿美元/百万公顷，而中国是 2.76 亿美元/百万公顷，美国只比我们高 24%。达到美国的农业发展程度，我们的农业收入也只能提高 24%，而 24% 与 16 倍显然不是一个数量级。所以说，中国农业发展水平并不是很低，只是由于从事农业的人口众多导致农民的平均收入极低。在不能大量减少农业人口的情况下，无论农业达到怎样的产业化与现代化，都无法使传统农区摆脱经济发展滞后的困境。

（三）传统农区的发展离不开工业化

与农业不同，一方面，工业品的需求弹性较大，随着收入的增加，人们对工业消费品的需求不断增加；另一方面，工业生产使用的厂房、设备等是可再生资源，不存在总量供给方面的瓶颈。随着资本积累的不断深入，工业总体规模可以持续扩张，并不断增加就业机会。根据刘易斯的二元经济模型，发展中国家的工业化就是农村劳动力随着工业扩张向非农产业转移的过程：现代工业部门的资本积累引起了工业部门的扩张，工业部门的扩张产生劳动力需求，吸引农业部门剩余劳动力向工业部门转移，由农业向工业部门转移的这部分劳动力由于生产生活方式的转变而产生对工业增长的需求，进而带动工业部门进一步扩张，这一扩张又产生对农业部门剩余劳动力的需求，从而进入一个工业扩张与农业剩余劳动力转移的良性循环，一直持续到所有农业剩余劳动被吸收到工业部门为止。当农业部门不再存在剩余劳动力、农业部门的劳动生产率将与工业部门的劳动生产率趋同时，工业化完成，农业现代化也完成，整个经济就转变为稳定增长的发达经济。只有不断推进工业化，才能创造更多的财富与就业机会，才能使更多的农民通过非农就业而增加收入；农民减少了才能提高农业经营规模，实现农业产业化和现代化。所以，工业化不仅是传统农区经济社会发展的根本动力，而且是实现农业产业化与现代化的前提条件。

（四）应从"狭义"和"广义"两个方面理解传统农区工业化

传统农区工业化应该是什么样的工业化？传统农区的工业化包括在农区发展工业，但在农区发展工业不是传统农区工业化的全部。中国工业化进程中产生了一个独特的现象，那就是数以亿计的"农民工"。他们全年大部分时间在城市现代部门就业，但他们的身份仍然是农民，他们仍然从事农业生产，他们的家还在农村。与此同时，非农就业收入在中国农民收入中的比重越来越大，成为农民收入的稳定来源，传统农区的绝大部分农村家庭都卷入了工业化的浪潮，这是其他国家没有出现过的现象。所以，中国传统农区的工业化应该从两个层次来看：一是狭义的工业化，就是传统农区本地工业的发展；二是广义的工业化，就是中国工业化的整体进程对传统农区经济社会发展的影响。数以亿计的"农民工"没有在本地从事工业生产，按照狭义工业化的定义他们没有"工业化"，但是他们的就业与收入来源已经"工业化"了。如何在"农民工"就业与收入来源"工业化"的条件下，实现他们本人及家庭的生活方式与消费结构的"工业化"，是广义工业化重要的研究内容。传统农区的广义工业化是由中国人口众多的独特国情决定的。

二 竞争性政府与农区工业化路径创新

（一）加强制度创新

1. 产权制度

农区工业化是以乡镇企业为载体的。小企业受市场影响波动很大，承受风险能力弱，产权定位尤为重要，需要国家同企业一起承担，由国家给予补贴与支持。同时，通过制度变革，激励吸引技术人才，调动工人的劳动积极性，提高劳动效率，也是乡镇企业所需要的。制度创新能够降低交易成本，要通过制度转移创造出一个合作的环境。由乡镇企业牵头，将农区特别是传统农区小农户联合起来，做大做强，发展农业产业化。

2. 融资制度

各商业银行应给予支持：首先，银行应设立专门的部门管理乡镇企业的贷款。其次，很多小企业是技术型企业，这就要求商业银行要会同科技部，主动针对企业的发展进行调研，切实做出合理的判断。最后，中小企业的融资问题要体现在实际中，不要停留在政策面上，在实际竞争中，给予小企业真正的成长空间。

3. 政策与保障制度

国家强制创造的制度会影响经济的运行。从 1984 年开始，乡镇企业就在政府宏观调控下发展起来，从取消合作社到价格双轨制，从紧缩宏观经济到宽松的宏观经济，再到近年来取消农业税，以及对"三农"问题给予的关注。这些宏观调控都直接或间接地影响着农区工业化的发展。国家应该在政治、经济、法律、税收、信贷方面创造一个制度创新的环境，诱发制度创新的动力，理解制度是长远的、螺旋渐进的发展过程。同时，我国农区保障制度很不健全。占全国人口 58.24% 的农村人口的大多数并不能享受到基本养老保险、失业保险、医疗保险和最低生活保障，保障制度的建立将有利于农区的稳定。

（二）改善产业结构

1. 围绕以核心技术为中心的产业集群

从资金上看，核心竞争技术是中小企业吸引投资的唯一手段，集群效应能够使投资者降低寻找信息的成本，并降低风投的预期。从技术上看，距离的缩短有利于知识和信息的传递，有益于经验的交流，对创新起到了催化剂的作用。在新型工业化背景下，要注重农区自身特点，通过第三产业发展来带动农业和工业的结构性变化，大力发展食品加工及服务业。努力形成"一乡一业、一村一品"的产业布局，发展名品、精品，逐步实现产品的系列化和多功能化。

2. 以发展分工合作为突破口建立集群产业

产业的集群在开始阶段会导致竞争，随着产业链延伸和集群空间地域规模的扩大，可以将企业之间的竞争关系改善为合作关系，形成上下游产业分工合作的纵向一体化，不仅降低了交易成本，而且促进了创新能力的不断提高。这样使得原本负责整个产业生产的众多企业可以单独发展各自的比较优势，由市场作为选择的主体，促使每一个环节的生产和经营都根据效率和经济原则工作，推动现代化的发展。

3. 模仿与创新并存

在全球化的背景下，各地不可能参考同一发展模式。东部、南部发达地区采取的模式必然不能被广大的中西部传统农区所接受。以往取得辉煌成绩的温州模式、苏南模式、两江模式都在不同程度上被人追捧。中西部地区在引进战略投资者发展企业的同时，要特别注意与农业的联系，依托农业和农区的优势发展工业，使得工业产值成为农区的经济支柱。大力发展农产品加工业，延长经营链条，缓解城乡剩余劳动力就业的压力，将利润留在农区。

（三）增强科技含量

1. 以人为本

要以提高劳动者素质为目标，做好人才的引进和劳动力的就业问题，普及高中教育、职业教育和技能教育，加大高等教育。对于科技人才，要给予政策，让人才能安心地留在农区工作。广大农区依然要依赖劳动密集型产业的发展，在机械化、科技化的背景下，做好就业的准备工作，为广大农民创造好就业的环境，要做好户籍制度改革与农区社保工作。

2. 科技为先

一是提供先进的技术设备。这是替代手工作业、提高劳动生产率的最有效办法。二是提高整个农区的技术市场的需求。农区工业多依赖当地的自然资源，而忽略对技术的需求，这需要通过教育示范来加以指导。三是加强技术人员的调配。国家应辅以一定的人才政策，并在传统农区大力发展教育，普及知识。

3. 信息化促进工业化

用信息技术改造传统工业，可以提高传统工业的知识技术含量和效率，加速传统产业的升级换代，促使粗放型经济增长方式向集约型增长方式转变。提高生产要素综合利用效率，加速信息技术的进步和人力资本的积累，从而加速农区工业化进程。在农区工业化中要注意加强信息资源共享联盟，大力整合科技信息资源，加强县（市）科技信息平台建设，做好科技信息资源的收集、整合、加工。

（四）走可持续发展之路

1. 重视环境保护，引入环境信息手段

环境信息被认为是政府行政调控、市场调控以外的"第三只手"，是通过公开环境信息，制造舆论压力，来引起人们对环境保护的重视，改善环境。环境信息手段将政府、市场、公众三者联系在一起，由政府制定法律标准，由市场督促企业执行，并由全社会的公众来监督评判。

2. 避免短期行为

企业要将自己的经营行为同企业管理者的激励机制有效地联系在一起，培养企业和企业管理者正确的价值观，要将企业的可持续发展作为解决这类问题的直接手段。政府要建立环境保护与企业发展的激励机制，完善绩效考核，加强监管，加大惩治。对无法回避的污染要加强治理，在管理的同时要将社会发展作为发展的最高目标，警惕地方保护主义。

第五章 传统农区工业化的公共
经济环境：财政分权

第一节 国内外财政分权理论与实践

一 成熟市场经济国家的支出责任划分

从 20 世纪 70 年代起，财政分权成为公共财政领域的焦点，但美国却出现了资源配置不均与财政体制横向失衡问题。在此背景下，Musgrave 等（1976）试图探寻高效的财政结构。他们重新审视了各级政府的财政角色及政府间财政关系，认为稳定和分配职能划归中央政府，配置职能由受益辖区（地方、地区或全国）承担。但这种划分仍有调整的余地，因为：（1）溢出效应的解决需要更高一级政府干预；（2）中央政府可能考虑到地方公共服务的重要价值而给予补助；（3）财政联邦主义哲学观提倡地方辖区财政地位均等化；（4）辖区间财政差异可能导致配置无效率，需要中央来缓解这一差异；（5）中央政府具有税收优势。此外，他们专门分析了美国的贫穷和教育财政问题。根据联邦政府承担收入分配的原则，他们认为，贫穷问题"应该是国家问题，而不该将此负担转移给邻近的慈善团体，也不该给那些正好住在有大量低收入人口、有着强烈福利需求的辖区的人造成税收负担"，也就是说，贫穷问题属于福利财政范畴，应由联邦政府负责。而人口流动性的增强（越来越少的人在接受公立教育的辖区工作），要求教育财政由地方政府提供向地方、州和联邦政府联合提供模式转变。事实上，到 70 年代末，教育不仅由各级政府联合提供，而且教育支出需求不断扩大，远远超过了地方政府的财政能力，结果州政府以补助金的形式承担了近 50% 的中小学教育支出。这表明，支出责任划分将随着实际变化而不断调整；联邦及州政府应承担部分混合公共物品供给的资金提供责任；支出责任划分的确定还需综合考虑责任承担者的财政能力。

1984 年，Musgrave 等揭示了美国新联邦主义趋势。他们指出，第二次世界大战后联邦补助体制的不断发展导致大量共同责任出现，由此产生有别于传统"层级蛋糕"模式的"大理石花纹蛋糕"（大理石花纹蛋糕一般指通过把淡色和暗色的面粉相混合而做成的有条纹或斑纹的蛋糕，这里比喻混合模式的财政联邦制）的财政联邦制，而新联邦主义正是倡导传统层级模式的回归，要求严格划分各级政府责任。该思想源于 1982 年的里根计划，即联邦政府承担全部公共医疗补助责任，州政府承担所有对有子女家庭的补助责任（AFDC）和给低收入者发放食物券的责任。1984 年起，革新州的 44 个补助计划；为补偿前两项对州造成的超额成本，建立临时性信托基金。1991 年起，联邦政府加大对州政府的转移支付力度，州政府对转移支付资金的使用具有自主权。该计划是为了提高州和地方财政自主能力，实现公共项目的高效管理。但实施过程中，新的责任划分遭到州和地方政府的抵制，革新计划也被迫流产，原因是：虽然州政府承担 AFDC 和食物券发放责任比较有效率，但最终会因州和地方政府的财政能力差异而产生不公平。Musgrave 等对此建议：联邦政府承担 AFDC、食物券发放（两者具有收入分配性质）以及公共医疗补助的筹资责任；增加对地方辖区的直接补助，提高补助数额；州政府以补助金形式承担中小学教育的资金提供责任；联邦与州政府只负责基本公共服务的提供，较高水平的公共服务由州和地方政府自行选择。

虽然传统财政论为支出责任划分提供了规范性框架（Musgrave，1959；Oates，1972），但对这一框架的挑战从未停息，尤其是在地方政府承担资源配置职能方面。Break（1967）观察到分权下辖区间竞争（规则制定与财政政策方面）造成州与地方政府低水平的税收努力或是州与地方税收结构的退化，结果导致资源配置扭曲。Cumberland（1981）将 Break 的观点扩展到地方环境质量标准，声称州和地方政府从事"破坏性地区间竞争"（降低环境标准来吸引新产业）导致环境状态的恶化。Rivlin（1992）表示，"州间税收竞争导致公共服务水平不足的现象是不言自明的"。Oates 等（1996）发表了一系列论文，认为政府间水平竞争只有满足严格的前提假定，才能有利于提高资源配置效率。Courant（1994）则表明现有研究工作对竞争是提高效率还是降低效率还没有定论。Oates（1999）表示，真正的问题在于扭曲度是偏离了效率结果，还是产生了较大的福利损失，而对于辖区间竞争对福利的内在影响，还有待进一步的经验性研究。收入分配方面同样存有争议。如 Pauly（1973）首次对再分配是地方公共品的假定进行了验证，得出地方政府对福利政策（除收入）有决定性作用。现实中，州和地方政府的确承担了相当多的再分配活动，但 Feldstein 等（1998）通过对个人流动性的实证分析证明了大部分州政府进行再分配都是不成功的。

二　转轨国家与发展中国家的支出责任划分

Martinez（1994）以苏联解体、俄罗斯联邦成立为背景论证了支出责任划分在俄罗斯联邦制构建中的重要性。他发现，俄罗斯联邦制的最大威胁是缺乏稳定的支出责任划分，而支出责任的随意转移已经导致俄罗斯政府间财政关系紧张，因此稳定的支出责任划分是构建政府间财政关系的基础环节，逾越这一步所制定的收入划分是不可持续的。后来，Martinez（1998）将研究范围拓展到转轨国家和部分发展中国家。在《支出责任划分》中，他再次强调了支出责任划分的首要地位，认为缺少明确的支出责任划分而设计分权财政体制的行为是本末倒置。1988～1998 年，众多发展中国家与转轨国家出现的分权体制不稳定以及中央财政负担过重正是由注重收入划分而忽视支出责任划分所致。他指出，支出划分原则仅仅便于操作，并不代表划分结果的唯一。判定支出责任划分优劣的方法也无最佳可言，可通过实际划分与理想模式的适合程度来判断划分是否充分，也可根据分权化战略目标或中央政府目标的完成程度来判断划分是否充分。通常公认的分权化目标有效率、公平和稳定，当然不可能同时达到所有的目标，可根据政府的战略和重点将不同的权重分配给各个目标。他还指出，支出责任划分可能随成本、技术条件的变化而变动，也可能随居民偏好的变化而变动，但某一特定时期，必须有稳定而清楚的支出责任划分，否则可能导致政府间关系不稳定和公共服务供给低效率。此外，他还揭示了转轨国家支出责任划分中存在的共同问题，如缺乏法律保障、无效率划分、责任划分模糊等。在这一研究基础上，Martinez（2001）围绕财政主体所承担的支出责任与其掌握的财政资源的匹配情况剖析了支出划分对财政失衡的影响。

特尔－米纳什（2003）以混合型公共物品为主要研究对象，探讨了支出责任划分对宏观经济稳定的作用。他发现，对总支出控制（而非责任划分）是最值得关注的重点，且对总支出水平的控制不取决于中央政府对支出职能的实际管理，而取决于政府间财政关系制度是否采用了能够适当鼓励支出控制的融资机制。

三　西方发达国家多级政府间的税收权限与税收范围划分

在所有政府财政收入中，税收收入无疑至关重要，因此我们有必要专门研究税收收入在多级政府间的划分情况。所有实行多级财政体制的国家都明确规定了各级政府的税收权限，并在此基础上形成了各个层级政府的税收范围，从而为多级财政体制的运行提供了重要的制度保证。下面简要阐述主要发达国家各级政府间税收权限与税收范围划分的基本情况。

（一）美国各级政府间税收权限与税收范围划分

美国联邦政府的课税权是由联邦宪法所赋予的。在美国联邦宪法通过以前，大陆议会并无课税权力。1789 年美国制宪议会通过的联邦宪法，就联邦政府的财政权限等问题做出了以下几个方面的规定：（1）拥有课税权力。联邦宪法第一条第八款规定，国会有权规定课征各项税收，关税和货物税，用于偿债、国防和合众国的整体利益。（2）统一课征规则。联邦宪法第一条第八款还规定，所有的税收，关税和货物税，美国全国各地均须统一。（3）按比例课征规则。联邦宪法第一条第九款规定，除非按人口比例征收，否则不得课征人头税或其他直接税。这也就意味着，凡直接税都必须按人头计算征收。这一规定大大影响了联邦政府征收直接税特别是所得税的能力。1913 年美国第 16 次宪法修正案对该规定进行了修改，规定国会有权对任何来源的所得征税，而不需在各州之间按比例课征，也不必考虑人口的多少。（4）禁止课征出口税。联邦宪法第一条第九款明确规定，政府不得课征出口税。

美国各州的课税权被视为联邦立宪成员所拥有的主权，它是依据余权主义而保留的权力。当然，联邦宪法的一些条文也对这种权力进行了一定的约束。此外，各州的相关法律也对这种权力进行了相应的规范。由于各州的法律规定在性质上或在细节上存在着一定的差距，所以不能认为美国各州有关的规定都是相同的。

美国的地方政府没有法律意义上的自主权，其各种权力都是州赋予的。因此，地方政府的税收权限主要取决于州有关法律的规定。例如，自加利福尼亚 13 号议案通过以来，州就对地方财产税收入的增长施加了法律限制。此外，联邦宪法的有关规定也适用于地方政府。在上述税收权限划分的基础上，美国形成了联邦政府主要依靠所得税、州政府主要依靠消费税、地方政府主要依靠财产税的税种结构和税收范围划分体制。具体情况如下：（1）联邦政府征收的税种有个人所得税、公司所得税、社会保障税、国内消费税、遗产和赠与税、关税等。在 20 世纪 90 年代前半期，前3 项税收一直占美国联邦政府税收总额的 90% 以上。其中，所得税约占54%，社会保险税约占 1/3，其他税种的收入不足 10%。（2）州政府征收的税种有个人所得税、公司所得税、社会保障税、销售税、国内消费税、遗产和赠与税、伤残税、蒸馏水税、赛马税、使用税等。其中，消费税和销售税占主导地位。（3）地方政府征收的税种有个人所得税、公司所得税、销售税、国内消费税、财产税等。其中，财产税占主导地位，约占地方政府税收总额的 80%。

从上述情况可以看出，同源税在美国三级政府的税收收入中占有重要地位。在处理同源税收入划分这一问题上，三级政府各自采用自己确定的税率分别进行征收。

（二）德国各级政府间税收权限与税收范围划分

作为联邦制国家，德国（"两德统一"以前指联邦德国）有联邦、州、地方三级政府，三级政府实行分权自治的管理体制。与美国等联邦制国家相比，德国的税收权限是属于相对集中型的：其绝大部分税种的立法权集中在联邦立法机关，但收益权和征收权则分散于不同级别的各级政府之间。德国联邦立法机关不仅拥有关税的专有立法权，而且对收入的全部或部分应归联邦政府的所有其他税种拥有优先立法权。在不与联邦立法权相冲突的情况下，各州也拥有一定程度的税收立法权限。此外，州立法机关还可立法决定某种或某些州税是否应归地方政府所有。

在上述税收权限相对集中的分权制权力格局之下，德国形成了专享税与共享税并存的税制结构，主体税种及重要税种均由联邦与州两级政府共享，其他税种分别归不同层级的政府专享。目前，德国共有 42 个税种。其中，专享税 34 种，共享税 7 种，另有 1 种教会管理的教会税。共享税的主要税种有工资税、估定所得税、非估定所得税、公司所得税、增值税、进口增值税。属于联邦的主要税种有关税、各类消费税（烟草税、酒税、咖啡税、茶税、石油税、糖税、盐税、照明灯税）、公路税、资本流转税、交易所营业税、保险税、货币兑换税以及按工资额 8% 征收的团结互助税（为处理东西德合并的遗留问题及扶助东德地区筹资）等。属于州的主要税种有财产税、遗产税、地产购置税、机动车税、啤酒税、消防税、彩票税、赌场税、赛马税等。属于地方的重要税种有地产税、营业税、资本利得税、娱乐税、饮料税、狗税、渔猎税等。

论及德国的多级财政体制，必须把握其共享税的特殊分配方式。共享税与同源税的共同之处在于，两者都是对同一课税对象的课税额在不同层级政府间的分配；其不同之处在于，共享税是将按某个税率课征的税款在不同层级政府之间分配，而同源税则是对于同一课税对象分别按不同层级政府所确定的税率课税，并形成相应的税款归属。在德国的共享税中，所得税、法人税、增值税是最主要的 3 个税种。在第二次世界大战后的几十年间，对上述 3 个主要共享税种在不同层级政府之间的分配比例进行了多次调整，但到 20 世纪 90 年代中期以后，共享税在各级政府之间的分配比例趋于稳定。目前，共享税在各级政府的税收总额中仍然占据极为重要的地位，特别是州政府对共享税的依赖率高达 87.2%，联邦政府也高达70.5%，只有地方政府对共享税的依赖程度较低（45.2%）。

（三）英国各级政府间税收权限与税收范围划分

在英国，几乎谈不上多级政府间的税收权限划分问题，因为其税收管理权高度集中于中央政府：不仅主要税源或税种掌握在中央政府手中，而且绝大部分税收收入也都归中央政府支配和使用。根据经济合作与发展组织的统计资料，1955～1980 年英国的中央政府税收总额相当于其全国各级政府税收总额的 99%，是该比例较高的国家之一。英国每年都根据需要对税制进行某些调整，即每年的 3 月或 4 月初，财政大臣根据当年的财政需要和国际竞争的动向，向国会提出当年的税收政策措施，经国会审查批准后列入国家的财政法案，从而形成当年的税制，任何人都无权对其进行变动。政府只能根据财政法案所赋予的权力授权税务当局执行税法，而无权随意改动税法。英国中央政府所征收的主要税种包括个人所得税、公司所得税、社会保险税、增值税、资本利得税、石油税（包括石油收入税和石油特许使用税）、资产转移税、土地开发税、印花税、国内消费税（汽油税、烟税、酒税）、遗产税和关税。在上述税种中，个人所得税、社会保险税、增值税以及公司所得税是最主要的 4 个税种，这 4 个税种的收入总额约占英国税收总额的 70%。

除北爱尔兰以外的英国地方政府，财政经费的主要来源是中央政府各种补助金，税收收入在其中所占的比例极低。不仅如此，英国地方政府基本上没有独立的征税权，地方政府所征收的税种完全由中央政府决定。1988 年以前，英国地方政府只对住宅与非住宅建筑物课征财产税（英国习惯上称之为 "rates"），其税率由各个地方政府自行确定。1988 年在撒切尔保守党政府执政期间，对财产税进行了彻底的改革，当年通过的《地方财政法》规定：非住宅建筑的财产税税率改由中央政府决定，并且全国统一征收，然后再根据各地方的成人人口数量分配给各地方政府；废止对住宅征收的财产税，调整为地方政府征收人头税——在英国其正式名称为 "社区费"（community charge），即凡是 18 岁以上的具有投票权的公民都必须缴纳同等数额的人头税。有关人头税方面的法律规定于 1990 年开始正式实施，但这次财政体制改革招致英国民众的强烈不满，并因此导致了撒切尔政府的倒台。接替撒切尔政府的梅杰保守党政府在 1990 年 11 月上台后，立即发表了对人头税进行改革的设想，并于 1991 年决定把人头税调整为市政税（council tax）。市政税是一种极其类似于原来的财产税但也考虑到人口因素的新税种。根据有关规定，凡是年满 18 岁的住房所有者或住房出租者（包括完全保有地产者、住房租借者、法定房客、领有住房许可证者等六类），都要按住房（包括楼房、平房、公寓、活动房屋及可供居住的船只等）的估价缴纳市政税。住房的纳税估价分为 8 个档次，其税率实行累进制。但英国中央政府并不规定具体的市政税税率，而是规定此项税率由各地方议会根据地方政府的开支、税源及其他收入的数量等因素来确定。随着 1993 年 4 月该项税制改革的正式实施，市政税取代了实施不足 3 年的人头税开始成为英国地方政府的唯一税种。

（四）日本各级政府间税收权限与税收范围划分

日本是一个实行中央集中立法制度的国家，其税收的立法权也主要集中在中央政府的手中，即中央政府不仅负责中央税（又称"国税"）的立法工作，而且也负责地方税的立法工作。日本的中央税由大藏省（目前的财政省）主税局和关税局负责法案的准备工作，最后经由内阁提交国会审议、批准。日本的地方税包括都道府县税和市町村税。根据各地方税征税依据的不同，可以将其划分为法定地方税和法外地方税。法定地方税是指由中央立法的地方税税种。对于此类税种，中央政府并不要求各地方政府采用完全一致的税率标准，而仅仅是规定一个标准税率。一般情况下，法定地方税在地方政府的税收收入中所占的比例高达95%以上。法外地方税在日本又被称为法外普通税，是指地方政府根据特殊需要（如财政收入不足、为支持特殊公益事业的发展等）而征收的法律规定以外的税种。地方政府征收法外地方税不仅要遵循不给居民带来过重负担、不妨碍地区间的货物流通以及不与中央政府经济政策相矛盾等原则，而且要经过合法程序，并得到中央政府的批准。目前，日本地方政府征收的法外地方税主要有冲绳县的石油价格调整税，福井、福岛、鹿儿岛、新潟等县的核燃料税，以及一部分市町村征收的商品券发行税、采沙税、林木产品出境税、文化观光设施税等。

日本在国税与地方税的划分方面，主要遵循以下3个原则：（1）税源划分以事权为基础，即"各级政府事务所需经费原则上由本级财政负担"。（2）便于全国统一税率征收的大宗税源归中央政府，征收工作复杂的小宗税源归地方政府。（3）将基于能力原则课征的税收划归中央政府，而基于利益原则课征的税收归地方政府。根据日本《国税通则》的规定，日本的国税包括所得税（个人所得税和法人所得税）、财产税（继承税和赠与税）、消费税（酒税等12种）、流通税（交易税等6种）、目的税（地方道路税等3种）五大类。根据日本《地方税法》的规定，其都道府县税可以划分为普通税与目的税两大类14种，市町村税可以划分为普通税与目的税两大类15种。随着日本财政体制改革的不断进行，其各级政府所征管的税种也发生了一定的变化。

四　我国政府的职能与财政收支划分

（一）不同级次政府的职能划分

政府职能的实质是政府的权利和职责范围。政府对社会经济事务干预的广度与深度，决定了一个国家是以计划为主导还是以市场为主导。现代国家的政府职能确定应先明确政府和市场各自主导的场域，然后再在政府的场域中设置各级政府机构就如何分配这些职能进行划分。正如前文所言，每一级政府都有自己的辖区，根据辖区的经济特征及其需要提供的基本公共服务，确定政府的规模和职能，是一个公共管理学课题。

中央政府的事权范围。全国性公共服务、全国性基础设施以及参与提供的国际性公共产品服务属于中央政府的责任，有些准公共产品的供给是各级政府的重要责任。中央政府的事权范围应该涵盖以下方面：一是涉及国家整体利益的全国性公共产品和服务，包括外交、国防、对外援助、海关、空间开发、海洋开发、社会保障、教育、卫生防疫、交通运输干线、全国性通信基础设施等。二是对自然垄断和金融业等特殊行业的政府管制以及对安全、卫生等方面的强制性标准的制定等社会性管制。三是制定反垄断政策。四是进行宏观经济管理，包括国民经济总量调节、经济结构调整和产业政策制定等。五是进行再分配，包括收入分配政策的制定和实施，以及建立全国性的社会保障体系等。在以上五项职能中，提供全国性和区域性外溢效应比较强的公共商品是首要和基本的职能。

地方政府的事权范围及划分。与中央政府的五项职能相对应，省级及省以下地方政府的事权范围应该涵盖以下方面：一是提供地方性公共商品和区域性公共商品，包括基础教育、医疗卫生、气象预报、消防等公共服务，道路、交通、电力、自来水、下水道、路灯、垃圾处理以及港口、机场、车站等基础设施和公用事业，地方性文化新闻事业，如广播、电视、报纸、出版、图书馆、博物馆、文物与文化遗产发掘等。二是承担对自然垄断和金融业等特殊行业的部分经济性管制，对食品和药品质量安全以及其他涉及安全与标准的社会性管制职能。三是执行反垄断的法律和政策。四是配合国家宏观经济政策实施，制定地方发展战略规划以及制定地方性的体制改革思路和重大公共安全方案。五是配合实施国家的收入分配政策，承担地方性的社会保障统筹。总体来看，提供地方性公共商品是地方政府的主要职责。

地方政府在其管辖的地方行使政府的所有职能，包括政治、经济、文化和社会职能，目前我国政府辖区的层次包括省（市、区）层次的辖区、地市层次的辖区、县市层次的辖区等，相应的，根据辖区的经济特征，我们划分经济板块的时候按照省域经济、市域经济、县域经济和乡镇经济进行。

1. 省域经济与省级政府的职能

省级辖区是我国地方行政建制和区划中最高层次并享有省级政府管理权限的政府辖区种类。它包容着全部行政区域经济种类。我国现有 31 个省域经济板块。省域经济是省级行政区域的指向一体化运行的网状经济体，具有强大的经济增长力。我国省级行政区基本上是一级完整的经济区，各省都有较大的经济中心（一般也都是行政中心），工、农、商业通过交通运输与流通渠道组成一个自成体系的经济网络，构成省级经济辖区，具有强大的传递和发动双重功能。一方面，它通过省级行政系统把中央政府的经济运行指令和决策向下传递，也把地方的经济情况反馈给中央政府；另一方面，它通过行政手段和经济手段发动其所辖区域内的经济运行，组织省域内的经济区划体系，从而推进省域经济增长与发展。改革开放以来，中央向地方分权，调动了省级政府调控和发展省域经济的积极性，如广东、浙江、江苏、山东等省域经济取得了前所未有的快速增长与发展。我国省级政府的职能包括以下方面：（1）保证中央政令在省域内的畅通，并根据全国统一的法令制定本省的政策与法规。（2）负责省域内的高等教育、科研及社会保障工作。（3）负责跨流域的河流、省际高速公路等涉及多地区的基础设施与公益性项目的治理与建设。（4）管理和监督省内关系国计民生的省属国有企业，既要保证国有企业的顺畅运行，也要保证国有企业的公共性。（5）既要建立和维护正常的市场经济秩序，又要防止一些意外因素所导致的市场剧烈波动。

2. 市域经济与地级政府职能

市域经济是省域经济中的副省级、地级、县级市行政区域经济。市域经济因行政区划管辖的地域性特征不同而分为两类。一类是城市型市域经济，它包容部分或较小比重的农村经济，一般称这类市域经济为城市经济

（市区经济）。另一类是地域型市域经济，它随行政区管理体制改革过程中的市管县（市）体制和"撤县建市"模式的推行而出现，其城市经济的比重不大，县域经济仍是其基础组成部分。地域型市域经济与城市型市域经济的最大区别在于地域型市域经济中的农村经济（县域经济）比重很大。我国现有660多个市域经济板块。城市型市域经济的本质是城市经济。城市经济是城市行政区域内各种经济活动交织而成的经济有机体。在城市型市域经济中，城市经济受到农村经济特别是农业生产力的制约和影响，但它有独立于农村经济之外的经济增长功能。这主要是由集聚于城市的非农业经济活动的性质和特点所决定的。城市行政区域制约着城市型市域经济的空间结构。在地域型市域经济中，城市经济得到发展并对其周围农村经济产生直接影响，是市域经济的增长极，但从市域经济总量看，农村经济的比重还很大，从而具有与城市型市域经济不同的特点。地域型市域经济的城市经济和农村经济的"二元结构"是实行"市管县"体制和"撤县建市"模式的必然现象。地级市政府的职能包括以下方面：（1）执行本级人大及其常委会的决议，执行国务院和省、自治区人民政府的决议和命令。（2）规定行政措施，发布行政决议和命令。（3）执行国民经济和社会发展计划、预算，全面管理本行政区域内各项行政事务。（4）保护社会主义的全民所有的财产和劳动群众集体所有的财产等各项权利。（5）领导和监督所属各工作部门和区、县人民政府的工作，依法任免、考核和奖惩国家行政机关工作人员，改变或撤销不适当的命令、指示和决定。

3. 县域经济与县级政府职能

县域经济是我国国民经济中相对独立运行的基本经济单元，具有综合性和区域性特征。我国现有1600多个县域经济板块。县域经济是我国国民经济中属于基础层次的行政区域经济。从产业结构看，县域经济包括第一、第二和第三产业经济；从空间结构看，县域经济以城镇经济为中心，以集镇经济为纽带，以乡村经济为基础；从组织层次看，县域经济由一定数量的城镇经济、集镇经济、乡村经济、企业经济（家庭经济）构成；从生产资料所有制形式看，县域经济包括全民所有制经济、集体所有制经济、个体经济、私营经济和外资经济；从地域总体和经济整体看，县域经济具有城镇经济和农村经济两个方面的特点。一般来说，县域经济属于农村经济，但县域经济中的城镇经济较多地呈现城市经济的特征，或者说，如果城镇经济得到快速发展，那它就会走近城市经济。县级政府的职能包括以下方面：（1）贯彻中央、省制定的政策法规在县域内的执行，并针对本县的实际情况制定相应的管理条例。（2）负责县域内的中小学教育、文化体育事业以及社会保障的开展。（3）负责县域内的公路桥梁、大中型农田水利以及电力和通信等基础设施的建设。（4）负责县域内的环境治理、自然资源管理、土地使用管理以及区域发展规划。

4. 乡镇经济与乡级政府职能

乡镇经济是我国政府辖区经济中最低层次的辖区经济种类。乡镇经济包括城镇经济和乡村经济。乡、镇政府对乡镇经济运行和发展有一定影响。据统计，目前我国有 3.9 万个乡镇经济板块。随着乡、镇行政区划调整的进行，乡镇经济板块的数量呈减少趋势。从行政区划看，乡、镇是一种最低层次的行政区域。乡是国家设立在农业区域的地方基层行政区域，一般有集镇。镇是国家设置在具有一定工商业基础、文化教育条件比较好、人口比较集中的以非农业活动为主的地方基层行政区域。镇有两种类型：一种类型是城市型建制镇，它通常被称为城镇；另一种类型是地域型建制镇。在地域型建制镇中又有城镇或集镇和乡村。地域型建制镇中的集镇和乡政府所在地的集镇，与它们周围的乡村在经济上有着根本不同的性质和特点，相应的也就有镇域经济、城镇经济和集镇经济。镇域经济由城镇经济或集镇经济和乡村经济组成。城镇经济是城镇、集镇居民和乡村农民进行非农业经济活动的小范围区域经济，它包括城市型建制镇经济和集镇经济。集镇经济的发展是随集镇的发展而发展的。乡镇政府职能如下：（1）维护民主权利，包括民主选举和创造公平环境。（2）供给农村公共产品，包括公共设施、农村教育文化社会治安、信息服务等。（3）社会管理，包括农村规划、纠纷调解、调动干部积极性、保护公共设施、计划生育以及对鳏寡孤独及烈士军属的扶助。一方面，中国的乡村经济是行政村域各种经济组织和实体及其经济活动的有机体，是行政村域经济，属于小范围区域经济；另一方面，由于村域社区性集体所有制经济组织是行政村域的基本所有制经济组织，因而乡村经济是农业集体所有制经济，是农业企业经济。乡村经济在现阶段占县域经济的比重较大，是县域经济空间结构的域面。

（二）我国财政收支在政府间的划分

1. 收入的划分

国务院《关于实行分税制财政管理体制的决定》根据事权与财权相结合的原则，按税种划分中央与地方的收入。将维护国家权益、实施宏观调控所必需的税种划为中央税；将同经济发展直接相关的主要税种划为中央与地方共享税；将适合地方征管的税种划为地方税，并充实地方税税种，增加地方税收入。

1994年实施分税制财政体制后，属于中央财政的收入主要包括以下方面：（1）地方财政的上缴。（2）中央各经济管理部门所属的企业，以及中央、地方双重领导而以中央管理为主的企业（如民航、外贸等企业）的缴款。（3）关税、海关代征消费税和增值税、消费税、中央企业所得税，地方银行和外资银行及非银行金融企业所得税，铁道、银行总行、保险总公司等集中缴纳的营业税、所得税和城市维护建设税、增值税的75%部分，海洋石油资源税的50%部分和证券印花税的75%部分。（4）银行结益的缴款、国债收入和其他收入等。外贸企业出口退税，除1993年地方已经负担的20%部分列入地方上缴中央基数外，以后发生的出口退税全部由中央财政负担。中央财政收入在我国财政收入中具有重要地位。它担负着保障国家具有全局意义的经济建设、文化建设、科学、国防、行政、外交等各项经费的供给，对支援少数民族地区、调节各级地方预算和救济地方重大自然灾害等也起着不可替代的重大作用。

地方财政收入主要包括地方本级收入、中央税收返还和转移支付，包括地方财政预算收入和预算外收入。地方财政预算收入的内容包括以下方面：（1）主要是地方所属企业收入和各项税收收入。（2）各项税收收入包括营业税（不含铁道部门、各银行总行、各保险总公司集中交纳的营业税）、地方企业所得税（不含上述地方银行和外资银行及非银行金融企业所得税）、个人所得税、城镇土地使用税、固定资产投资方向调节税、土地增值税、城镇维护建设税、房产税、车船使用税、印花税、农牧业税、农业特产税、耕地占用税、契税、增值税、证券交易税（印花税）的25%部分以及海洋石油资源税以外的其他资源税。（3）中央财政的调剂收入，补贴拨款收入及其他收入。地方财政预算外收入的内容主要有各项税收附加，城市公用事业收入，文化、体育、卫生及农、林、牧、水等事业单位的事业收入，市场管理收入及物资变价收入，国有资产经营收益，国有企业计划亏损，行政性收费收入，罚没收入，其他收入，排污费收入，城市水资源收入，教育费附加收入（地方部分），矿产资源补偿费收入（地方部分）等。

中央与地方共享收入包括增值税、资源税、证券交易税。增值税中央分享 75%，地方分享 25%。资源税按不同的资源品种划分，大部分资源税作为地方收入，海洋石油资源税作为中央收入。证券交易税，中央与地方各分享 50%。需要指出的是，1994 年以后的地方财政收入与以前实行总额分成财政体制下的地方财政收入在内容和范围上有一定差别。另外，从 2002 年 1 月 1 日起，企业所得税和个人所得税收入实行中央和地方按比例分享的政策。其中，2002 年中央和地方按五五比例分享；2003 年按六四比例分享；2003 年以后年份的分享比例根据实际收入情况再行考虑。如果某地方以后年度的所得税收入完成数达不到 2001 年的数额，中央将相应扣减对该地区的基数返还，或调减该地区的基数上解。改革后，所得税的征收管理范围仍按现行渠道由国税、地税分别进行，但新登记注册的企事业单位所得税由国税局征管。

2. 财政支出的划分

国务院《关于实行分税制财政管理体制的决定》对中央与地方事权和财政支出的划分做了明确区分。中央财政主要承担国家安全、外交和中央国家机关运转所需经费，调整国民经济结构、协调地区发展、实施宏观调控所必需的支出以及由中央直接管理的事业发展支出。具体包括以下方面：国防费，武警经费、外交和援外支出，中央级行政管理费，中央统管的基本建设投资，中央直属企业的技术改造和新产品试制费，地质勘探费，由中央财政安排的支农支出，由中央负担的国内外债务的还本付息支出，以及中央本级负担的公检法支出和文化、教育、卫生、科学等各项事业费支出。地方财政主要承担本地区政权机关运转所需支出以及本地区经济、事业发展所需支出。具体包括以下方面：地方行政管理费，公检法支出，部分武警经费，民兵事业费，地方统筹的基本建设投资，地方企业的技术改造和新产品试制经费，支农支出，城市维护和建设经费，地方文化、教育、卫生等各项事业费，价格补贴支出以及其他支出。

第二节　财政分权效应与地方政府间税收竞争

一　财政分权的效应

（一）资源配置功能与经济增长

提高资源配置效率是财政分权的第一大功能。一个经济的财政分权能使地方政府向各自的选民提供帕累托有效的产出量，将促进经济增长、提高经济绩效。这是因为地方政府与中央政府相比，地方政府更接近自己的公众。此外，一国国内不同的人民有权对不同数量的公共服务进行表决，因此，地方政府的存在可以实现资源配置的有效性。从财政分权程度与经济增长率两者关系的角度，Woller 和 Phillips（1998）建立了回归模型，以23 个欠发达国家 1974～1991 年的数据作为样本，对其财政分权作用于经济增长的效应进行了经验研究，研究发现财政分权促进了地方经济发展的效率，但当考虑到五年平均的解释变量时，分权水平与经济增长率之间存在一个并不显著的负向关系。在模型中，还提到了财政分权对一国的财政结构和农村经济发展的影响，正是这种效应促进了地方经济的发展。根据传统财政分权理论，Lindaman 和 Thurmaier（2002）建立了一个非独立变量（人类发展指数 HDI）和三个独立变量（地方政府支出率、包括转移支付的地方政府收入率、不包括转移支付的地方政府收入率）之间的回归方程模型，这种研究意味着财政分权影响资源配置效率的形式可以用诸如教育和医疗等人类基本需求来衡量，并通过模型相关系数得出，财政分权显著地促进了 HDI 变化的实现。此外，研究认为，财政分权能否成为行政重组和改善人民生活水平的有力措施的研究是相当有意义的。除了以上方式，财政分权还可以采取其他形式来促进经济发展。通过经济解制和市场化改革，可以促进微观机制和传统体制的效率，此时中央政府应实行分权体制，来减少中央政府在产业解制和促进微观主体积极性过程中增加的税收和行政成本，促进经济增长（Lin 和 Tao，2003）。从 Brennan 和 Buchanan 的分权假设出发，Kwon（2003）运用韩国 20 世纪 80 年代的地方政府改革，实证检验了财政分权确实促进了地方政府财政资源配置，有助于形成一个有效的地方政府体制，促进经济增长。

（二）引致公共投资功能与经济增长

在市场中，经济利益会极大地影响个人乃至政府的行为，这样财政分权会使地方政府有动力努力提高财政收入和推动经济增长。通过中央政府对地方政府的财政分权，会提供给地方政府更多的资源，从而能增加它们的投资和支出，进而促进经济增长。这是财政分权的第二大功能。Thiessen（2003）把 OECD 国家财政分权对经济增长的长期效应纳入了他的模型。在模型中，财政分权对增长的效应测算被划分为三步，首先是分权对资本增长的直接效应，接下来是对两个主要因素（称为投资率和技术进步）的影响，检验结果显示通过分权得到的增长收益是有限的。但他认为，一般水平国家保持相对较低的分权度可以刺激投资并提高技术水平，从而促进经济增长。根据 Barro（1990）的内生增长理论，Zhang 和 Zou（2001）首次提供了一个多级政府公共支出配置增长效应的理论框架，假定内生增长模型中的生产函数由私人资本和三级政府的公共支出决定，他们认为中国财政分权和省级经济增长存在显著的负相关关系，而由中央政府利用有限资源进行公共投资的一些重要基础设施项目对经济增长起到了显著的正向效应，促进了经济增长。然而，在印度，经过模型的回归，得出财政分权与经济增长之间存在显著的正相关关系积极地提高了区域增长。Bose 和 Haque 等（2003）也利用 30 个发展中国家 1970～1990 年的数据估计了多级政府财政支出的增长效应，分析认为教育投资支出是现代经济增长的关键因素，而且提出总财政支出对经济增长的作用甚微，而总资本支出却有着正的增长效应。

（三）硬化预算约束和提高地方企业效率与经济增长

在任何一种政治体制下，官员倾向于救助效率低下的公司或浪费公共消费支出，而财政分权和地区间竞争增加了地方政府救助效率低下的公司或浪费公共支出的机会成本，因为财政支出低效率的地方不可能吸引流动资源到该地区。这样财政分权和地方政府之间的竞争硬化了地方政府的预算约束，改变了地方官员的激励，从而可能提高地方企业的效率，并导致高速、可持续的经济增长。通过对区域财政能力的内在性质的研究，Sato（2002）利用日本地方财政的公司性质，建立了模型来说明政府间转移支付会软化地方政府的预算，而财政分权通过配置给地方政府更多的财政自主权，来抵消其以上道德风险动机，促使地方政府变得尽可能独立，这样分权将带来地方政府经济的增长和社会福利的提高。值得注意的是，财政分权提高地方利益的作用有限，寻找激励地方政府的方法从而促进效率和增长显得至关重要。Qian 和 Roland（1998）对中国经济建立模型，分析了政府分权的两方面微观效应。一是要素自由流动条件下，地方政府间的财政竞争，会增加地方政府无效率项目的机会成本，并形成"竞争效应"的机制。二是财政分权会导致地方政府的利益冲突，这样可以硬化其预算约束并降低通货膨胀，从而提高效率并促进经济增长。

（四）引入竞争和制度创新机制与经济增长

财政分权影响经济增长的第三种途径是竞争和制度创新，但对这种关系却是众说纷纭、模糊不清的。理论上，实施财政分权后，地方政府为维护其自身利益和促进地方经济发展，展开了税收、财政支出和投资环境等领域的竞争，正如 Bretion（1998）认为，政府竞争不仅发生在同一级政府之间，而且发生在不同等级的政府之间，水平竞争和垂直竞争都可能改进公共品的供给效率。此外，Oates（1999）认为，在干中学的过程中，存在信息不完全，用试验性的方法对付社会和经济问题将会有潜在的收益。分权制可能提供一些机会，鼓励地方进行试验，因此能够促进公共领域的制度创新，从而影响经济增长。许多重要的制度安排首先在地方政府层次上出现，然后在中央政府层次上出现。Feld 和 Kirchgassner（2004）运用瑞士联邦主义的不同变量工具，建立模型分析得出税收竞争使得公共资源得到更有效的配置而提高经济绩效，而转移支付却对经济效率有负面作用。此外，不同地方的公司改革也是财政体制转变的重要影响之一。Jin 和 Zou（2003）通过对中国 30 个省级财政两个财政时期（1979～1993 年财政包干体制、1994～1999 年分税制）的面板数据，来检验财政分权对省级经济增长的影响，研究显示两个时期的收入与支出分权水平都未能促进省级经济增长。这种与基本假设相反的结论，主要源于制度因素，他们认为财政分权的效应如何很大程度上取决于一国的财政制度和政治体制。

二　财政分权与地方政府间税收竞争

随着财政联邦主义理论的不断发展和成熟，财政分权实践活动在各国逐渐展开。据美国等国的实践表明，财政分权有利于各级政府发挥各自的积极性和主动性，满足区域内社会公众对差异性区域公共产品的需求。财政分权满足了社会公众对公共服务的多样化要求，提高了整个社会的福利水准。财政分权的展开必然伴随着税收竞争活动，各级政府为促进区域内经济的发展及社会公众福利水平的提高，围绕经济资源和税收资源展开了激烈的竞争活动。

（一）税收竞争的基本内涵及外延

国际税收竞争通常是指为了把国家之间的流动性资本吸引到本国，各国均对这种资本实施减税措施，引发了减税竞争。国内税收竞争主要是指各地区通过竞相降低有效税率或实施有关优惠政策等途径，以吸引其他地区财政资源流入本地区的政府自利行为。我们认为，税收竞争的主要目的在于增进本级政府（及其所属部门）的经济实力，提高辖区（或部门）福利。因此，凡是围绕该目的以税收为手段进行的各种争夺经济资源及税收资源的活动都可以被认为是税收竞争活动。税收竞争主要是通过税收立法、司法及行政性征管活动实现的，主要表现为上下级政府间的竞争、同级别政府之间的竞争以及一级政府内部各部门之间的竞争。上下级政府间对税收资源的竞争，是分税制财政体制下的产物，因为各级政府的利益与其能够管辖的税源有非常密切的关系。同级别政府之间的竞争是财政分权及差异性经济发展模式的产物。财政分权使地方政府有了相对独立的经济利益，差异性的经济发展模式使税收利益成为影响其经济发展的重要外在变量。一级政府内部各部门对税源的争夺则是部门利益凸显的产物，它与政府对部门行为的约束程度密切相关。

（二）税收竞争的基本特点

税收竞争是市场经济主体在税收市场上展开的经济活动，与普通商品市场的竞争有一定的差别。首先是税收市场的参与者与普通商品市场的参与者是不一样的。在普通商品市场上，任何经济主体都可以参加，根据消费者主权做出各种市场决定,其行动符合新古典理论中的"经济人"假设,即追求个人利益的最大化。在税收市场上,市场主体包括课税权主体及课税主体两类。就课税权主体而言,通常指各级政府、征税机构及其他行政部门。根据公共选择理论的观点,各级政府及其所属部门都是有着自身利益的经济主体,其行政长官更是自觉不自觉地维护着本部门的利益。因此,其行为符合"经济人"假设的基本特征:(1)有独立的经济利益。(2)有独立的追求目标。(3)采取一切可能的行为与方式追求目标。其次是税收经济主体的市场权力与普通经济主体的市场权力来源是不一样的。一般的市场权力来源于经济主体在竞争中获得的优势。税收市场权力并不是通过竞争获得的,或者说不是完全通过市场竞争而获得的。因为税收市场权力(或税权)是国家权力的一部分,是通过分权而赋予各政府性经济主体的。最后是税收市场的竞争程度与普通商品市场的竞争程度有很大的区别。普通商品市场的竞争程度取决于市场权力的集中程度,而这种市场权力的集中很可能受到反垄断法规的限制。税收市场权力来源于国家权力,税收市场的竞争程度取决于国家权力在各级政府部门间的分布或集中程度。

(三)我国政府间税收竞争的理论分析

税收市场权力来源于国家权力,国家权力的横向及纵向划分决定了税收竞争的基本内容。根据我国政治权力的划分可以将我国的税收竞争分为三种类型:一是中央政府与地方政府之间对税收收入的竞争;二是地方政府之间对经济资源及税收资源的竞争;三是同级政府内部对税收资源的竞争。

目前,我国政治权力在各级政府及政府机构间的划分很不平衡。从纵向看,中央或高层次政府拥有相对集中的政治权力,这是由我国单一制的中央集权体制所决定的。在立法、司法及行政权力的划分中,中央分享了大部分权力。中央集权决定了中央政府在与地方政府争夺税收资源时占有相对优势或者说有较强的市场权力。随着我国政治经济体制改革的进一步深化,分权逐渐成为发展的基本趋势,地方政府的政治权力已经有所加强。特别是在差异性经济发展模式下,经济发展较快的沿海地区已经具备了部分向中央政府讨价还价的实力。分权改革的发展正在改变中央与地方之间政治权力的对比，也必将改变中央与地方的税收竞争力量对比。分权改革不仅改变了中央与地方之间的税收竞争模式，而且会改变地方政府之间的税收竞争局面。随着分权改革的加快，各地方政府拥有的立法、司法及行政权力将进一步扩大。地方政府为扩大自身利益而展开的对经济资源及税收资源的争夺将在更高层次上展开。比如，一方面，地方政府可以游说中央立法机构，使之通过有利于本地区经济利益的税收法律及其他相关法律；另一方面，地方政府可以凭借有限的税收自由裁量权对区域内经济活动按照较低的税率征税，吸引外部经济资源及税收资源的流入，同时保证本地区经济资源及税收资源不会外流。一级政府内部也存在对税收资源的竞争或争夺，它是政治权力横向划分的产物。在我国现有的政治体制框架下，行政权力比较突出，立法及司法权的影响力比较有限；行政机构对税收资源的占有具有先天的优势，其他机构在税收竞争中则处于不利地位。在政府行政机构内部，一般将税收征管权力赋予税务机关。但是，其他非税机构在行政活动中也染指税收资源，从而使税源被多方控制，降低了政府及税务机构对税收资源的监管能力，如非税部门的乱收费实质上是对税收资源的侵占。

（四）我国政府间税收竞争的经验分析

税收竞争通过税收立法、司法及行政性征管活动对经济资源及税收资源展开争夺，以提高本级政府（部门）控制的资源数量。在我国现有体制下，谁控制的资源多，谁就在经济发展中占有主动性（或优势）。税收立法竞争主要通过政府间的税收立法活动影响税收资源在各级政府间及同级政府间的分配。税收立法不仅包括法律的制定，而且包括对财税体制的界定。税收征管竞争主要是在现有的税收法律框架下以税收自由裁量权为基础展开的对税收资源的争夺。税收司法竞争主要是为保有税收资源所有权展开的司法维持活动。其中，税收立法竞争是税收竞争的基础环节，是第一层次的税收竞争；在行政核心的政治体制下，行政性征管竞争是税收竞争的中心环节和主要内容，是第二层次的税收竞争；司法竞争则是税收立法竞争及征管竞争的补充，是第三层次的税收竞争。

1. 中央政府与地方政府之间的税收竞争

我国中央与地方政府之间的税收竞争主要是立法竞争，同时包括一部分征管竞争。在我国现有的分税制体制下，地方政府基本不拥有税收立法权，从表面上看地方政府无法与中央政府展开立法竞争。实际上，在全国性的立法机构里有相当一部分人员来自地方，因此，地方政府有充分的实力来影响中央立法机构的决定，从而维护地方政府的利益。另外，全国性的立法机构也必须考虑地方政府的利益，以降低法律的实施成本。国税与地税征管机构之间的矛盾集中反映了中央与地方政府税收征管竞争的程度。在现有税收征管体制下，国税及地税两套税务征管机构分别为中央及地方政府服务，为维护其利益，双方经常在税收征管边界上发生纠纷。比如，双方经常在增值税与营业税的征收边界上发生争执，而双方在企业所得税的征收问题上也多有矛盾。国家税务总局对税法的解释权则表明中央政府在税收司法竞争中占据了主导地位。

2. 地方政府之间的税收竞争

地方政府之间的税收竞争主要是征管竞争，同时包括立法竞争及司法竞争的内容。在我国现有体制下，地方政府拥有的税收立法权比较小，因此地方政府之间的竞争主要通过征管管辖来展开。目前，我国的税收征管体制大致采用了属地管辖与属人管辖两种原则，解决了税收征管中的大多数问题。但是，我国现有税收征管法及有关税收实体法对属地原则与属人原则的优先权等技术性问题没有做出比较明确的界定，给地方税务征管机构留下了自由裁量权及寻租空间。地方政府则根据税收征管法及有关税收实体法对税收征管权限的模糊性规定，展开了对税收资源的竞争。因此，各地方政府一般选用符合自身利益的原则进行税收征管，以扩大自身控制的税收资源规模。

地方政府间的税收竞争不仅有征管竞争，而且存在税收立法竞争。地方政府间的税收立法竞争的首要目的在于扩充自身控制的经济资源，因此多采用税收优惠的形式来吸引外地资本及外国资本的流入。如改革开放初期，经济特区纷纷采用"两免三减半"等税收优惠措施吸引外资，同时对内地资本也按 15% 的税率征收企业所得税。到 20 世纪 90 年代中期，我国逐渐形成了形式多样的区域性税收优惠体系，使各地政府间的税收竞争达到白热化的境地。而自 2000 年初中央政府提出西部大开发以来，各西部地方政府出台及争取税收优惠政策的行为更是凸显了西部地区争夺经济资源的目标取向。

地方政府之间也存在部分税收司法竞争。由于我国现有税收法律体系很不完善，地方政府的自由裁量权过大，造成地方政府之间对税收资源的征管竞争过度，因此地方政府的税收活动亟须司法机构的支持。同时，我国司法机构较差的独立性也为行政干预司法提供了可能。比如，现有的税收复议及其他税务司法裁决有很强的袒护当地政府行为的特点。但是，司法权在我国现有政治权力中的弱势地位决定了税收司法权在整个税权体系中的劣势地位。比如，司法机关不参与实体税法的解释，不能对违反法律优位原则的税收文件进行司法干预。另外，我国也没有建立专门的税务司法机构，实际上，我国的税务司法权大多赋予了税务征管机构。因此，地方政府间的税收司法竞争在税收竞争过程中的作用不大。

3. 政府内部部门之间的税收竞争

一级政府内部的税收竞争主要是征管竞争，包括部分立法竞争及司法竞争。政府内部的税收征管竞争包括两层含义：第一层是财政收入组织机构之间对税收资源的争夺。我国的财政收入组织机构包括财政机构、税务机构及海关等，其中财政机构主要征收农业税并受税务机构的委托征收个人和其他服务业的营业税、城建税、教育附加税及企业所得税等；税务机构主要征收大部分工商税；海关主要征收关税并代征部分国内税，如增值税和消费税等。虽然对税收资源的管理有如上初步的划分，但是各部门从自身利益出发难免不发生对税收资源的争夺。另外，尽管都是中央政府的收入组织机构，在实行级别管辖的体制下，国税机构内部的上下级也存在对税收资源的控制权问题，而国税机构与海关间的税收资源管辖竞争也令中央政府头痛不已。第二层是非财税机构与财政收入组织机构对税收资源的争夺。自 1980 年以来，政府活动扩张导致政府预算难以满足各部门的支出需求，各部门开始自主筹集活动经费。由于预算内资金困窘，政府大多赋予了部门筹集预算外收入的权力，或者对部门的筹资行为给予了默许。部门的自主筹资行为到 1990 年后逐渐演化为以"三乱"为特征的资源争夺，危及财政收入组织机构特别是税务机构对税收资源的独享权。其中，交通管理、土地管理等部门对税收资源的争夺尤为严重。为此，中央政府于 1998 年提出了"清费改税"的设想。我国燃油税立法及开征的进度充分表现了交通管理等部门在税收资源竞争中的超强实力。

部门间的立法竞争及司法竞争主要是通过影响财税管理体制来实现

的，是在现有预算及财税体制外的竞争内容。它无法得到现有立法系统及司法系统的有力支持，因此在部门间的税收竞争中处于次要地位。

（五）规范协调税收竞争

自 1980 年以来，我国财政体制逐渐向分级财政方向进行改革，逐步强化地方政府及各部门的利益，调动了地方政府及部门的积极性。分权改革适应了社会公众对公共产品多样化及差异性的要求，提高了整个社会的福利水平。同时，各级政府及部门间对经济资源及税收资源的竞争程度也日益加剧。总的来说，中央政府与地方政府之间的税收竞争程度不够，地方政府之间对经济资源及税收资源的竞争有过度趋势，而一级政府内部机构对税收资源的竞争则呈现无序化状态。因此，有效规范和协调各经济主体之间的税收竞争是目前我国财税体制改革的重点内容。

1. 进一步完善和深化分税制改革，协调中央政府与地方政府之间的财政收入关系

由于地方政府在政治权力上的弱势使之在与中央政府的税收竞争中处处受到限制。因此，要提升地方政府的竞争实力，必须加快分权式财政体制改革，赋予地方政府较多的立法权。在稳定的立法分权制度下，地方政府的行为才可能具有较强的稳定性，从而固化地方经济发展的长期性收益。

2. 规范地方政府的行为模式，防止地方政府对经济资源及税收资源的恶性竞争

在分权模式下，地方政府之间必然存在对经济资源及税收资源的争夺，有效的税收竞争能够合理地配置经济资源及税收资源，过度或恶性税收竞争则会增加资源流动的成本、破坏资源的流动性，从而导致资源的无效配置。规范地方政府之间的税收竞争首先要规范地方政府出台的各种税收优惠措施，包括中央在地方游说下出台的各种区域性税收优惠，保证政府间平等竞争的基本条件或共同规则。其次要规范地方政府间的征管竞争，其基本方式是改革税收征管法及税收实体法，降低地方政府在税收征管方面的自由裁量权。

3. 规范一级政府内部各机构对税收资源的争夺

部门间对税收资源竞争的无序化状态破坏了财税机构对税收资源的独

享性权威，降低了政府的预算约束能力，也是政治腐败的源泉和温床。规范部门间的税收竞争，首先要清理非财税机构的各种乱收费，降低其自主筹资能力。其次，对于财政收入组织机构内部的竞争则要通过界定各自的行为边界，明确各自的职责范围，降低机构之间的无效竞争。

第三节　财政分权下的农区政府工业化冲动

一　财政分权下的农区政府竞争压力

财政分权之后的地方间关系表现为"为增长而进行的竞争"。虽然对财政分权影响经济增长机制的解释有所不同，但无论是第一代财政分权理论还是第二代财政分权理论均认为，财政分权能够促进经济增长的根本原因是财政分权造成了地方政府间的相互竞争。

以财政分权为主要特征的经济分权同垂直的政治管理体制的紧密结合是中国式分权的核心内涵。因此，在财政分权和政治集权的制度设计下，我国地方政府间相互竞争的压力不仅来自地方政府的财政压力（这与联邦制国家中地方政府间竞争是一致的），还来自地方官员的政治晋升压力（这与联邦制国家中地方政府间竞争有所区别）。这就使我国地方官员同时处于两种类型的竞争之中——既为地区经济产出和财政收入而竞争，又为各自的政治晋升而竞争。需要指出的是，虽然地方政府面临来自财政和政治晋升两个方面的不同竞争压力，但这两个方面转化为地方政府的行为目标却是一致的，都体现为 GDP 的竞争，即为了 GDP 增长而进行的竞争。

就农区政府所面临的财政压力而言，在财政分权背景下，中国农区政府在财政支出中的比重有上升的趋势，尤其是在大量劳动力外流的情况下，农区政府不得不承担本应由劳动力就业地和消费地承担的包括农村医保等在内的社会保障支出责任。也就是说，地方政府越来越依赖本省内部的财政支出，而更少依赖中央政府的财政转移，这就形成了地方政府促进地方 GDP 增长，扩大地方税源，获取财政收入来支持其财政支出的地方政府间相互竞争的激励。特别是 1994 年引入"分税制"财政管理体制改革以来，中央政府重新大幅度上收了收入权但没有相应地调整支出权。与此同时，转移支付体系建设也没有完善，农区承担了诸如粮食安全、环境保护等部分全国性的公共产品，却无法在现行分税制体制下获得上级政府适度倾斜的转移支付，农区政府的预算压力日益沉重，这也就进一步增加了其参与地方政府之间为 GDP 增长而竞争的动力。

就农区地方政府所面临的地方官员政治晋升压力而言，在政治集权的背景下，上级政府首先向所辖的各下级政府下达政治考核的显性标准，并以此作为地方官员晋升的依据，之后各下级政府在上级政府制定的考核标准之内展开竞争。这些显性标准包括地方 GDP、地方财政收入的增长以及就业指标等。这意味着，地方官员的选拔和提升标准由过去的纯政治指标变成了经济绩效指标，尤其是地方 GDP 增长指标，从而使得在地方官员政治晋升的压力下，农区地方政府更积极地参与到了为了 GDP 增长所进行的"锦标赛"式的竞争之中。

因此，在财政分权和政治集权同时并存的这种特殊的体制设计下，我国地方政府之间的关系最终表现为"为 GDP 增长而竞争"的竞争态势。这种竞争态势对我国农区地方政府的行为以及经济体制转型产生的压力是巨大的。

二 财政均等化与农区地方政府的工业化冲动

(一) 横向财政均等化的实现

横向财政均等化是指在省级政府的财政运行中采用横向公平原则（处于同等状况的个人应当同等对待），并在全国范围内加以实施。较低级次的政府对同等状况下的个人应当提供同等水平的财政服务，无论个人处于哪个地区。横向公平均等化最初由布坎南提出，之后的学者，尤其是加拿大学者对其进行了探讨和补充。布坎南指出，公平问题应建立在更为基本和普遍接受的横向公平原则的基础上，即同等状况下的个人应得到同等对待。他认为，高、低收入群体之间的收入分配状况被视为既定的前提条件，政府间转移支付的设计应在承认各地区人均收入的不平等的前提下进行，在此基础上提供均等化的公共服务。他明确反对各地区财政能力的均等化——似乎并不存在一种道德上公认的法则，要求通过政府间转移支付体系使各州拥有均等的财政能力。相反，中央政府对收入分配的调节仅应针对个人，并保证无论居住在哪个地区，个人都会得到州或省级政府财政的同等对待。

布坎南将均等化的财政待遇定义为，所有具有同等收入的个人得到相同的净财政剩余。净财政剩余的定义是财政支出收益与税收之间的差额。由于收益是地区人均收入的函数，而税收则仅为居民个人收入的函数，因此在采用相同比例税率的情况下，各地区居民的净财政剩余是相同的，但人均收入高的地方净财政剩余也高。为矫正这些不均等，中央政府应提供个人间的转移支付，以使独立的居民个人能够得到相同的净财政剩余。这些转移支付可以被视为直接在两个地区的居民个人间进行，或者汇总成总体的转移支付，令支付地区汇集资金，受益地区将资金分发下去，以保证得到相同的结果。在地区间采用横向公平均等化措施的原因有二：一方面，由于经济在规模上是全国性的，因而这些措施对于避免资源的区域性配置扭曲而言是必要的；另一方面，由于个人间的收入分配受全国性因素的影响，因而任何均等化措施都应当是全国性的。

布坎南提出的横向财政均等化为考察财政联邦主义中转移支付的作用开创了一个新的视角，得到了后来许多学者的赞同，也引起了不少争议。格拉罕姆（Graham）指出，横向公平均等化更清楚地反映了州是个人的集合这样一种含义，这也是讨论公平问题中最重要的一个概念。尽管在收入分配中，转移支付将在政治单位间进行，决定也必须由政府做出，但必须考虑个人的目标和效用。与布坎南不同的是，格拉罕姆认为个人的福利收益不能仅定义为收益与成本的差额，还应取决于其绝对水平。尤其是当个人发现财政剩余在地区 A 和地区 B 间相同时，但如果服务水平存在差距，他们仍会认为居住在 A 地区或 B 地区更符合自身的要求。换言之，在按照布坎南方法计算的净收益相同的情况下，个体间的福利收益仍可能不同。斯科特（Scott）也提出了同样的看法：个人财政剩余的均等化并不等同于效用的均等化。由支出收益减去税收负担决定的一定财政剩余，可能是很多不同支出和税收水平的结果，具有相同收入的不同个体可能会对此做出不同的评价。此外，对横向公平的理解取决于国家的结构形式。在单一制国家中要求市政间的横向公平是合理的，因为各地区由上级政府掌控。但是，这并不意味着在联邦制国家中各地区也必须遵循同样的原则。联邦的存在主要是由于成员地区虽然希望结成某种联盟，但仍不愿意变成单一制，而是希望在某些领域保持一定的独立性，包括自由安排其财政事项。单一制国家中要求同等状况同等对待的理论前提在联邦制国家中并不能等同于成员在地区间的横向公平。鲍德威和弗莱特（Boadway and Flatters）则进一步指出，即使可行，实施个人间的均等化也是不理想的，因为这会干涉各省份确定自身的再分配标准和纵向公平，进而破坏加拿大联邦政府体系的本质。实际上，作为一项重要因素，纵向公平在均等化的讨论中是不可忽视的。考虑地区间转移支付的纵向均衡意味着地区间平均收入或财政能力差距的缩小。因此，分析的框架转变为财政能力均等化，对纵向公平的考察也使均等化问题从个人间转移至地区间。

（二）中国的财政均等化问题

1. 中国的财政均等化问题突出

中国的财政均等化问题主要表现在：第一，中央、地方财政自给能力呈背离走势。改革开放以来，我国中央、地方财政自给能力整体呈现交叉换位的背离走势。1978～1986年地方财政自给能力明显高于中央，其中1978年地方财政自给系数为中央财政自给系数的4.9倍；1986～1993年中央、地方财政自给能力基本持平；而1994年分税制改革后，中央财政自给能力显著提高，地方财政自给能力显现低位趋稳，两者差距呈扩大趋势，2007年中央财政自给系数为地方财政自给系数的3.9倍。在不考虑发行国债的情况下，1978～1986年中央本级财政收支有40%的缺口需要由地方上缴来弥补，而分税制改革后地方财政有近40%的财政缺口需要依赖中央财政以转移支付方式弥补。第二，东、中、西部地区财政能力差距较大。通过计算2005～2006年我国东、中、西部地区地方人均财政收入和财政能力系数，发现中西部地区财政能力系数相近，而东部与中西部地区差距依然较大。2006年东部地区人均财政收入为中西部地区的2.7倍左右。同时观察发现，即使是区域财政能力最高的东部地区其财政能力系数也小于1，而中西部地区财政能力系数不足1/3，根据财政能力系数的计算公式，说明中央与地方及地方各区域间财政能力差距很大，分布极不均匀。2006年财政能力系数最高的上海市人均财政收入为财政能力系数最低的甘肃省的16.8倍。第三，各地区人均财政收入差距不断加大，且大于地区间经济差距。通过计算不同时期我国人均财政收入基尼系数，发现该系数不断增大，说明中国各地区财政差距正在不断扩大，地区间财政不均等加剧。同时，对比计算 2005~2007 年我国人均 GDP 和人均可支配收入发现，我国地区间财政差距已经超过备受关注的地区间经济、收入差距（以人均 GDP 和人均可支配收入基尼系数表示）。此外，分别计算各地人均财政收支、人均 GDP 和人均可支配收入变异系数，得其波动程度递增顺序依次为：人均可支配收入→人均 GDP→人均财政支出→人均财政收入，结论与前面指标的计算结果相印证。

2. 财政不均等的形成机理

通过前面对我国财政均等化现状的分析，可以得出我国财政区域差距较大、地区不均等问题突出且呈扩大趋势的结论。那么，我国财政不均等的形成机理是什么呢？我们不妨从以下几个方面进行探讨。第一，区域经济发展不平衡导致横向财政不均等。区域自然条件、经济条件、经济结构、经济运行质量等诸多因素，综合决定了我国地区间经济发展水平存在较大程度的差异，如 2007 年我国人均 GDP 最高的上海市为最低的贵州省的 9.6 倍，而这种差异直接造成我国地区间政府财政收支和财力的横向不均等。第二，公共财政体制不健全导致纵向财政不均等。由于我国公共财政制度建设历时较短，各级政府公共财政意识依然较为淡薄，符合市场经济运行的公共财政体制和运行机制尚未形成。而各级政府往往从本位出发或是出于调控下级政府的考虑来分配财政资源，结果出现财权上移、事权下放，导致并加剧了财政纵向的不均等。中央财政收入占全部财政收入的比例从 1997 年的 48.9% 上升为 2007 年的 54.1%，提高了 5.2 个百分点。山西省省级财政收入占全省财政收入的比重更是从 2003 年的 29.3% 上升到 2006 年的 43.0%，上升了 13.7 个百分点。第三，转移支付制度不完善导致财政均等化调整乏力。1994 年我国开始实施分税制财政管理体制，同时试行政府间转移支付制度。然而，随着转移支付规模的不断扩大，其制度设计目标与执行效果之间的偏差日益明显，严重影响了其均衡地方财政收支差距的功能。转移支付制度不完善表现在：（1）制度设计之初便存在过渡性和妥协性，导致转移支付均等化功能不强。1994 年的分税制改革和与之配套的转移支付制度是中央与地方重新划分财政收入的过程，在一定程度上也是中央与地方利益博弈和讨价还价的过程，为保证改革的顺利推进，降低改革成本和减小阻力，当时选择了"保存量、调增量"的制度设计模式。应当说，这种模式的选择很好地适应了当时国内市场经济尚处于起步阶段，地方经济的发展很大程度上仍依赖地方政府推动的整体经济环境。然而，随着我国市场经济的成熟和完善，建设型政府逐步向服务型政府转变，其制度设计之初的弊端，即转移支付制度内在要求的均等化功能与保护既得利益之间的冲突，便开始成为新环境下的主要矛盾。（2）转移支付内部构成结构不合理。在成熟的市场经济国家，政府间转移支付形式主要有均衡拨款、专项拨款和整笔补助三类。而我国现行转移支付形式繁多，内部构成结构不合理。一是均衡功能较弱的税收返还和体制性补助支出在全部转移支付额中始终占有较高比重，2004～2006 年占比分别为42.1%、36.1% 和 32.3%。二是专项转移支付使用不规范。专项转移支付本应着眼于解决地区间具有外溢性的公共物品和公共服务的供给问题，或是为贯彻中央政策目标而给予的引导性补助。但是，目前对专项转移支付的准入不甚明确，其补助范围几乎涵盖所有的预算支出科目，支付项目设置存在交叉重复、资金投向分散。2005 年中央财政分配的 239 项专项转移支付项目中，有 41 项内容交叉重复，涉及资金 156.37 亿元；有 65 项没有管理办法或管理办法未公开，涉及资金 705.89 亿元，占专项转移支付资金总额的 20%；按项目分配的专项转移支付中 10 万元以下的项目 8825 个，平均每个项目仅 4.36 万元。（3）转移支付制度缺乏整体设计，一事一议现象仍然突出。随着各项改革的深化，中央出台的减收增支政策较多，中央一事一议性质的转移支付项目也随之增加。一方面，导致现行转移支付项目繁杂，不利于转移支付资金效益的有效发挥；另一方面，将导致疲于应付短期问题的转移支付经常与财政均等功能相冲突。

（三）财政均等化与农区地方政府的工业化冲动

中国财政均等化过程中存在的诸多问题，对农区而言尤其突出。一方面，农区政府的支出责任并没有减少；另一方面，农区由于工业化滞后，在目前的工商流转税制下地方政府很难增加自身的财政收入，这种矛盾在县级以下农区政府更明显。现行财政体制下"县乡财政哭爹喊娘"，主要指的就是农区政府。他们承担着粮食安全的重任，在珠三角、长三角等原来的"鱼米之乡"消失殆尽之后，现在的农区责任更重。所谓"无农不稳"是对全国而言的，对农区而言不可能带来经济上的好处，"无工不富"

才是农区的心声，只有工业化才可以增加地方的财政收入和提高经济发展水平，但这并不符合中央的整体产业布局要求。问题的关键是，在政府间转移支付制度极度不规范的前提下，农区所做出的"牺牲"不大可能得到合理的补偿，农区政府别无选择，试图突破重重制度限制搞好工业化是一件再自然不过的事情了。

第四节 分权财政体制改革与中国农区工业化

一 从财政集权到财政分权——我国财政体制的演变

1950～1952 年，为了迅速制止新中国成立初期通货膨胀，稳定物价，恢复经济，中央要求统一全国财政收支，统一全国的物资调度，统一全国现金管理，建立了高度集中、统收统支的集权财政体制。之后政务院又发布了新中国成立后第一个关于国家财政体制的文件，规定国家预算管理权和制度规定权集中在中央，收支范围和收支标准都由中央统一制定；财力集中在中央，各级政府的支出均由中央统一审核，逐级拨付，地方组织的预算收入同预算支出不发生直接联系，年终结余也要全部上缴中央。1950年的财政体制，基本上是高度集中的中央财政统收统支的体制，又被称为收支两条线的管理体制。

1953～1957 年，由原来的中央、大行政区、省（市）三级管理，改为中央、省（市）和县（市）三级管理，并划分了各自的财政收支范围，建立了"划分收支、分类分成"的财政体制，开始了财政分权的尝试。1954年开始实行分类分成办法，将财政收入划分为固定收入、固定比例分成收入、中央调剂收入三大类。地方预算每年由中央核定，地方的预算支出，首先用地方固定收入和固定比例分成抵补，不足部分由中央调剂收入弥补。分成比例一年一定。在此期间，财政体制虽然每年都有一些变化，但主要倾向仍然是在集中财力保证重点建设的前提下，实行划分收支、分级管理的财政体制。

1958～1979 年这一段时间，实行的是"划分收支、总额分成"的财政体制，尤其是 1958 年的财政体制改革，是新中国成立以来传统体制下的第一次财政分权。但是，由于财力下放过度，中央财政收支所占比重锐减，于是在 1959 年开始实行"收支下放，计划包干，地区调剂，总额分成，一年一变"的财政体制，即各地的财政收支相抵后，收不抵支的部分由中央财政给予补助，收大于支的部分按一定比例上缴中央财政。1980 ~ 1993年，为进一步调动地方的积极性，遵循"放权让利"的思路，从 80 年代初开始实行"划分收支、分级包干"的财政大包干过渡体制。把收入分成固定收入、固定比例分成收入和调剂收入，实行分类分成，财政支出主要按照企业和事业单位的隶属关系进行划分，地方财政在划定的收支范围内多收可多支，少收则少支，自求平衡。财政包干体制使地方政府成为相对独立的利益主体，但它从本质上看仍未摆脱集权型的财政分配模式，没有从根本上解决中央与地方政府之间财力分配的约束机制与激励机制问题，但它与当时经济体制改革的方向是吻合的，为后来分税制财政体制的改革奠定了基础。

1994 年至今为分税制财政体制阶段，中国逐步建立了分权的财政体制。为进一步理顺中央与地方的财政分配关系，增强中央的宏观调控能力，从 1994 年开始改革财政包干体制，实行分税制财政管理体制。分税制的主要内容是"三分一返"，即在划分事权的基础上，划分中央与地方的财政支出范围，按税种划分收入，明确中央与地方的收入范围，分设中央和地方两套税务机构，建立中央对地方的税收返还制度。分税制体制改变了原来多种体制形式并存的现象，通过"存量不动、增量调整"的原则，既保证了中央财力不断增强，又有利于实现对现存关系的逐步平稳调整。

二　分权财政体制下的农区工业化困局

（一）我国现行税制——"分税制"与农区工业化

分税制改革是对中央和地方财政关系进行一次较为规范化和制度化的制度安排，包括按照税种划分中央与地方的收入，根据中央和地方的事权范围确定相应的支出范围等。规范化和制度化的最大优越性，在于它的长期性、透明性、可预测性和统一性，分税制较好地克服了承包制必然带来的中央与地方间的谈判、纠纷以及由此产生的地方对中央的离心力和地方间的互相封锁倾向，较好地解决了财政资源和配置资源的权力自身在中央和地方间的配置问题，搭起了一座财政与市场经济体制沟通的桥梁，为中央、地方和企业等经济活动主体实现自身收益最大化提供了较大的制度空间和体制激励，使各主体经济活动效用内部化、成本外部化变为可能，体制的效率得到了平稳释放。随着中央财政收入占财政收入比重的提高，中央在处理宏观经济问题时掌握了主动权。

但是，目前在我国实行的分税制，还是一个不彻底的利益妥协方案，带有很多计划体制的痕迹，与国际通行的分税制模式还有较大的距离，与市场经济的要求还存在差距，体制的运行效率还有待进一步发挥。主要表现在：其一，中央和地方的财权和事权划分尚有不合理之处。地方政府事权过大，而财权过小，很不对称。地方只能在中央规定的税制范围内组织收入，没有设立新的税种、调整税率的权力，使地方财政的独立性大打折扣。其二，地方税体系的建立滞后。地方税大都是小额税种，零星分散，地方缺少独立的支撑其财政收入的主体税种。其三，税种的划分欠规范。这集中体现在企业所得税仍按行政隶属关系在各级政府间划分，企业与政府的利益脐带没有割断，助长了地方保护主义，同时不利于产权流动、资产重组，有碍资本市场的发育。"分税制"下，地方财政收入有限，尤其是对于像传统农业地区这样，基础设施薄弱、通信相对闭塞、生态环境脆弱的地区而言，仅仅依靠自己的力量进行资本积累实现大规模的工业投资是很不现实的。

（二）财政转移支付制度与农区工业化

在我国，财政转移支付制度是以各级政府之间所存在的财政能力差异为基础，以实现各地公共服务水平均等化为主旨而实行的一种财政资金转移或财政平衡制度。向居民提供均等化的基本公共物品与公共服务，不仅是现代国家主权在民理念的重要体现，而且是国家政权及其财政合法性的基础和来源。因此，财政转移支付制度具有稳定器的功能，是处理中央政府和地方政府间关系、实现各地财力均衡和公共服务均等化、促进社会和谐的重要制度安排。现阶段我国财政转移支付具有三个特征：一是总量持续增长。二是结构趋于优化。从转移支付的结构看，体制性转移支付的比重下降，专项转移支付和一般性转移支付比重上升，整个中央转移支付的格局已由体制性转移支付占绝对优势调整为各占 1/3 左右，这标志着我国的转移支付结构正向着合理化的方向发展。三是作用日益凸显，其主要表现包括弥补了地方财力的不足，支持了重大经济改革，促进了地方相对均衡发展。

但是，我国的财政转移支付制度是在 1994 年分税制的基础上建立起来的，是一套由税收返还、财力性转移支付和专项转移支付三部分构成的、以中央对地方的转移支付为主的、具有中国特色的转移支付制度。近年来，随着制度的不断发展，转移支付的功能得到进一步发挥。但是，由于受到一些因素影响，我国财政转移支付制度仍存在一些问题，特别是转移支付结构本身制约了制度的发展，其具体表现为以下方面。

1. 税收返还是我国财政转移支付的主要形式

这是地方财政收入的重要来源，但是其采用基数返还的计算方法制约了农区可支配的财力。

2. 财力性转移支付实际比重仍然较低

财力性转移支付本是为了弥补财政实力薄弱地区的财力缺口，由中央财政安排给地方财政的补助支出。财力性转移支付是缩小地区财政差距的重要手段，应是财政转移支付的主要组成部分。尽管 2006 年中央对地方财力性转移支付由 1994 年的 99.38 亿元提高到 4731.97 亿元，占转移支付总额的比重由 21.6% 提高到 51.8%，但是实际比重依然较低，这主要是因为我国的财力性转移支付中有相当一部分具有专项用途，易与专项转移支付混淆，也与其本身的均等化作用相悖。

3. 专项转移支付比重相对过高

专项转移支付是中央财政为实现特定的宏观政策及事业发展战略目标而设立的补助资金，重点用于各类事关民生的公共服务领域。地方财政需按规定用途使用资金。2006 年，中央对地方专项转移支付已由 1994 年的 36137 亿元增加到 441158 亿元，年均增长 23.2%。专项转移支付的总量呈上升趋势并非好事，因为在三种转移支付中，专项转移支付的问题是最多的，这是由于其分配方式的不规范造成的。现行专项转移支付分配方法没有按照因素和公式来计算拨款额和配套率，而是凭主观臆断或地方配套资金的高低来确定补助地区和拨款额，直接造成款项的分配过程不透明、项目设置交叉重复、资金投入零星分散，多头申请、重复要钱的状况时有发生。另外，资金的使用效率低下。除了扶贫款、救灾款等少数几项之外，拖延、截留、挪用、挤占资金的现象非常普遍。

不合理的财政转移支付制度使得原本就资金匮乏的传统农业地区进行工业化面临着严峻的"钱从哪里来"的问题。

（三）税收返还制度与地区工业化的差距

我国的税收返还制度是按照 1993 年地方实际税收和中央地方收入划分情况，核定 1993 年中央从地方净上划的收入数额，并以此作为中央对地方税收的返还基数。1994 年以后，中央对地方财政税收返还数额在 1993 年的基础上逐年递增，增长率按照全国增值税和消费税增长率的 1 : 0.3 决定，即上述两项税收每增长 1%，中央对地方返还就增加 0.3%。以维护地方既得利益的基数法进行分配的我国税收返还制度，体现了对收入能力较强地区的倾斜原则，维护了较富裕地区的既得利益，与缩小地区间差距的主旨背道而驰。并且，税收返还虽然在名义上是中央财政收入，但实际上，地方财政对这部分资金具有最终决定权。对传统农业地区而言，没有工业就意味着没有税收，没有税收就意味着没有税收返还，没有税收返还就没有地方财力，没有地方财力就不能提供很好的基本公共产品和公共服务，就没有能够吸引投资的基础设施，工业化就举步维艰。在这样一个恶性循环下，农区经济越来越落后，与工业发达地区的经济发展差距越来越大。

通过以上分析可以看出，无论是从我国的现行税制还是财政转移支付制度、税收返还制度来说，我国现行的财政体制不仅没有缩小我国日益加剧的区域工业化发展不均衡的作用，反而加剧了这一现象。

三　改革现行财政分权体制，促进传统农区工业化和经济发展

为了加快农区工业化的发展，针对我国目前财政体制存在的一些不尽如人意的地方，可以从以下方面着手，加快欠发达地区工业化的发展。

（一）积极推进流转税消费地征税原则，缩小地区间的税收差距

我国目前的税制中，以增值税为主体的流转税占我国全部税收收入的绝大部分。其中，增值税是以各生产环节的增值额为对象所要缴纳的一种

税。在目前我国东部地区面临着产业结构升级，中西部地区要做好承接东部地区所转出产业的大背景下，若继续坚持以原有流转税的增值额作为主要税源，势必会阻碍中西部地区工业化进程。这是由于东部地区产业结构升级后往往会侧重于发展"高、精、尖"行业。这些行业多以服务业为主，虽说附加值（增值额）很大，却不属于以销售货物增值额为征税对象的范畴。相反，会作为营业税的征税对象负担较低的税负。而中西部地区作为东部地区产业转出的输入地，将作为我国商品生产的主要产区，负担增值税较高的税负。这就造成了"税负错位"现象：高收入地区承担较低的税负，低收入地区承担较高的税负。

因此，应适时地改变我国税收的征收环节，在流转环节降低税负，在消费环节加大税款的征收力度，真正做到"谁消费，谁负税"，避免因"税负错位"阻碍农业地区工业化进程。

（二）以基本公共服务均等化提供为目标，改革我国财政转移支付制度

在"分税制"的财政体制下，地方政府缺乏主体税种，财政的转移支付成为地方政府收入的主要来源。但是，就我国目前的转移支付制度而言却存在着财政转移支付制度不科学、对专项支付规范不到位、财政转移支付立法不够完善等诸多问题。应大力优化财政转移支付结构，就目前我国的实际情况来看，应建立一种以一般性转移支付为主体，以专项转移支付相配合，以特殊转移支付作为补充的复合型支付制度。具体就是，在按照成本进行科学明确的估值的基础上进行财政金额的支付，并要在财政资金的整个使用过程中进行监控，提高资金的使用效率。同时，要加快转移支付的相关立法，科学划分政府的事权和财权，统一确定转移支付标准。通过多方面的努力，来确保传统农业地区公共服务均等化目标的实现。

（三）采取有利于传统农区发展的税收返还制度

我国现行财政税收返还制度存在着重大缺陷，具体来说就是财政税收返还额的计算方法完全采用"基数法"，其计算公式是以1994年实际收入为基数环比递增的，这没有充分考虑各地的收入能力和支出额的差异。采用此法使得转移支付方式效率低，没有充分发挥转移支付制度的应有作用。

为了应对传统农业地区在工业化发展进程中资金短缺的现状，实现均衡发展的目标，我们要采取有利于传统农业地区发展的税收返还制度，适当地加大对于传统农业地区的资金安排，可以建立一种这样的税收返还制度——"规定比例＋浮动数额"。

针对目前仍然采用的"基数法"税收返还制度，对于传统农业地区的返还比例不能依然采用"每增长 1%，中央对地方返还就增加 0.3%"的模式。可以通过考虑人口数、财政收入总数、年龄结构（考虑到老龄化问题）、城乡人口比例、贫困率和人均收入等多种因素来制定对于传统农业地区的返还比例。

对于需要重点发展、亟待发展的区域或产业可以考虑给予重点扶植，但要以科学、明晰的指标体系作为支撑。既包括拨款前的评定指标，又包括财政资金使用过程中的具体使用进程指标，更要包括对于目标实现程度的审核指标。今后，对于那些能够实现设定目标的区域和行业应加大扶植力度，而对于那些不能够实现设定目标的应给予更严谨的财政资金拨款。

第六章 工业发展与地区财政收入关系的实证分析

前面关于农区工业化的制度动因－政府间竞争和农区工业化的公共经济环境－财政分权的描述，在于说明农区工业化是农区政府竞争的需要，而竞争集中表现在财政分权条件下的财政竞争，在现行财政体制框架内，财政竞争则集中表现在税收竞争上，尽管地方政府财政收入的渠道很多，但预算内的税收收入仍然是阳光的主渠道。我们据此做出一个基本假定，工业化和地方政府的税收收入正相关，农区地方政府要想取得足够的税收收入，就必须走工业化之路。但区域工业发展和地区财政收入究竟有何种程度的联系，则需要作进一步的实证分析。本章通过对各地区历史经济数据的对比与分析，试图揭示并解释两者之间的影响关系。同时，希望通过对两者关系的研究，对今后农区工业化的发展有所帮助。

第一节 我国区域工业化发展的战略与区域工业发展差距

一 我国工业化战略在地域范围内的演进

新中国成立后的三年恢复时期，国家工业建设的重点是东北老工业基地，其次是华东和华北。"一五"时期，苏联援建的 156 项工程当中，沿海地区占 1/5，内地占 4/5；而整个"一五"时期，基本建设投资内地占 53.3%，投资沿海占 46.7%；"二五"时期以后和"文化大革

命"时期，工业建设大规模向内地推进，造成了很多问题，特别是
"三线"建设的失误，影响了国民经济的正常发展。习惯上将从新中国
成立到改革开放之前的区域发展战略，称为均衡发展战略，实际上是
为了改变新中国成立前工业分布极端不均衡的现状，也是正确处理沿
海和内地关系的具体行动。

改革开放之后，党中央提出"两个大局"的战略思想，即首先发展
沿海地区，在沿海发展起来以后，再通过沿海支援内地。因此，我们在
改革开放之初就确立了向沿海倾斜的发展战略，即非均衡的区域经济发
展战略。1978 年开始实施沿海优先发展战略，即充分利用沿海工业基础
和区位优势，面向国际市场，积极参与国际市场竞争，大力发展外向型
经济。为了加快改革开放步伐，中央于 1979 年首先赋予广东、福建两省
实行特殊政策灵活实施的权力，利用两省邻近港、澳、台的区位优势，
使其成为加快建设、带动全国其他地区的改革开放窗口，并且陆续批准
设立深圳、珠海、厦门、汕头为经济特区以及 14 个沿海开放城市。1987
年 12 月，中共中央提出沿海地区经济发展战略，主要内容如下：第
一，沿海地区大力发展外向型经济，积极参加国际交换和竞争，扩大
产品出口，加速发展外向型经济。第二，积极扩大劳动密集型产品和
劳动技术密集型产品的出口，大力发展三资企业，实行原材料和销售
市场"两头在外"。第三，加强沿海与内地的横向经济联系，带动整个
国民经济的发展。1988 年 3 月国务院召开关于沿海地区对外开放工作
会议，正式决定实施以沿海地区乡镇企业为主力，"两头在外，大进大
出"的沿海地区经济发展战略，大力发展出口加工型经济，进入"国
际经济大循环"。同时，中央决定进一步扩大沿海对外开放的地域范
围，批准海南升格为省建制并设立特区，紧接着批准上海市浦东新区
为改革开放新的试验区，这意味着我国沿海非均衡发展达到一个相当
高的阶段，在政府和市场力量的双重作用下，改革开放初期东部地区
基本建设投资远高于中西部地区向沿海地带非均衡发展的区域战略，
充分发挥了沿海地区的比较优势，取得了面向世界先行发展的巨大成
功，我国沿海地区的经济增长率持续保持在全国的领先水平，使国民
经济整体水平有了较大的提高。

到了 20 世纪 90 年代初期，在全国经济连续 10 多年快速增长的同

时，区域非均衡发展带来的区域差距扩大、区域间利益的矛盾和冲突加剧、地区发展机会不均等问题相继而来，成为困扰我国经济发展的重大问题。我国的区域协调发展战略，是从"九五"期间开始实施的，在"九五"期间，国家对中西部地区援助力度明显加大，对地区差距问题也越来越重视。1999年底召开的中央经济工作会议上，正式把实施西部大开发战略列为2000年经济工作的一项重要内容，国家对不发达地区的援助进一步集中到西部地区，将区域政策的目标调整到促进地区协调发展上来。"十五"计划将实施西部大开发战略，促进地区协调发展专门列为一章，强调国家要推进西部大开发，国家实行重点支持西部大开发的政策措施，增加对西部地区的财政转移支付和建设资金投入，并在对外开放、税收、土地资源、人才等方面采取优惠政策。2004年秋天在北京召开了十六大，十六大报告明确提出：支持东北地区等老工业基地加快调整和改造，支持以资源开采为主的城市和地区发展接续产业，这是中央首次提出振兴东北老工业基地的方略。十六大做出支持东北地区等老工业基地加快调整和改造的战略部署，这是中央从协调区域发展和全面建设小康社会的全局着眼做出的一个战略决策。此后，中央又提出了中部地区发展战略，使我国的区域经济发展战略趋于完善。

二 区域工业化发展差距

改革开放之后，我国开始实施非均衡的区域发展战略，区域之间的发展逐渐扩大。20世纪90年代末期开始启动的协调性区域发展战略，虽然在一定程度上缓和了区域之间越来越大的发展差距，但是区域发展差距并没有从根本上得到明显改善，区域工业化差距依然较大。我们对1978～2008年各区域主要经济数据对比分析之后发现，几大区域之间仍然存在较大的差距。我们主要利用各区域GDP总量、各区域工业生产总值、工业化发展程度、各区域人均GDP以及全国各省（自治区、直辖市）GDP排名等指标进行比较。

（一）从GDP总量角度看各区域之间的工业化发展差距

我们选取了我国改革开放30年来具有代表性的三个时期的地区生产总值进行研究，结果表明，无论是改革开放初期的1978年，还是改革开放中期的 1992 年，以及改革开放 32 年之后的 2011 年，都有一个共同的特征——地区差距明显而巨大。在地区生产总值排名前 10 位省级经济板块中，50%～60% 位于东部沿海地区，20%～30% 位于中部地区，10% 位于西部地区；排名后 10 位的地区中西部地区占 80～90%，中部地区占 5%～10%，东部及沿海地区占 0%～10%。[①]

（二）从地区工业生产总值角度看地区工业化发展差距

1978 年地区工业生产总值排在前 10 位的省份分别是上海市、辽宁省、江苏省、山东省、黑龙江省、河北省、广东省、北京市、河南省、四川省。其中，东部沿海地区占 60%，东北地区占 10%，中部地区占 20%，西部地区占 10%。1978 年地区工业生产总值排在后 10 位的省份分别是西藏自治区、青海省、宁夏回族自治区、新疆维吾尔自治区、贵州省、内蒙古自治区、云南省、广西壮族自治区、福建省、江西省。其中，东部及沿海地区占 10%，西部地区占 80%，中部地区占 0%，东北地区占 10%。

1992 年地区工业生产总值排在前 10 位的省份分别是江苏省、广东省、山东省、辽宁省、上海市、浙江省、河北省、河南省、黑龙江省、湖北省。其中，东部沿海地区占 50%，东北地区占 20%，中部地区占 20%，西部地区占 10%。1992 年地区工业生产总值排在后 10 位的省份分别是西藏自治区、海南省、青海省、宁夏回族自治区、新疆维吾尔自治区、贵州省、甘肃省、内蒙古自治区、重庆市、广西壮族自治区。其中，东部及沿海地区占 10%，西部地区占 80%，中部地区占 0%，东北地区占 10%。

2011 年地区工业生产总值排在前 10 位的省份分别是广东省、山东省、江苏省、浙江省、河南省、河北省、辽宁省、上海市、四川省、福建省。其中，东部及沿海地区占 60%，中部地区占 20%，东北地区占 10%，西部地区占 10%。2011 年地区工业生产总值排在后 10 位的省份分别是西藏自治区、海南省、青海省、宁夏回族自治区、甘肃省、贵州省、新疆维吾尔自治区、重庆市、云南省、北京市。其中，东部及沿海地区占 10%，西

---

① 根据《中国统计年鉴 2012》计算得出。

部地区占 80%，中部地区占 10%，东北地区占 0%。

数据显示，1978～2011 年，虽然区域之间工业化的差距有所减小，但是依然存在着很明显的区域差异。从工业生产总值的角度来看地区工业化的差距，我们发现 30 年间工业生产总值排名中，排在前 10 位的省份东部地区占 56.7%，中部地区占 20%、东北地区占 13.3%，而偌大一个西部地区只占 10%。排在后 10 位的省份东部地区占 6.67%，中部地区占 3.33%，东北地区占 6.67%，而西部地区占比却高达 83.33%。1978 年工业生产总值最高的省份——上海，工业生产总值 207.47 亿元，而总值最低的省份——西藏，工业生产总值只有 0.61 亿元，前者是后者的 340 倍。1992 年工业生产总值最高的省份——江苏省为 1017.94 亿元，最低的省份——西藏为 2.56 亿元，前者是后者的 398 倍。2008 年工业生产总值最高的省份——广东省为 17254.04 亿元，最低的省份——西藏为 29.68 亿元，前者是后者的 581 倍。综上所述，不难发现，在工业化规模方面，各地区之间还存在着很大差距，特别是东部沿海地区和西部地区之间的发展差距尤为明显。

（三）从工业化率角度看地区之间的工业化差距

统计数据显示，1978～1992 年我国各地区之间的工业化率存在很大差距，而到了 2008 年我国大部分地区工业化率基本保持在 50% 左右，地区之间的工业化率差距已经相对较小，只有青海、西藏、北京的工业化率相对较低。尽管数据显示 2008 年我国各地区之间的工业化率基本相差不大，然而工业化率仅仅是工业化发展程度的参考标准之一。通过数据比较，我们可以发现西部许多地区和东部地区在工业化率上虽然相差不多，但是其工业生产总值与东部地区相关省份比较，却相差太多。从中我们不难发现，原因在于两者之间工业规模的大小和工业结构等的差异，这种差异却实际地反映着各个地区之间工业化发展程度之间存在的差距。

三　区域财政收入差距

（一）我国各省级财政收入总量差异

图 6－1 中数据显示，2008 年全年财政收入排名中，排在前 10 位的分

别是广东省、江苏省、上海市、山东省、浙江省、北京市、辽宁省、四川省、河南省、河北省。其中，5 个位于东部及沿海地区，1 个位于东北地区，3 个位于中部地区，1 个位于西部地区。排在后 10 位的分别是广西壮族自治区、江西省、吉林省、新疆维吾尔自治区、贵州省、甘肃省、海南省、宁夏回族自治区、青海省、西藏自治区。其中，8 个位于西部地区，1 个位于东北地区，1 个位于东部及沿海地区。财政收入最高的省份——广东省，全年财政收入 33103235 万元；财政收入最低的省份——西藏，全年财政收入 248823 万元，前者是后者的 133 倍。

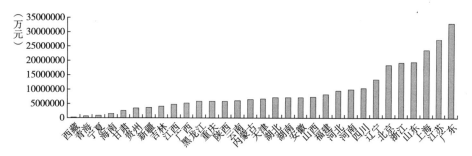

图 6 - 1　2008 年各地区财政收入总额

资料来源：《中国统计年鉴 2009》。

（二）财政收入结构差异

图 6 - 2 中数据显示，2008 年在地区税收收入中占较大比重的三大税种增值税、营业税、企业所得税之间存在一定的相关性，且呈现相同的地区化差异，不同的地区税收入的差距相对较大。三种税种收入排名中，排在前 10 位的省份分别是广东省、江苏省、浙江省、上海市、山东省、河北省、辽宁省、北京市、河南省、福建省。其中，东部及沿海地区 6 个，东北地区 1 个，中部地区 3 个。排在后 10 位的省份分别是新疆维吾尔自治区、广西壮族自治区、吉林省、重庆市、贵州省、甘肃省、宁夏回族自治区、青海省、海南省、西藏自治区。其中，东部及沿海地区 1 个，东北地区 1 个，西部地区 8 个。增值税收入最高省份是最低省份的 201 倍，营业税最高省份是最低省份的 120 倍，企业所得税最高省份是最低省份的 293 倍。

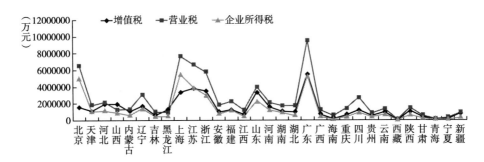

图 6 - 2　2008 年各地区增值税、营业税、企业所得税差异

资料来源:《中国统计年鉴 2009》。

第二节　区域工业化发展对区域财政的影响

区域经济发展的差距主要表现在公共服务的差距上，各地区财力决定了其提供公共产品和公共服务的能力，而地方财政能力与区域工业化之间的关系如何，对于本书研究的农区工业化而言，是个基础性的工作。我们可以通过一系列统计数据直观地观察到区域工业化发展对地方财政收入的影响，但影响到什么程度，尚需要实证研究来佐证。鉴于中国市以下政府的统计资料的准确度和代表性不够，本书采用省一级的统计数据作为研究对象。在中国目前的税制框架下，税收主要来自于工业，并以间接税的形式出现，其中增值税、营业税和企业所得税合计占到全部税收收入的 70% 以上，为了研究的方便，本章不再涉及全部的 18 个税种，仅选取增值税、营业税和企业所得税就可以说明问题。下面就工业生产总值与增值税、营业税和企业所得税的相关性进行分析。

一　工业生产总值对增值税影响的相关性检验

(一) 纵向数据比较

以北京市为例，1999 ~ 2009 年北京增值税收入（Y）与工业生产总值（X）数据如表 6 - 1 所示。

表 6 - 1　北京市增值税收入与工业生产总值

单位：万元

年　份	Y	X
1999	397193.0	6493400.0
2000	459557.0	7453200.0
2001	589957.0	8162400.0
2002	666884.0	8741500.0
2003	752553.0	10320300.0
2004	831922.0	12901600.0
2005	975976.0	17070400.0
2006	1177984.0	18218600.0
2007	1348424.0	20827600.0
2008	1583363.0	21984900.0
2009	1797300.0	23030800.0

资料来源：《中国财政年鉴 2010》。

对其进行相关性检验，结果如表 6 - 2 所示。

表 6 - 2　北京市增值税收入与工业生产总值的相关性检验

Dependent Variable：Y		
Method：Least Squares		
Date：03/19/12　Time：16：08		
Sample：1999 2009		
Included observations：11		

Variable	Coefficient	Std. Error	t-Statistic	Prob.
C	-48423.54	86773.37	-0.558046	0.5904
X	0.071607	0.005661	12.64935	0.0000

R-squared	0.946747	Mean dependent var		961919.4
Adjusted R-squared	0.940830	S. D. dependent var		462357.0
S. E. of regression	112467.3	Akaike info criterion		26.26168
Sumsquared resid	1.14E+11	Schwarz criterion		26.33402
Log likelihood	-142.4392	F-statistic		160.0060
Durbin-Watson stat	0.882329	Prob（F-statistic）		0.000000

由表 6 - 2 数据可见，$r^2 = 0.95$，说明总离差平方和的 95% 被样本回归直线解释，仅有 5% 未被解释，因此，样本回归直线对样本点的拟合优度

是很高的。给出显著水平 $\alpha = 0.05$，查自由度 $v = 19 - 2 = 17$ 的 t 分布表，得临界值为 2.11，$t_1 = 12.64 > 2.11$，回归系数显著不为零，X 对 Y 有显著影响，但回归模型不应该包含常数项。

（二）横向数据比较

以 2009 年为例，我国各地区之间增值税收入（Y）与工业生产总值（X）数据如表 6-3 所示。

表 6-3　2009 年各省份增值税收入与工业生产总值

单位：亿元

地　区	Y	X
北　京	179.73	2303.08
天　津	99.08	3622.11
河　北	190.64	7983.86
山　西	175.61	3518.88
内蒙古	109.56	4503.33
辽　宁	163.56	6925.63
吉　林	66.57	3054.60
黑龙江	104.34	3549.73
上　海	372.47	5408.75
江　苏	516.59	16464.94
浙　江	368.55	10518.21
安　徽	106.18	4064.72
福　建	129.54	5106.38
江　西	66.74	3196.56
山　东	324.48	16896.14
河　南	140.82	9900.27
湖　北	113.96	5183.68
湖　南	96.58	4819.40
广　东	580.27	18091.56
广　西	65.01	2863.84
海　南	13.42	300.63
重　庆	62.01	2917.40
四　川	123.95	5678.24
贵　州	57.47	1252.67
云　南	97.53	2088.17

地 区	Y	X
西 藏	2.84	33.11
陕 西	111.23	3501.25
甘 肃	37.11	1203.70
青 海	14.97	470.33
宁 夏	16.81	520.38
新 疆	57.63	1555.84

资料来源:《中国统计年鉴2010》。

对其进行相关性检验,结果如表6-4所示。

表6-4 各省份增值税收入与工业生产总值的相关性检验

Dependent Variable:Y			
Method:Least Squares			
Date:03/19/12 Time:16:43			
Sample:2002 2032			
Included observations:31			
Variable	Coefficient	Std. Error	t-Statistic	Prob.
C	13.37320	17.75642	0.753147	0.4574
X	0.026354	0.002569	10.25863	0.0000
R-squared	0.783968	Mean dependent var		147.2661
Adjusted R-squared	0.776519	S. D. dependent var		141.7941
S. E. of regression	67.03146	Akaike info criterion		11.31054
Sumsquared resid	130303.3	Schwarz criterion		11.40306
Log likelihood	-173.3134	F-statistic		105.2395
Durbin-Watson stat	1.298106	Prob（F-statistic）		0.000000

由表6-4数据可见,$r^2=0.79$,说明总离差平方和的79%被样本回归直线解释,仅有21%未被解释,因此,样本回归直线对样本点的拟合优度是很高的。给出显著水平$\alpha=0.05$,查自由度$v=19-2=17$的t分布表,得临界值为2.11,$t_0=0.75<2.11$,$t_1=12.64>2.11$,回归系数显著不为零,X对Y有显著影响,但回归模型不应该包含常数项。

经纵向与横向数据比较与相关性检验,我们可以得出这样的结论,地区之间的工业生产差距对地区增值税有显著影响，进而导致地区财政收入之间的差距。

二 工业生产总值对营业税影响的相关性检验

（一）纵向数据比较

以北京市为例，1999～2009年北京营业税收入（Y）与工业生产总值（X）数据如表6–5所示。

表6–5 北京市工业化生产总值与营业税收入

单位：万元

年 份	Y	X
1999	1288567.0	6493400.0
2000	1490539.0	7453200.0
2001	1813472.0	8162400.0
2002	2277893.0	8741500.0
2003	2636946.0	10320300.0
2004	3331645.0	12901600.0
2005	3837623.0	17070400.0
2006	4609912.0	18218600.0
2007	6010580.0	20827600.0
2008	6517767.0	21984900.0
2009	7526000.0	23030800.0

资料来源：《中国财政年鉴2010》。

对其进行相关性检验，结果如表6–6所示。

由表6–6数据可见，$r^2 = 0.95$，说明总离差平方和的95%被样本回归直线解释，仅有5%未被解释，因此，样本回归直线对样本点的拟合优度是很高的。给出显著水平$\alpha = 0.05$，查自由度$v = 19 - 2 = 17$的t分布表，得临界值为2.11，$t_0 = -2.77 < 2.11$，$t_1 = 14.64 > 2.11$，回归系数显著不为零，X对Y有显著影响，但回归模型不应该包含常数项。

（二）横向数据比较

以2009年为例，我国各地区之间营业税收入（Y）与工业生产总值

（X）数据如表 6 - 7 所示。

表 6 - 6 北京市营业税收入与工业生产总值的相关性检验

Dependent Variable：Y			
Method：Least Squares			
Date：03/19/12 Time：17：09			
Sample：1999 2009			
Included observations：11			
Variable	Coefficient	Std. Error	t-Statistic	Prob.
C	- 974311. 1	351098. 7	- 2. 775034	0. 0216
X	0. 335417	0. 022905	14. 64382	0. 0000
R-squared	0. 959721	Mean dependent var		3758268. 0
Adjusted R-squared	0. 955246	S. D. dependent var		2151053. 0
S. E. of regression	455060. 6	Akaike info criterion		29. 05721
Sumsquared resid	1. 86E + 12	Schwarz criterion		29. 12956
Log likelihood	- 157. 8147	F-statistic		214. 4414
Durbin-Watson stat	0. 977436	Prob（F-statistic）		0. 000000

表 6 - 7 2009 年各省份营业税收入与工业生产总值

单位：亿元

地 区	X	Y
北 京	2303. 08	752. 60
天 津	3622. 11	223. 62
河 北	7983. 86	268. 05
山 西	3518. 88	145. 82
内蒙古	4503. 33	170. 22
辽 宁	6925. 63	363. 94
吉 林	3054. 60	117. 41
黑龙江	3549. 73	125. 88
上 海	5408. 75	839. 68
江 苏	16464. 94	833. 86
浙 江	10518. 21	663. 62
安 徽	4064. 72	219. 77

地 区	X	Y
福 建	5106.38	265.23
江 西	3196.56	153.50
山 东	16896.14	470.61
河 南	9900.27	252.81
湖 北	5183.68	206.79
湖 南	4819.40	217.20
广 东	18091.56	1073.35
广 西	2863.84	154.86
海 南	300.63	67.84
重 庆	2917.40	185.55
四 川	5678.24	348.15
贵 州	1252.67	104.31
云 南	2088.17	175.79
西 藏	33.11	10.07
陕 西	3501.25	194.49
甘 肃	1203.70	65.25
青 海	470.33	25.26
宁 夏	520.38	38.98
新 疆	1555.84	112.37

资料来源:《中国统计年鉴 2010》。

对其进行相关性检验,结果如表 6-8 所示。

由表 6-8 数据可见,$r^2 = 0.56$,说明总离差平方和的 56% 被样本回归直线解释,有 44% 未被解释,因此样本回归直线对样本点的拟合优度是很高的。给出显著水平 $\alpha = 0.05$,查自由度 $v = 19 - 2 = 17$ 的 t 分布表,得临界值为 2.11,$t_0 = 1.47 < 2.11$,$t_1 = 6.08 > 2.11$,回归系数显著不为零,X 对 Y 有显著影响,但回归模型不应该包含常数项。相对于增值税而言,工业生产总值对营业税的影响相对较小。

表6-8　各省份营业税收入与工业生产总值的相关性检验

Dependent Variable：Y				
Method：Least Squares				
Date：03/19/12　Time：17：27				
Sample：2002 2032				
Included observations：31				
Variable	Coefficient	Std. Error	t-Statistic	Prob.
C	70. 69734	48. 03263	1. 471861	0. 1518
X	0. 042256	0. 006949	6. 080709	0. 0000
R-squared	0. 560440	Mean dependent var		285. 3832
Adjusted R-squared	0. 545282	S. D. dependent var		268. 8988
S. E. of regression	181. 3259	Akaike info criterion		13. 30081
Sumsquared resid	953492. 9	Schwarz criterion		13. 39332
Log likelihood	−204. 1625	F-statistic		36. 97502
Durbin-Watson stat	1. 388783	Prob （F-statistic）		0. 000001

三　工业生产总值对企业所得税影响的相关性检验

（一）纵向数据比较

以北京市为例，1999～2009年北京企业所得税收入（Y）与工业生产总值（X）数据如表6-9所示。

表6-9　北京市企业所得税收入与工业生产总值

单位：万元

年　份	Y	X
1999	530721. 0	6493400. 0
2000	616582. 0	7453200. 0
2001	899075. 0	8162400. 0
2002	1024446. 0	8741500. 0
2003	937007. 0	10320300
2004	1216973. 0	12901600
2005	1647615. 0	17070400
2006	2138573. 0	18218600

年　份	Y	X
2007	3093437.0	20827600
2008	4975151.0	21984900
2009	4304200.0	23030800

资料来源：《中国财政年鉴 2010》。

对其进行相关性检验，结果如表 6-10 所示。

表 6-10　北京市企业所得税收入与工业生产总值的相关性检验

Dependent Variable：Y				
Method：Least Squares				
Date：03/19/12　Time：17：43				
Sample：1999 2009				
Included observations：11				
Variable	Coefficient	Std. Error	t-Statistic	Prob.
C	-1202278.	502550.3	-2.392354	0.0404
X	0.222988	0.032785	6.801435	0.0001
R-squared	0.837132	Mean dependent var		1943980.0
Adjusted R-squared	0.819036	S. D. dependent var		1531169.0
S. E. of regression	651357.6	Akaike info criterion		29.77447
Sum squared resid	3.82E+12	Schwarz criterion		29.84682
Log likelihood	-161.7596	F-statistic		46.25951
Durbin-Watson stat	1.102441	Prob（F-statistic）		0.000079

由表 6-10 数据可见，$r^2 = 0.84$，说明总离差平方和的 84% 被样本回归直线解释，有 16% 未被解释，因此，样本回归直线对样本点的拟合优度是很高的。给出显著水平 $\alpha = 0.05$，查自由度 $v = 19-2 = 17$ 的 t 分布表，得临界值为 2.11，$t_0 = -2.39 < 2.11$，$t_1 = 6.80 > 2.11$，回归系数显著不为零，X 对 Y 有一定的影响，但回归模型不应该包含常数项。

（二）横向数据比较

以 2009 年为例，我国各地区之间企业所得税收入（Y）与工业生产总值（X）数据如表 6-11 所示。

表 6 – 11　2009 年各地区企业所得税收入与工业生产总值

单位：亿元

地　区	X	Y
北　京	2303.08	430.42
天　津	3622.11	95.56
河　北	7983.86	117.75
山　西	3518.88	101.81
内蒙古	4503.33	74.81
辽　宁	6925.63	125.09
吉　林	3054.60	49.20
黑龙江	3549.73	51.13
上　海	5408.75	481.69
江　苏	16464.94	407.85
浙　江	10518.21	295.06
安　徽	4064.72	79.56
福　建	5106.38	123.21
江　西	3196.56	46.27
山　东	16896.14	219.92
河　南	9900.27	114.74
湖　北	5183.68	86.75
湖　南	4819.40	51.16
广　东	18091.56	523.03
广　西	2863.84	36.06
海　南	300.63	19.20
重　庆	2917.40	41.40
四　川	5678.24	109.29
贵　州	1252.67	42.18
云　南	2088.17	65.29
西　藏	33.11	2.10
陕　西	3501.25	64.08
甘　肃	1203.70	16.95
青　海	470.33	8.86
宁　夏	520.38	9.27
新　疆	1555.84	28.06

资料来源：《中国统计年鉴 2010》。

对其进行相关性检验，结果如表6－12所示。

表6－12　各省份企业所得税收入与工业生产总值的相关性检验

Dependent Variable：Y			
Method：Least Squares			
Date：03/19/12　Time：17：50			
Sample：2002 2032			
Included observations：31			
Variable	Coefficient	Std. Error	t-Statistic	Prob.
---	---	---	---	---
C	20. 87520	28. 56462	0. 730806	0. 4708
X	0. 020766	0. 004133	5. 024893	0. 0000
R-squared	0. 465433	Mean dependent var		126. 3790
Adjusted R-squared	0. 447000	S. D. dependent var		145. 0071
S. E. of regression	107. 8330	Akaike info criterion		12. 26139
Sum squared resid	337211. 0	Schwarz criterion		12. 35390
Log likelihood	－ 188. 0515	F-statistic		25. 24955
Durbin-Watson stat	1. 451345	Prob（F-statistic）		0. 000024

　　由表6－12数据可见，$r^2 = 0.46$，说明总离差平方和的46%被样本回归直线解释，有54%未被解释，因此，样本回归直线对样本点的拟合优度是很高的。给出显著水平$\alpha = 0.05$，查自由度$v = 19 - 2 = 17$的t分布表，得临界值为2.11，$t_0 = 0.73 < 2.11$，$t_1 = 5.02 > 2.11$，回归系数显著不为零，X对Y有一定的影响，但回归模型不应该包含常数项。

四　结论

　　通过计量分析可以看出，地区工业化的差距直接影响地区增值税、营业税、企业所得税的税收总额的差距，而地区财政收入主要来源于此三种税种，从而间接地导致地区财政收入之间的差距。从支出角度看，财政收入的差距又决定了之后年度财政支出的范围和数量，从而间接地加剧了地区之间的工业化差距。可以说，两者之间形成了一种既相互联系又相互影响的作用与反作用关系。

第七章 促进传统农区工业化的财政政策

第一节 "三化"协调发展的新型农区工业化

承担国家粮食安全保障责任的传统农区，多年来却一直面临农民收入增长和地区经济发展双慢的难题，要保证国家粮食安全，又要发展农区经济，保障农区居民的收入的增长和农区政府的财政收入，就必须推进农区工业化，走新型工业化道路。这是一个"两难"选择，城市化和工业化既是区域经济发展的内在要求，也是农区政府在分权财政体制和政府间竞争的压迫下做出的无奈选择；但是农区政府也面临越来越大的来自中央政府的压力，中央政府对国家粮食安全的担心，尤其是对耕地面积减少的担心，如果中央政府的这两个"心病"不解决，农区工业化和城市化的努力很难获得中央政府的首肯。在"两难"当中，农区地方政府只能走中庸之道，既保证国家粮食安全，尤其是耕地不减少，又搞工业化和城镇化，即所谓"三化"协调发展。这里的"三化"即工业化、城镇化与农业现代化。

一 农区工业化与"三化"协调发展

(一)农区工业化与"三化"协调发展的关系

农区必须走工业化之路，这是前几章论述过的事情，问题的关键是，如果真的把"三化"协调仅仅理解为中央政府与地方政府目标不一致时的一个相互妥协的方案，就太简单了。其实，如果我们把农区工业化作为一个现实的选择，作为农区政府选择"三化"协调的路子，那么更多的是基于一种自身发展需要的理性选择。因为工业化、城镇化和农业现代化本来就是一个问题的三个方面，任何一个国家、一个地区、一个经济体的发展都离不开"三化"的协调发展。任何农区欲走工业化之路，必须面临三个问题：第一，人从哪里来？第二，地从哪里来？第三，钱从哪里来？而这三个问题解决的基础就是农区的农业现代化，解决的关键是城镇化。

1. 农业现代化可以为有效解决农区工业化面临的三个问题打下基础

加快农区农业现代化的步伐，是巩固提升农业基础地位，保障国家粮食安全的需要，这符合中央政府对农区的厚望。农区作为全国重要的农业和粮食生产经济区域，在保障国家粮食安全中肩负着极其重要的责任。农区集中力量建设粮食生产核心区，大力发展特色高效农业，建立粮食和农业稳定增产长效机制，不仅有利于强化新型农业现代化的基础作用，保障国家粮食安全而得到中央政府的政策和财政补贴、转移支付的支持，还可以解决农区工业发展中的"人从哪里来"和"地从哪里来"的问题。很显然，农村劳动力进一步向工业转移是保证农区工业化继续在低劳动力成本下得以进行的前提条件，这就要求：第一，农业的产出水平要足够维持工业化人口不断增长情况下的农副产品的需求，以稳定物价从而稳定劳动力再生产的成本，达到稳定厂商劳动力成本的预期。第二，现代农业体系的建设意味着农业可以在集约经营方面迈出实质性步子，为工业化继续提供劳动力的后备军。第三，大量的劳动力从农村流到城市，如果城市化能把它们吸收到城市，就可以通过农村社区建设把村民集中，腾出土地用作工业化，解决地从哪里来的问题。第四，大量增加的城市人口为城市土地和房地产价格的上涨提供了可能，农区节约的土地又为政府在城市建设用地垄断条件下的政府收入提供了源源不断的土地出让金，以及以土地储备为基础的地方政府融资平台的政府债务，解决了城市基础设施"钱从哪里来"的问题。

2. 新型城镇化可以有效解决现代农业的集约经营问题和工业化用地问题

传统农区作为农业主要生产地区，其显著特征是农村人口比重大，工业化、城镇化发展相对滞后，城乡二元矛盾突出。加快农区新型城镇化建设，一方面，可以促进农区城乡统筹发展，促进城乡经济发展和公共服务一体化协同发展，改善农村生产生活条件，逐步解决城乡差距大、二元结构矛盾突出的问题；另一方面，有利于推动土地集约利用，为工业发展、城镇建设用地提供保障。当然城镇化本身也是解决农区人多地少矛盾的必然路径，对农区农场制等现代农业范式的建设意义重大。

3. 农区发展应立足于促进新型城镇化、新型工业化和新型农业现代化"三化"协调科学发展，开拓新的农区后发工业化之路

农区作为农业人口聚居地、农产品主要产出地和工业化滞后地区，发展新兴工业，解决好"三化"协调发展问题，不仅是实现农区经济社会又好又快发展的内在要求，而且在全国建立了以工促农、以城带乡、产城互动长效机制，为全国整体现代化的推进探索路子、积累经验。农区政府应以科学发展为主题，以加快转变经济发展方式为主线，紧紧围绕富民强区之目标，充分发挥新型城镇化引领作用、新型工业化主导作用、新型农业现代化基础作用，持续探索不以牺牲农业和粮食、生态和环境为代价的新型城镇化、新型工业化、新型农业现代化"三化"协调科学发展的路子，进一步创新体制、扩大开放，着力稳定提高粮食综合生产能力，着力推进产业结构和城乡结构调整，着力建设资源节约型和环境友好型社会，着力保障和改善民生，着力促进文化发展繁荣，推动农区经济实现跨越式发展。

(二)"三化"协调发展对农区工业化的意义

总的来说，推进"三化"协调发展，是农区现代农业建设的必由之路。过去农区发展强调农业，主要强调挖掘农业内部潜力；在"三化"协调发展的新形势下建设农区，既要向内，更要从农业以外注入农区发展新理念、新要素、新机制，培育新的组织形式，激发新的活力。应当说全国总体上进入工业化、城镇化快速推进的新阶段，为农区发展现代农业提供了可靠的物质基础。但也要清醒地看到，中国经济社会发展中不协调、不平衡、不持续的问题在农区表现得尤其突出，农业仍然是农区现代化建设中的一块"短板"。特别是受外部环境和内部动因的共同作用，农业经济、农村发展正在经历重大而深刻的变革，农产品供求进入紧平衡阶段，农业生产进入高成本阶段，农村劳动力进入总量过剩和结构性短缺阶段。这就要求农区以推进"三化"协调发展为契机，一手抓工业、抓城镇，一手抓现代农业，大力实施以城带乡、以工促农，补齐农业这块"短板"，使长板更长、短板拉长，夯实农区由大农业到强农业的基础。推进"三化"协调发展，同样是加快农村工业化的必然要求。在"三化"推进中，与工业化、城镇化比较，农业现代化是短腿。只有加快农村工业化，才能更好地加强工业反哺农业。推进"三化"协调发展，还是农区新农村建设的强大动力。新农村建设是世界性难题，西方发达国家主要靠政府补贴，支持城乡均衡发展；一些发展中国家因经济起飞后忽视解决城乡二元结构矛盾，农村发展仍然滞后，陷入"中等收入陷阱"。近年来，很多农区在加快城镇化、工业化进程中，坚持以工补农，以城带乡，开展城乡统筹发展试点试验，围绕加强农村基础设施建设、着力改善民生、体制机制改革创新和城乡基本公共服务均等化等方面，做了大量打基础、利长远、见实效的工作。目前，农区新农村建设处在一个新的起点上，必须进一步提升建设和发展水平，需要新理念、新思路、新举措。要在"三化"协调发展中，发挥新型工业化的龙头作用，更多地依靠工业带动、城镇带动、产业带动，实现城乡互促共荣发展，促进城乡融合，促进城市优势资源向农村优化配置，带动新农村建设全面发展、实现质的飞跃。推进"三化"协调发展，是促进农民增收的根本途径。"三化"协调推进的过程，就是农民拓宽就业门路、大幅度增加收入的过程。

二 "三化"协调发展的农区工业化道路应如何走

（一）坚持强农稳粮，把解决好"三农"问题作为农区发展之重中之重

毫不放松地抓好粮食生产，切实保障国家粮食安全，促进农区农业稳定发展、农民持续增收、农村全面繁荣。集中力量把农区建设成国家粮食生产核心区，巩固提升中国传统农区在保障国家粮食安全中的重要地位；加快转变农业发展方式，发展高产、优质、高效、生态、安全农业，培育现代农业产业体系，不断提高农业专业化、规模化、标准化、集约化水平，把农区建设成全国新型农业现代化先行区。

（二）坚持统筹协调，把促进"三化"协调发展作为推动农区科学发展、转变发展方式的主要驱动力

这就要求农区在坚定不移地走新型城镇化、新型工业化道路的同时，建立健全以工促农、以城带乡长效机制，在协调中促发展，在发展中促协

调。在加快新型城镇化、新型工业化进程中同步推进新型农业现代化，探索建立土地节约集约利用机制、工农城乡利益协调机制、农村人口有序转移机制，加快形成城乡经济社会发展一体化新格局。

（三）坚持节约集约，把实现内涵式发展作为基本要求

实行最严格的耕地保护制度和节约用地制度，着力提高资源利用效率，加强生态建设和环境保护，全面增强可持续发展能力。

（四）坚持以人为本，把保障和改善民生作为根本目的

大力发展教育、卫生、文化、体育等各项社会事业，切实解决就业、住房、社会保障等民生问题，加快推进基本公共服务均等化，确保农区广大城乡居民共享改革发展成果。

（五）坚持改革开放，把改革创新和开放合作作为农区发展的动力

作为后发的工业区域，虽有后发优势，但也有后发劣势。这就需要农区大胆探索，勇于创新，加快形成有利于"三化"协调发展的体制机制。工业化、城镇化和农业现代化是中国社会主义现代化建设不可分割的重要组成部分，更是农区政府发展中面临的现实问题。如何推进"三化"协调发展，使三者相辅相成，是破解广大农区当前发展中若干重大问题的关键环节，也是一项复杂的系统工程，必须打破传统模式，在遵循市场经济规律的基础上结合农区实际，协调推进。

值得高兴的是，很多农区政府已经把加快工业化、城镇化与推进农业现代化结合起来，努力促进协调发展并纳入其发展规划中。2012 年 1 月 14 日河南省第十一届人民代表大会第五次会议通过的《河南省建设中原经济区纲要》决议明确指出，充分发挥新型城镇化引领作用、新型工业化主导作用、新型农业现代化基础作用，持续探索不以牺牲农业和粮食、生态和环境为代价的"三化"协调科学发展的路子。湖北等省份也提出推进"三化"协调发展的科学发展思路，提出以加快转变经济发展方式为主线，进一步调整产业结构，增强创新能力，提高工业制造水平，走新型工业化道路；积极稳妥推进城镇化，加快形成以大城市为依托、大中小城市和小城镇协调发展的格局；更加重视农业现代化，夯实农业

基础，探索破解资源、环境瓶颈制约，确保国家粮食安全，促进农业农村发展和农民增收。

三 "三化"协调发展的农区新型工业化发展的着力点

（一）积极推进农区产业结构调整和优化升级

作为工业化滞后地区，农区产业的显著特点是，现有工业集中在能源、原材料等资源与资本密集型产业，并在承接东部地区产业转移过程中充当二传手角色。在承接东部地区产业转移、建立农区工业化体系过程中，必须依照新型工业化之要求，把推动企业自主创新和改造提升传统产业、培育战略性新兴产业相结合，构建多元化现代产业体系，着力提高产业发展质量；进一步推动本地企业自主创新能力，培育一批适合本地发展的战略性新兴产业，并在政策层面鼓励加快技术改造创新，为新兴战略支撑产业拓展发展空间；促进农区内资源与国际、国内资源的产业对接，做到优势互补，提升产业核心竞争力，孕育和发展新的先进生产力；兼顾资金技术密集型产业与劳动密集型产业的共同发展，以便充分发挥农区的人力资源优势，实现农村富余劳动力的有效转移。

（二）加大财政政策扶持力度，积极发展现代农业

用现代物质条件装备农业，用现代科学技术改造农业，用现代经营形式推进农业，用现代发展理念引领农业，用培育新型农民发展农业。

（三）大力发展服务业，尤其是现代服务业

服务业作为吸纳劳动力就业最主要的渠道之一，如果服务业发展滞后，必然会抑制劳动力向非农产业的转移，从而阻碍城镇化和农业现代化的进程。传统农区服务业发展滞后，影响了本地经济产业结构和劳动力的吸纳能力，这是一个很现实的问题，因此，农区政府部门应该把发展服务业特别是现代服务业作为农区落实科学发展观、提升产业结构、转变经济发展方式、扩大就业的重要手段。要明确支持现代服务业具体方向，制定现代服务业发展规划，优化服务业发展环境，加强制度创新和政策调整，推动现代服务业持续、协调、快速发展。

（四）积极推进城乡经济社会一体化发展

农区工业化与城镇化、农业现代化之间存在着互动发展的内在联系，但目前农区"三化"协调发展的内在机制受到了城乡分割制度的冲击，因此推进"三化"协调发展，就必须打破城乡分割，实现城乡一体化发展。农区政府应在中央和省一级政府的支持下，尽快建立城乡一体的交通、供水、流通、能源、信息网络体系，大力发展农村各项社会事业，促进基础设施建设和公共服务的城乡统筹、区域共享。要建立健全推进城乡一体化的体制机制，在土地流转制度改革的基础上，加快户籍制度改革；农区应该在建立城乡一体化的就业体系和社会保障体系方面率先有所作为。此外，在当前城乡发展差距依然较大的背景下，需要特别关注人才、劳动力在城乡之间的双向流动问题，尤其要努力促进人才由城到乡的流动，加大城市教师、医务人员、文化工作者支援农村的力度，鼓励大专院校和中等职业学校毕业生以及那些已积累一定资本或经验的外出打工者到农区服务、创业，为农区经济提供更多的人力与社会资本，以助推农业现代化和农区工业化。

（五）促进产业与城镇的融合发展

农区只有走产、城融合之路，才能实现农区劳动力在就业空间和就业部门间的同步转变，真正实现在持续推进工业化和城镇化过程中，同步实现农业现代化。因此，农区"三化"协调发展，必须坚持走产、城融合发展之路，充分吸纳就业、建设良好产业生态、优美人居环境的现代化新城镇。要做好科学规划，同步完成农区的土地利用总体规划、产业集聚区规划并与城镇规划协调衔接。强化城镇产业支撑，发展园区经济，按照强化特色、整合资源、提升功能、增强竞争力的要求，因地制宜规划园区建设，使之成为农区外来投资的密集区和集约发展的示范区。要推动农区企业向园区集中、非农产业向城镇集中、劳动力向城镇转移，使城镇发展节奏和规模与产业聚集速度及程度相协调。要从农区人多地少、肩负国家粮食安全重任的基本情况出发，统筹城乡、节约土地、布局合理、功能完善、以大带小，促进农区中小城市和小城镇、农村社区的协调发展。

第二节　传统农区农业现代化建设的财政政策支持

我国农业是长期制约经济发展的"瓶颈",是关系着中国政局稳定的大事。当前我国农业存在很多问题,农区工业化面临诸多来自农业方面的压力。农业现代化是解决农区发展和农区工业化的先决条件,是我国农区经济发展的核心环节和基础因素。助力农业现代化的财政手段是实现农业现代化的催化剂,是政府使用宏观调节方式直接推动农业生产力提升的主要手段。财政手段如何更好地作用于农业现代化进程有赖于农业现代化财政体系的构建,有赖于针对农业现代化而做出的政策设计和制度安排。公共财政政策应当首先顾及农区的农业现代化,在解决好"三农"问题的基础上,推进农区工业化的顺利开展。

一　我国农业发展面临诸多问题

中国是一个农业历史悠久的国家,农业在整个国民经济中占有重要的地位。自 1949 年新中国成立以来,尤其是 80 年代改革开放以来,中国的农业发展迅速,以有限的耕地养活了占全世界 22% 的人口,取得了令世人瞩目的成就。

第一,农业生产持续稳定增长。进入 21 世纪,中央政府进一步加大粮食生产扶持力度,各级政府积极开展粮食稳定增产行动,科技支撑力度明显加大,农业气候条件总体偏好,我国农区粮食自 2006 年开始连续 5 年获得丰收。据统计,2012 年粮食产量为 11424 亿斤,增产 494 亿斤,跃上了1.1 万亿斤的新台阶,实现了历史罕见的"八连增",创造了连续 5 年过万亿的新纪录。目前,中国人均粮食、棉花、油料蔬菜、肉类、禽蛋、水产品产量,已达到或超过世界平均水平。

第二,乡镇企业异军突起。随着农村改革不断深化和农村经济政策的放开搞活,乡镇企业异军突起,成为推动农村产业结构变革的重要力量,为农业劳动力转移开辟了新途径,为农民收入提供了新来源,为国民经济发展做出了巨大贡献。目前乡镇企业的发展产生了众多特色鲜明的产业集群,形成了产业发展、人口聚集、市场扩张、城镇扩大的良性互动局面。

第三，农民生活水平显著改善。2011年农民人均纯收入达到6977元，增量超过千元，创历史新高，实际增长11.4%，创21世纪新高，实现改革开放以来首次连续8年较高增长。农民收入增幅在2010年超过城镇居民的基础上再次超过城镇居民，中西部地区农民收入增速普遍超过东部地区，开始显现城乡区域收入差距缩小的态势。与此同时，精神文明和民主法制建设也取得明显进步。农民的思想观念发生了深刻变化，在中国广大农村地区基本上已经扫除了文盲。截至2011年，绝大部分的村初步确立了村民自治制度，建立了村民代表会议制度和村务、财务公开制度，村委会选举已形成比较系统的规范，村民代表会议制度正在逐步普及。

第四，农业国际合作与交往发展迅速。改革开放以来，农业国际交流合作不断发展壮大，逐步形成了"全方位、多层次、宽领域"的农业对外开放格局，有力服务了国家整体外交和现代农业建设，为推动世界农业的发展做出了应有的贡献。中国农业科技的国际交往也发展迅速，中国已与80多个国家有了农业交往，与40多个国家建立了密切的联系。同时，中国还同13个国际农业研究中心有密切的关系，并积极开展了双边合作。

第五，农村经济体制改革成效显著。经过30多年的发展，中国农村经济体制发生了五个方面的深刻变化。一是突破了高度集中的人民公社体制，实行家庭承包经营。二是突破了以粮为纲的单一结构，发展多种经营和乡镇企业，全面活跃农村经济。三是突破了统购统销制度，市场调节农产品供求、配置资源的作用显著增强。四是突破了单一集体经济的所有制结构，形成以公有制为主体、多种所有制经济共同发展的格局。五是突破了农业生产上的指令性计划，实行指导性计划。改变了政府调控农业的方式，初步形成了经济、法律和行政等手段综合运用的农村经济宏观调控体系。

然而，我国是一个发展中的农业大国，由于长期投入相对不足，加之农业具有投资周期长、投资强度高等特征，使我国农业发展面临诸多问题。

第一，总体农业生产效率低下。我国农业人口庞大，人均耕地不足，农业规模小，机械化水平低，使得总体农业生产效率低下。随着农业现代化的推进，庞大的农村剩余劳动力在没有稳定的就业出路的情况下，

仍然需要分享农业收入，使得农业人均收入较低。统计显示，我国传统
农区农民的收入并不高，2006 年全国农村居民家庭人均纯收入为 3587
元，在 13 个传统农区省份中，却有 8 个省份（包括内蒙古、黑龙江、安
徽、江西、河南、湖北、湖南、四川）低于全国平均水平，吉林高于全
国平均水平不足百元。

第二，众多农产品相对过剩，农产品价格持续走低以及游资炒作带来
的部分农产品价格异常波动。中央政府自 1998 年以来连续多年提出农业结
构调整的政策，积极支持农业产业结构调整，但是众多农产品质量仍不过
关，缺乏国际竞争力，只能面向国内消费者。这样一来使得众多农产品相
对过剩以及农产品的价格持续走低。近年来，由于国内外游资的炒作，使
得部分农产品价格异常波动，也造成相关产业受损。

第三，加入 WTO 对我国农业存在一定的不利影响。发达国家的农业
生产多为农场式生产，其机械化程度高，产品商品率高，生产成本相对较
低。而我国农户人均耕地面积少，生产规模小，粮食生产的商品率只有
30% 左右，成本相对较高。而且小规模生产造成流通费用占粮食销售价格
的比重很大，使我国农产品价格很难在加入 WTO 后与发达国家抗衡。

第四，农业科技成果产业化效率低。我国农业科技成果的总量很大，
据统计，我国每年产生 6000 多项农业科技成果，但真正运用于生产、产生
实际经济效益的科技成果却很少。世界发达国家的农业科技成果转化率为
65% ~85%，而我国仅为 30% ~40%。

二 农业现代化是中国农区农业发展的出路

随着我国经济的快速发展和我国人口的快速增长，我国农业已经成为
长期制约中国经济发展的瓶颈，国内外经济形势变化对农业发展的影响也
越来越大，对农业基础性支撑作用的要求越来越高，必须进一步强化农业
基础地位，这无疑对农区加快推进农业现代化提出了新的要求。但是，由
于农业的特殊性，我国农业现代化的进程离不开中央和地方财政的支持。
伴随着我国改革开放的深化和市场经济的发展，农区急需在农业领域加快
推进公共财政转型，构建农业现代化公共财政政策体系，发挥公共财政对
农业的扶持作用。

（一）农业现代化是我国农区发展的出路

农业现代化是指相较于传统农业发展方式，在农业生产中大量引入了工业、商业所使用的现代化科技和管理手段，极大地提升了农业产业综合效能，兼顾社会、自然综合平衡的农业发展实施过程和目标状态。综合现有文献，农业现代化具备以下几方面特征。

1. 优越的农业生产条件

农业生产条件的改善是农业现代化最根本、基础的保障，是发展实现农业现代化的前提。从国内外农业现代化进程来看，主要体现在农业基础设施（交通、水利、水电）健全、普遍采用机械化生产、农业资源供给充足等几个方面。改善生产条件是提高农业劳动生产力最直接、最有效的方式。

2. 成熟的农业产业体系

农业产业化是农业顺应市场经济发展要求，突破传统单一生产型农业局限，将农业链条延展至产、供、销一体化的发展模式，从而实现农资供给、农业生产、农产品加工、农产品销售几个环节的衔接。

3. 强大的农业技术支撑

农业的现代化必须以农业科技为支撑，是科学技术是第一生产力在农业上的具体体现，农业科技的发展为农业发展提供了更为广阔的空间和更为丰富的手段。在实现农业现代化过程中，通过农业技术革新、教育、培训、信息交换等方式让科学技术更充分地作用于农业发展，从而使其转变为实实在在的农业生产力。

4. 科学的农业组织形式

承包责任制以后的以家庭为单位的农业分散经营方式一直是我国农业现代化发展的羁绊，而集体经营的模式也以低效、浮夸而成为历史。现有的农业生产组织形式作为生产力提升和生产关系调整的瓶颈，很大程度上制约着农业生产条件的改善和农业技术的推广应用。从世界范围来看，一种合作而不合并的农业联合，以合作社经济、行业协会、农业联合体为主要形式的科学组织方式在农业现代化实施中发挥了重要的推动作用。

5. 农业资源开发利用可持续

农业资源是农业现代化的物质保证，随着农业开发的深入，因一直以来农业资源的粗放式开发和低效使用，不断出现了部分农业资源污染和枯竭的现象，极大地威胁着现代化农业的可持续发展，涸泽而渔、焚林而猎的农业发展方式不是现代化农业，只有循环、有序、可控的农业资源开发才符合现代化农业的要求。

（二）公共财政支持农业现代化的必然性

财政支农的必然性是由农业的特性决定的。第一，由农业的公共属性决定。农业作为国民经济的基础，对稳定社会和发展经济具有重大意义，具有明显的公共安全属性，在市场经济条件下，农产品尤其是大宗农产品的短缺会比其他任何商品的短缺对社会和经济造成的影响和威胁更大。第二，由农业的弱质属性决定。农业是效益低、风险高的弱质产业。因此，公共财政必须采取各种政策和方法，加大对农业的投入和支出。第三，由农业的社会保障属性决定。一方面，农业是解决中国广大农民就业的主要渠道，是广大农民得以安身立命维持生计的基础；另一方面，随着农业的发展，三次产业经济结构的调整必然会出现许多农村剩余劳动力转出的现象，解决这些人的就业问题离不开公共财政的支持。第四，由农业的生态维护属性决定。农业生产与生态环境相互影响，进行农业生产一方面要依赖于良好的生态环境；另一方面又会对生态环境产生很大的修复功能，维持生态环境的良好持续发展需要财政支持。第五，农业在市场生产中具有公共服务的要求。农业的发展要有健全的社会化服务体系作为保障，但维系服务体系正常运转需要财政政策和资金支持。

依据农业的特性，要实现农业现代化的目标，必须要有财政政策作为发展后盾。第一，只有财政支农，才能实现农业现代化，提高规模化、专业化、协作生产的水平。通过发展规模化种植业和养殖业，实现现代大农业生产经营，才可以在生产成本和经济效益等方面有力地克服低效农业的弱点，提高农业的规模化程度，提高农业规模经济效益。第二，只有利用财政支持，才能实现农业产业化目标。建立农业龙头加工企业，对自身的优质农产品进行深加工、打造知名农业品牌、提升我国农产品在国际市场的竞争力，使原来分散力量凝聚成一个拳头，既能增加农牧职工的收入，又能提升农业经济的效益。第三，只有通过财政支持，才能构建农村农业生产服务平台。农业生产服务平台包括农业信息服务平台、农业政务动态服务平台、农业政策法规服务平台、农业技术服务平台、农业交易服务平台、农业科技技术推广服务平台等。第四，只有加大财政支持，才能更好地改善农业职工的生活水平。农业是各类产业中的弱质产业，农业职工的收入受自然风险和市场风险的影响很大，因此，使他们享受基本公共医疗、养老、工伤等社会保障需要财政支持。第五，只有加大财政支持，才能更好地建设现代农业示范基地、节水灌溉示范推广基地和农业机械化推广基地。

三　推动农业现代化的主要公共财政政策

（一）改善农业生产条件和生产方式的财政政策

该类政策是最为基础和最为直接推动农业现代化的政策措施，主要包括直接投入资金用于土壤科技保墒、粮食品种改良、农田水利等基础设施建设、机械化推广等项目，通过对农业生产环节的改进，逐步实现传统农业生产向现代化生产方式转变，使农业生产更具主动性和开拓性。

（二）加速农业产业体系建立和升级的财政政策

该类政策是为突破传统农业模式，使农业不局限于单一生产环节，而能够顺应市场经济要求，走综合性、体系化发展之路。其主要包括通过直接贴息农产品加工企业、拓展农业投融资渠道、投资建立示范农业园区、支持农商超对接等手段大力推动农产品深加工、农业观光、特色农业等综合农业发展项目，使农业各环节有机协同、有效衔接、顺势运营。

（三）加强农业科技和农业服务的财政政策

此类政策主要解决现代化农业发展的外在支撑问题，只有科技进步和社会服务健全，农业才能有更大的发展空间。其主要政策手段包括加大农业科研投入、资助农业科研成果转化、加大农业研究人员培育、扶植农业社会联合组织和行业协会、支持农业气象服务、交易信息服务、农业科技服务等公益事业发展。此类政策对降低农业风险，提高农业产能都具有重要作用。

（四）提高农业从业人员受教育水平的财政政策

农业从业人员文化程度和专业技能的提升是农业现代化发展的内在动力，财政一直注重对农业人口的教育政策倾斜，主要包括通过大力普及农村九年义务教育、兴办农业职业教育、鼓励农业高等教育发展、举办农业技术培训等多种长短期并行形式，提升农业从业人员素质，培育和壮大农业产业队伍。

（五）发展实施生态农业的财政政策

发展实施生态农业的财政在单靠市场机制难以直接引导发展生态农业的情况下，政府财政手段的介入，推广和引导生态农业发展，提高农业的持久性和发展后劲必不可少。财政手段主要通过建设节水农田、健全农林管护机制、人工造林和退耕还林、农业综合风沙防治等农业综合开发项目，对合理高效利用有限的农业资源，维护农业生态环境起到了积极作用。

总之，使用财政手段促进农业发展，必然要将推动农业现代化作为主要方面，推动农业现代化进程，必须要理清政策思路，必定要研究制度安排，也就必然要构建公共财政政策体系。只有体系是健全的、方向是对路的、实施是科学的，才能最大限度地发挥公共财政在推动整个现代化农业发展过程中的积极作用。

第三节　传统农区走新型工业化道路的财政政策

一　传统农区必须走新型工业化道路

新中国成立以来，尤其是改革开放之后，传统农区为解决全国的温饱问题和粮食安全问题做出了巨大的贡献。根据农业部种植业司 2008 年统计数据显示，13 个传统农区的粮食产量占全国总产量的 74% 以上，提供了全国 80% 以上的商品粮，是中国粮食安全的重要支柱。然而，传统农区农民的收入很低，根据国家统计局提供的数据，2011 年全国农村居民人均纯收入 6977 元，在 13 个传统农区省份中，却有包括内蒙古、黑龙江、安徽、江西、河南、湖北、湖南、四川在内的 8 个省份低于全国平均水平，吉林高于全国平均水平不足百元。很显然，若想在保障粮食安全的情况下切实增加农民收入，传统农区的发展需要新思路，走农区的工业化道路。处于"后发"状态的传统农区可以借鉴"先行"地区的工业化经验和教训，结合传统农区的劳动力、环境和产品优势，走出有别于传统方式的工业化之路，选择"以信息化带动工业化，以工业化促进信息化，走出一条科技含量高、经济效益好、资源消耗低、环境污染少、人力资源得到充分发挥"的新型工业化之路。传统农区的出路在于走新型工业化道路，而传统农区却由于历史的影响而"锁定"在"粮仓"的位置上，此时就需要一些"外部力量"打破原有的路径依赖，最直接而有力的外来刺激就是财政政策，为传统农区走新型工业化道路提供政策支持。

（一）农区经济发展的新路径选择

关于传统农区的经济建设路径应如何选择，中央决策层更认同这样的观点，即应以发展农业为主，改造传统农业为现代农业，通过提高土地的单位产量和收益，提高农民人均收入。在此基础上，许多学者提出可以通过农业产业化，或者说农业市场化，主要通过包括农业生产商品化、专业化、规模化、组织化等实现农业现代化的有效延伸，来实现传统农区经济的快速发展。

然而，农业现代化和产业化是解决传统农区经济发展的根本途径吗？农民就业与收入问题是传统农区经济问题的核心，农业现代化和产业化对农民就业和增收的积极作用不容否认。因为到目前为止，农业仍是吸纳农村劳动力就业的主力，但农业现代化必然降低农业吸纳就业的能力，农业产业化初期虽然吸纳劳动力就业的能力较强，但随着产业化的发展和生产技术的提高，其吸纳就业的能力也会逐渐平稳下来，甚至有所下降。截至 2008 年底，中国农村居民约为 7.2 亿人，为达到初步农业现代化水平的农民人均耕地面积指标，我国必须减少至少 4 亿农村剩余劳动力，按照 2008 年农村出外务工人员 1.4 亿人计算，农村仍存在近 2.6 亿剩余劳动力，农业现代化和产业化先行地区的经验已经表明，如此庞大规模的农村剩余劳动力是单纯依靠农业所无法解决的重大课题。

寄希望于城市工业能否解决这一课题呢？根据农业部的统计数据，1982~2008年，我国城市工业解决了农村近1.4亿剩余劳动力就业，年平均转移农村劳动力500多万人，但农村每年的新增劳动力数量约为600多万人，如果仅仅依靠向城市转移，现有的2.6亿农村剩余劳动力存量加上每年新增加的600多万，即使每年转移1000万，至少还需要近70年的时间。况且向城市转移的农民仍以个体劳动力转移为主，家庭在城镇落户者寥寥，这一方面导致进入城市和工业的均是年富力强的，具有相对较高的文化水平和劳动能力的劳动者，将"老弱病残"滞留在农区，农区"空心化"现象在所难免，使农区农业经济状况更加恶化；另一方面，进城农民所从事的多是技术含量低、劳动强度大、收入低的工作，岗位需求的弹性大、流动性强，2008年金融危机过程中，农民工就因经济形势恶化出现大量返乡现象。另外，不容忽视的是，在我国农村剩余劳动力转移的过程中，文化闭塞、意识落后的传统农区与其他地区具有竞争关系，相比之下农区处于明显劣势。

20世纪80年代异军突起的乡镇企业是本属于传统农区的"苏南""温州""珠三角"等均以自己的模式实行的农区工业化，这为解决农民就业、提高农民收入甚至促进整个国民经济快速增长做出了重要贡献，进而成为理论界关注的焦点。有的学者支持农区工业化（刘伟，1992；张培刚，2002），有的学者质疑农区工业化（陈祥生，2003；周天勇，2001；郭克莎，2002），但在我国实现全面小康社会的目标之下，在农业现代化、产业化和城市工业化都无法独立解决农区经济发展路径难题之时，农区工业化就势在必行了，可以这样说，农区工业化是中国整体工业化进程不可缺少的组成部分，也是农区实现农业现代化、产业化的前提。所以，问题的关键不在于农区是否应该推进工业化，而在于应以何种方式推进工业化。鉴于我国以往农区工业化的经验、教训，我们可以提出一种设想，传统农区要走新型工业化道路。

（二）传统农区走新型工业化道路的内涵与主要特征

传统农区走新型工业化道路，意味着区别于在传统农区办工业，我们更倾向于在农村社区范围内按照新型工业化的理念和方式建立和发展工业及其他非农产业，并对包括传统农业在内的农区经济乃至整个农村社会管理实施改造，最终实现农区经济社会一元化转变。本书所涉及的新型工业化道路，指的是党的十六大报告提出的基本概念和理念，即到 2020 年我国基本实现工业化的目标，但我国的工业化是一条不同于传统工业化的新型工业化道路，是"坚持以信息化带动工业化，以工业化促进信息化，走出一条科技含量高、经济效益好、资源消耗低、环境污染少、人力资源优势得到充分发挥的新型工业化路子"。遵循我国新型工业化理论的基本思想，结合传统农区工业化的实际情况和问题，我们认为传统农区的新型工业化之路应包含以下主要特征。

1. 可持续发展的工业化

近年来，以传统工业化模式为特征的农区工业增长明显放缓，这主要是由农区企业不可持续的增长方式造成的。长期以来，我国农区工业化发展走的是一条高能耗、高污染、高资本投入为主的粗放型道路，农区工业发展质量并不理想。历史的教训启示我们，传统农区的工业化只能走可持续发展之路，就是说，在传统农区工业化发展过程中，不仅要注重发展的现期效应，更要强调发展的长远性、持久性和永续性，特别是要强调传统农区工业资源的代际共享、代际均衡和永续利用。同时，要处理好工业化发展和环境保护的关系，避免农区工业化可能带来的环境恶化问题。

2. 信息化的工业化

中国的工业化不同于西方发达国家的是，我国不是在工业化成熟后再发展信息化的，而是工业化、信息化和现代农业齐头并进。这就为传统农区工业化实现产业结构层次和技术层次上的跨越式发展提供了可能性。由于信息具有明显的外溢效应、广泛的技术渗透性、极强的技术创新性和强劲的产业带动性，就更有利于传统农区通过信息化发展，促进农业现代化和产业化，并带动工业化。传统农区通过信息技术以及信息技术产品水平的提升，并通过将信息技术应用于传统农区工业产品的设计、管理、制造、服务和营销的全过程，间接为其工业化（特别是制造业的发展）提供更好的技术经济环境，同时提高农区企业的竞争力。

3. 以教育发展和技术创新为动力的工业化

工业化是与发展教育和创新技术紧密联系的，实现工业化的关键在于技术改造和技术进步。显然教育落后和缺少技术创新已成为制约农区

223

工业化的瓶颈，提高教育水平和形成技术创新能力是实现传统农区新型工业化的动力和源泉。一方面，通过传统农业向科技依存型农业转化，促进传统农区的可持续发展能力的提高；另一方面，各产业持续竞争力的提高必须以信息、技术的提升为关键。传统农区走新型工业化道路的过程中，必须依靠教育发展和科技进步，不断提高工农业产品的科技含量，以价格低、产品质量好的竞争优势在国内和国际市场上争得更大的市场份额，着重依靠提高劳动者素质和科技水平的不断提高提升工业竞争力和经济效益。

(三) 我国传统农区走新型工业化道路是可行的

传统农区走新型工业化道路面临着一系列困难，例如科技力量薄弱，缺乏自主创新能力；基础设施薄弱，信息化建设滞后；利用外资水平低，对外开放度不够；教育落后，低素质人口数量依然巨大；融资困难，资金缺口较大；农区的管理体制改革滞后等。但同时，传统农区也拥有工业化后发优势和一些条件，这些相对优势为走新型工业化道路提供了可行性。

1. 丰富的农产品原材料

以农产品为原料的加工业，始终是农区工业的重要组成部分。传统农区拥有充足原料和广阔市场的绝对优势。2008 年，传统农区粮食总产量为39917.5 万吨，占全国粮食总产量的 75.50%。其中，稻谷、小麦、玉米产量分别占全国总产量的 71.76%、84.93% 和 77.22%。同时，各省、自治区拥有其特色的农产品优势，如山东省的蔬菜和水产品，黑龙江省的大米、玉米和大豆，安徽省的油菜子、小麦、稻谷、豆类、花生和棉花，河南省的小麦和玉米，吉林省的玉米和水稻等。产量大、品种丰富的农产品既满足了基本的食用需要，又为农产品深加工业和其他产业的发展提供了原材料。

2. 丰富的劳动力资源

截至 2008 年，传统农区共有 7 亿人，占全国总人口的 59.44%；传统农区共有劳动人口（15～64 岁）5.16 亿，占全国劳动人口的 59.86%。从总抚养比来看，传统农区 13 个省区中有 8 个低于全国 36.72% 这一比率，传统农区总抚养比的平均值为 35%，亦低于全国水平。而河南、湖南、湖北、安徽、四川等更是众所周知的劳动力输出大省。2008 年，除了江苏省职工平均工资为 31667 元，略高于全国平均职工工资 29229 元之外，其他 12 个省、自治区的平均工资均低于全国平均水平，传统农区的劳动力成本较为廉价。丰富而低廉的劳动力资源为传统农区各种产业的发展提供了人力资源保障，大批的农村剩余劳动力可以通过技术、职业教育培训转换为丰富的人力资源。

3. 国际、国内产业大转移

从世界历史角度考察，目前正在进行第四次产业转移，即世界加工制造中心，特别是世界电子信息产品的制造向中国的转移。迄今为止，全球经济共完成过三次产业中心的转移，自 20 世纪 80 年代以来的 30 多年里，我国东部地区承接了三次大的产业转移。第一次是 20 世纪 80 年代，香港的大部分轻纺、钟表、玩具、小家电、消费电子等轻工和传统加工业的转移；第二次是 20 世纪 90 年代初，日本、韩国以及中国台湾地区的电子、计算机、通信产业的低端加工和装配的大规模转移；第三次是从 21 世纪初开始直到现在还在进行中的欧美及日本等发达国家跨国公司以制造中心、研发中心、产品设计中心、采购中心为代表的高端产业的转移。目前中国东部地区集中了全国 80% 左右的加工工业，并且以电子、信息、汽车及零部件制造为主导的国际产业正加速向中国东部地区转移。但随着东部地区对经济发展质量的重视，其产业结构调整、优化、升级已经成为其经济发展的内在要求，再加上近年来东部地区加工工业越来越面临土地、劳动力等生产要素供给趋紧、企业商务成本不断提高、产业升级压力增大、资源环境约束矛盾日益突出等问题，其加工工业向中西部地区转移的趋势日益明显。在这一历史过程中，传统农区可以选择适合本地有比较优势的产业，通过承接发达地区的产业转移，积累工业化的资金，就地安置当地劳动力。

4. 环境承载力相对较高

由于农区高污染、高能耗的传统工业相对较少，再加上中国消费结构升级，特别是居民对营养、健康、绿色生态产品的需求越来越大，这使得传统农区的自然生态环境得到了较好的保护。2007 年，内蒙古、辽宁、吉林、黑龙江、江苏、安徽、山东、河南、湖北、湖南 10 个省、自治区的每亿元 GDP 的排污量总和均低于全国平均水平，特别值得一提的是，吉林、黑龙江、江苏、山东、河南、湖北和湖南 7 个省的所有平均排污量均低于全国平均水平。① 环境污染程度低成为传统农区走新型工业化道路的巨大优势，传统农区可以充分利用生态优势，扩大了产业选择的范围，引入对进入环境要求高的生态、旅游等可持续发展的产业。

5. 保农、惠农、支农政策支持

十六大以来中央实施城乡统筹发展方略，坚持"多予少取放活""工业反哺农业、城市支持农村"的方针，出台了一系列支农惠农的政策，先后在全国范围内取消了农业税，出台了综合直补、粮食直补等多项涉农补贴，加大了农村基础设施建设和社会事业的投入，中央财政实际用于"三农"的各项支出逐年增加。加大了农村社会保障制度的建设与投入，农村居民最低生活保障制度、新型农村合作医疗制度、新型农村养老保险制度等保障制度的建设和不断完善，为传统农区的农民创业和择业提供了"安全网"。

6. 明显的后发优势效应

后发地区通过诱致性和强制性制度移植变迁可以形成后发优势，即传统农区可以直接吸收、模仿和采纳先发地区已经形成的有效的制度，避免了不断"试错"的高额成本，并大大缩短这一过程的时间。制度性后发优势使后发地区能改变激励机制、提高资源配置的效率、降低交易风险和费用，促进经济增长。一般而言，知识经济会弱化后发优势，但传统农区的工业化不同于较高工业化水平基础上的后进国对先驱国的赶超，因为传统农区的工业基础很薄弱，最初阶段所需的工业知识信息的获取成本会变得非常低廉，获取方式也就相对便捷。② 传统农区若充分利用其后发优势和现有条件，有可能实现以往任何国家和地区都未曾出现过的跨越式大发展。

（四）传统农区新型工业化的路径

虽然我国传统农区在资源禀赋、农业竞争力、经济发展水平、市场条件、区位条件等方面的差异很大，理论上宜采用区域差异化的发展战略，

---

① 吴艳玲：《我国传统农区走新型工业化道路的 SWOT 分析》，《安徽农业科学》2010 年第 5 期。

② 牛飞亮、黄庆华：《后发优势与后发劣势——知识经济时代西部地区的制度创新与人才战略》，《青海师范大学学报（哲学社会科学版）》2006 年第 3 期。

但由于传统农区工业化道路在本质上是产业结构调整和产业升级的过程，现立足产业角度对传统农区走新型工业化道路的实现路径作简略分析。

1. 培育适合本地发展的主导产业

因地制宜地选择关联效果显著、收入弹性高、具有比较优势的产业作为主导产业，并重点给予财政、税收上的支持，保证其优先发展，是我国传统农区在进行产业规划时首先要考虑的问题。应制定产业进入和退出机制，对于处于衰退阶段的产业，限制进入，鼓励原有企业、行业更新改造原有技术和工艺，促进产业的优胜劣汰；积极发展区域内农产品资源优势，具有一定加工技术含量的农产品加工工业；尽可能发展知识型农区工业，从经济、人口、资源、环境协调发展要求出发，加速中国农区工业从"资源依存型"向"科技依存型"的最终转变。

（1）发掘和培育传统农区农业与工业的相关性。在计划经济体制下，传统农区被政府定位于低价的粮、棉、油、烟等初级农产品的供应基地，并由此形成了相应的产业结构和经济格局，传统农区难以发挥自身独具的优势，不得不将经济发展过度集中在人均规模日渐缩小的耕地上，无暇顾及耕地之外的各种资源的利用和开发，以农产品为原料的工业发展滞后。改革开放后，东部沿海部分农区作为改革的前沿地带开始工业化之路，但大部分中西部的农区并未获得太多的耕地自主处置权，继续以农业为主业，以劳动力转移为经济手段发展经济，农村工业与农业的关联度并没有太大改观。到2000年，我国农村工业与农业关联度系数只有0.4%。[①] 即使在传统农区工业发展的过程中，我们也发现乡镇工业与农业的关联度并不高，尤其是发展的初期。目前，传统农区中农业优势明显，尤其是沿海发达省区耕地消失殆尽之时，传统农区的农业优势更加突出，完全有条件立足农业，加快农业现代化的同时，工业项目围绕特色农业展开，实现农业优势资源的工业化。在特色农产品产业化的过程中，应注意利用产业分工提高工业技术水平，把原产地品牌作为特色农区产品发展的主要目标，通过市场化运作和完善制度条件，为产业空间集群化发展积蓄组织条件。在这一工业化过程中，培养有文化、会经营、懂技术的新型农民应该成为主要目标之一。联合国相关研究表明：劳动生产率与劳动者文化程度呈现

---

① 郑秀峰：《中国农村的产业发展及方向选择》，《经济经纬》2004年第2期。

高度的正比例关系；据专家测算，在我国，导致收入贫富差距的各种因素中，教育因素约占20%。鉴于此，传统农区应尽快加大各级公共教育投资向乡村倾斜的力度，切实提高农村教育教学水平和教师待遇；尽快实行偏远山区的寄宿制教育；大力调整农村学校布局，整合、盘活农村教育资源；积极发展远程电化教育，建立农民继续教育的长效机制；多渠道、多形式、多层次地开展农民转移培训和科技培训，提高农民转产转岗就业能力和科学种养水平；建立农村人才基金，为有志于农村创业的各类人才提供资金支持；积极鼓励当地初、高中毕业生报考农业中、高等院校的农业专业；创新农村人才评价、利用、奖励等制度环境，激励、扶持农村各类实用人才脱颖而出。

（2）不断延伸以农产品加工工业为基础的产业链。靠发展农业来发展农区，至少在目前的市场环境和财政分配体制下还只是一种美好的愿望，必须不断向农业的深度和广度进军，积极发展与农业联系密切的畜牧养殖业、农产品加工业、绿色农业、运输保鲜储藏业及农村的第三产业，发展与城市工业协作配套的产业门类，实现城乡经济协同发展。生产链的延伸可同时向纵、横两方面发展，延伸生产链的途径是多种多样的。现代化的迂回生产方式使区域产业分工越来越细，形成许多区域产业链条，按照其与主导产业的关联性，可以分为前向联系、后向联系和旁侧联系。产业结构调整的主要内容之一，就是通过这些产业联系对整个区域的各产业链条产生影响，带动区域整体经济的发展。但同时要注意把握区域产业结构的动态变化，积极扶植潜在主导产业，促进产业结构顺利适时地转换，使区域产业结构始终保持最合理化。当新兴产业迅速发展，一些结构效益下降的衰退产业被淘汰时，如果没有产业政策的支持，完全在市场力量的作用下实现这一过程需要较长的时间，并且产业结构变化的结果可能与预期目标相偏离。因此，产业结构的调整常常需要在政府行政力量引导下，通过市场机制影响企业的行为来完成。

2. 承接产业转移中形成地区支柱产业

随着中国经济社会的快速发展，初级产品加工业产业向内陆农区转移的趋势明显。东部地区产业转移的来源地主要集中在珠三角、长三角和环渤海等地，特别是珠三角和长三角，作为全国最具活力的两大经济区，其产业转移的力度不断增大。产业转移要求承接地区有较强的产业配套能力。承接产业转移能够大大加快传统农区的工业化进程，实现农区的跨越式发展，迅速形成支柱产业，带动相关产业的快速发展，并随着传统农区工业经济的发展，推动其城镇化进程。

（1）承接产业规划要做好。第一，承接产业转移要认真研究国内外产业转移的规律，结合本地区现有产业结构，制定产业规划，使之既着眼于国内外产业对接，又考虑优势互补；既着眼于当前发展需要，又面向未来发展趋势；既考虑同周边经济区域的分工协作，又着眼于自身的主导产业和特色，突出承接产业转移的重点。第二，传统农区在承接转移中，要立足于自身实际和保护生态环境，发展绿色环保产业。

（2）把技术密集型产业作为承接梯度转移的重点。要充分利用本地资源，借助发达地区技术、信息等优势，引进发达地区的科技密集型产业；选择一批可以在某些方面取得突破的、有一定基础或条件的新兴产业，进行优先培养；加强工业聚集区建设，把工业聚集区作为承接产业转移的重要平台。

（3）增强产业配套能力，逐渐形成集聚效应。农区政府应加强对产业转移承接工作的组织领导，通过组织配套确保政策支持到位，服务协调到位；通过设施配套，完善传统农区的各项基础设施，尤其是人居环境、交通道路、社会治安等；通过产业配套，科学规划与主导产业相配套的区域性专业批发市场，培育发展与主导产业相配套的生产性服务业，完善产前、产中、产后各项生产性服务功能，形成销、供、产相衔接，相互依存、共同发展的经济生态链；发挥学校作用，通过人才和技术配套，大量培训技术人员，创新选人、用人机制，创建高水准的人才市场，为产业转移提供技术和人才支持。

3. 发展产业集群，建立生态工业园区

据统计，我国农区由于产业布局分散导致产业组织规模不足，并由此引发重复投资和低水平的过度竞争，使得基础设施投资增加 20% ~30%，资源利用率降低 40%，人力资源消耗增加 1% ~2%，行政管理费用增加 80%，最终的资金利用率降低 20% 左右。据河南省相关部门统计，农村工业用地每公顷的产值仅为城市工业用地的 1/10。由于大部分农区基础设施条件差、工业布局分散，农区工业发展所需的交通、通信、仓储以及供水、供电、供气等设施，每个村、企业、农户都各搞一套，造成了人力、物力和财力的极大浪费。理论和实践都证明，产业集群可提高资源利用率，在技术溢出和衍生企业的便利性条件下能够促进不断产生新企业；公共服务部门的技术支持、职业培训有效地弥补了农区企业的先天不足；地方政府的积极参与可以不断改善本地经济发展环境与基础设施条件，产业集群已经成为促进传统农区工业化的重要途径。

生态工业是"依据生态经济学原理，以节约资源、清洁生产和废弃物多层次循环利用等为特征，以现代科学技术为依托，运用生态规律、经济规律和系统工程的方法经营和管理的一种综合工业发展模式"[1]。在传统农区，以循环经济理论为指导，大力发展生态工业，依据产业集群理论，发展生态工业园区成为一个很现实的选择。大力发展生态工业是农区坚持走中国特色新型工业化道路的必然趋势和战略选择。生态工业的核心是循环经济，循环经济的发展必然会带动农村产业化、农村地区产业集群的发展。循环经济的发展过程同时也是产业集中的过程。具有开放功能的循环经济会通过延伸产业链和拓展循环范围，将越来越多的关联企业吸纳进来，最终减少废弃物的种类和数量，降低最终污染物的平均处理成本，提高生产效率。在我国严格的耕地保护制度下，传统农区必须探索工业集约用地的方式，借助产业链的延伸，发展循环经济，建立生态工业园区，构筑信息共享的平台，为传统农区的相关企业带来生产成本优势和区域营销优势。同时，引导农村工业区域的集聚逐渐形成新的城镇，或扩大城镇容量，推动农区城镇化的发展。通过农区循环经济的发展促进农业产业链向工业、服务业的纵深延伸，将城市与农村联结起来，逐渐在城乡之间建立起多形式、多元化的物流、资金流、信息流、人才流的循环运行的渠道，并最终突破二元结构，促进农区社会的全面进步。

二 传统农区现行的主要财政政策

从农业文明向工业文明的转化进程，无论是计划经济国家还是市场经济国家，政府都在转型中扮演着重要的角色。美国经济学家迈克尔·波特（Michael Porter）在其《国家竞争优势》一书中提出六大要素影响着一个国家的竞争优势，其中政府是影响国家竞争优势的重要因素之一。政府可

---

① 杨文举、孙海宁：《发展生态工业探析》，《生态经济》2002 年第 2 期。

以通过自己的活动来影响经济体系另外几个核心因素中的任何一个，从而达到影响企业竞争优势的效果。弗里德里希·李斯特（Friedrich List）在《政治经济学的国民体系》一书中强调，在特定的经济发展阶段，一国要培育发达的工业，就必须对尚且幼稚的工业加以保护。汉密尔顿（Hamilton）和克鲁格曼（Krugman）都强调保护幼稚工业以及在参与国际产业分工过程中，通过政府的产业政策来实现产业结构的高度化和社会福利的最大化。当前，中央政府和地方政府在推进新型工业化的过程中，既要引导微观经济健康发展，又要实施有效的宏观调控。政府实际上成为引导新型工业化积极健康发展的施动者。作为变革的启动者和制度的安排者，政府必须建立有利于走新型工业化道路的市场环境和宏观环境，要着眼于推进机制创新、体制创新和管理创新，采取深化改革的办法和措施，积极开拓和探索新型工业化道路。

根据经济转型理论，地方政府比中央政府更加接近民众，也就更加了解所管辖的民众的需求和效用。所以，地方政府在中国经济体制转型中的作用是非常突出的。而传统农区的新型工业化是以循环经济为基础的，以产业集群为纽带的大工业化的模式，不宜走以前乡村为单位的分散工业化模式，而必须有大视角、大眼界，必须打破地区界限，谋求地方政府之间基于区域经济同质性的合作机制。中央和政府对农区工业化的介入与干预在经济上主要体现在财政政策方面。

（一）"三农"财政支持政策

2003 年 10 月，党的十六届三中全会通过了《中共中央关于完善社会主义市场经济体制的若干问题的决议》，明确提出了"坚持以人为本，树立全面、协调、可持续的发展观，促进经济、社会和人的全面发展"，强调"按照统筹城乡发展、统筹区域发展、统筹经济社会发展、统筹人与自然和谐发展、统筹国内发展和对外开放的要求"，推进改革和发展。按照统筹城乡发展的要求，逐步建立有利于改变城乡二元经济结构的体制，全面建成惠及十几亿人口的更高水平的小康社会，成为 21 世纪中国公共财政的工作着力点。从此，财政必须站在全局的高度，从统筹城乡社会经济发展的大战略入手，把解决"三农"问题放在突出位置给予支持，并从思想观念上实现"两个转变"：一是由过去的农村支持城市、农业支持工业逐步转变为城市反哺农村、工业反哺农业；二是让公共财政的阳光逐步普照农村，让公共财政的雨露逐步滋润农民。财政的"三农"政策是国家财政政策的重要组成部分，也是促进农村社会经济协调发展的重要财力保障。近年来，国家财政支持"三农"的政策不断创新，力度不断加大，范围不断拓宽，农民受益程度越来越大。自 2004 年起，中央连续出台了一系列政策保证财政用于传统农区农业、农村基础设施建设、防灾减灾、生产发展、农林水利气象部门事业费和农业综合开发支出等方面的支出。2004 年中央一号文件规定：现有农业固定资产投资、农业综合开发资金、土地复垦资金等要相对集中使用，向传统农区倾斜；继续增加农业综合开发资金，新增部分主要用于传统农区。2005 年中央一号文件指出：中央和省级财政要较大幅度增加农业综合开发投入，新增资金主要安排在传统农区集中用于中低产田改造，建立高标准基本农田；继续推进节水灌溉示范，在传统农区进行规模化建设试点。2006 年中央一号文件又提出农业综合开发要重点支持传统农区改造中低产田和中型灌区节水改造，农业基本建设投资和农业综合开发资金向传统农区倾斜。2007 年中央一号文件指出，要大幅度增加对"三农"的投入，建立稳定增长机制，中央和县级以上地方财政每年对农业总投入的增长幅度应当高于其财政经常性收入的增长幅度，形成稳定的资金来源，并指出要逐步加大政府土地出让收入用于农村的比重。2008 年中央财政投入农业综合开发的资金，有超六成投向 13 个传统农区，新增的中央投入重点扶持开发潜力大的粮食生产大县（市）。概括地讲，近年来国家财政新出台的"三农"支持政策包括五大要点。

1. 从规范农村税费到取消农村"三税"

自 2000 年以来我国农村税费改革，实行"三取消、两调整、一改革"政策。"三取消"即取消统筹费、农村教育集资等专门面向农民征收的行政事业性收费的政府性基金、集资，取消屠宰税，取消农村劳动积累工和义务工；"两调整"即调整农业税政策，调整农业特产税政策；"一改革"即改革村提留征收使用办法。从 2004 年开始，我国农村税费改革进入新阶段，实行了"三取消"的政策，即取消烟叶以外的农业特产税，取消农业税，取消牧业税。2006 年，农业税在中国完全消失。为此，中央财政安排了大量转移支付，其中 2005 年中央财政的农村税费改革转移支付 662 亿元，比上年增长 26%。2006 年中央财政的转移支付力度更大，达到 780 亿元。加上地方的转移支付，2006 年的规模达到 1030 亿元。

2. 对农民实行"三项补贴"政策

"三补贴"就是针对种粮农民实施的直接补贴、针对粮食生产省安排的良种补贴和农机具购置补贴。第一，种粮直接补贴。2001 年 7 月，国办 28 号文件提出：在实行农村税费改革的地区，选择一两个县（市）进行将补贴直接补给农民的试点。2002 年，吉林省东丰县和安徽省天长、来安县率先进行了粮食直接补贴试点，河南省、湖北省也调整粮食补贴政策，减少对流通环节的补贴，增加对生产环节的直接补贴。第二，对良种、化肥、农机等农业生产资料价格补贴政策。中央财政连年加大了对良种补贴力度，向传统农区拨付水稻、小麦、玉米、大豆等良种补贴资金。从 2004 年开始，国家对农机产品实行购置补贴，农机产品补贴标准都在 30% 以上，而且补贴的范围越来越大，补贴机具种类已由 2004 年的 6 大类产品扩大到 2009 年的 12 大类。据研究，国家农机补贴每投入 1 元钱，就可以拉动农民投入 5.3 元（柳琪，2009）。第三，粮食保护价收购政策。2004 年 5 月 23 日《国务院关于进一步深化粮食流通体制改革的意见》（国发〔2004〕17 号）提出，在粮食供求关系发生重大变化时，为保护农民利益，保证粮食市场供应，必要时由国务院决定对短缺的重点粮食品种在传统农区实行最低收购价政策。2005 年中央一号文件决定，继续对短缺的重点粮食品种在主产区实行最低收购价政策。中央从 2005 年 7 月 28 日起在湖南、湖北、江西和安徽 4 省同时启动早籼稻最低收购价执行预案，随后又先后在湖北、安徽、四川、江西和湖南 5 省启动了中晚籼稻最低收购价执行预案。粮食保护价收购政策稳定了传统农区主要农产品的价格。

3. 加强对农村基础措施和社会事业发展的投入

一是国家利用长期建设国债安排的"六小工程"，指农村节水灌溉、人畜用水、乡村道路、农村沼气、农村水电、草场围栏。二是"两免一补"，就是针对农村义务教育阶段家庭贫困中小学生免费提供教科书，免收杂费，同时对寄宿生补助生活费的政策。2005 年，全国教育支出 3951.59 亿元，比上年增长 17.4%。中央财政负担的教育支出 384.38 亿元，增长 15.9%，高于中央财政经常性收入增长。其中的一个亮点是中西部地区 3400 万名农村义务教育阶段贫困家庭学生享受"免学杂费、免课本费及补助寄宿生生活费"政策。按照"两年实现、三年巩固"的目标，从 2006 年农村中小学春季学期开学起，分年度、分地区逐步实施农村义务教育经费保障机制改革。2006 年首先在西部地区 12 个省份全面推行这一改革，2007 年全部免除农村义务教育阶段学生学杂费，不包括教师调资的因素，预计全面推进这一改革。2006～2010 年，中央财政和地方财政将分别累计新增农村义务教育经费 1258 亿元和 924 亿元左右，合计约 2182 亿元。三是新型农村合作医疗改革。从 2003 年开始，我国在部分县（市）开始了这一试点。2004 年，中央财政出 10 元，地方财政出 10 元，农民个人出 10 元，用于农民大病统筹；2005 年，中央财政出 20 元，地方财政出 10 元，农民个人出 10 元，用于农民大病统筹，中央财政安排新型农村合作医疗试点补助资金 5.42 亿元。新型农村合作医疗试点范围由 2004 年的 11.6% 扩大到 2005 年的 23.7%，全国共有 678 个县（市、区）开展了这一试点，覆盖农业人口 23631.23 万人。其中，参合农民 17879.66 万人，参合率为 75.66%。2006 年，改革试点范围进一步扩大到全国 40% 的县（市、区）。中央财政对中西部地区参加新型农村合作医疗的农民的补助标准，也由每人每年 10 元提高到 20 元，并将中西部地区农业人口占多数的市辖区也纳入中央财政补助范围，中央财政为此将投入 47.3 亿元，比上年增加 41.9 亿元，增长 7 倍多。本着积极稳妥推进的原则，财政部鼓励条件较好的地区加快新型农村合作医疗试点进度，争取到 2008 年在全国基本推行，2010 年实现基本覆盖农村居民的目标。新型农村合作医疗的全面推行，加上农村医疗救助工作的完善，农民将不再为看病发愁，"因病致贫、因病返贫"的现象也将得到大大缓解，这对维护社会公平、构建社会主义和谐社会具有巨大的推动作用。四是将要在农村建立最低生活保障制度。2007 年 7 月 11 日，国务院发布了《关于在全国建立农村最低生活保障制度的通知》，要求地方各级人民政府要将农村最低生活保障资金列入财政预算，省级人民政府要加大投入。地方各级人民政府民政部门要根据保障对象人数等提出资金需求，经同级财政部门审核后列入预算。中央财政对财政困难地区给予适当补助。

4. 对县乡财政实行"三奖一补"政策

对财政困难县乡政府增加县乡税收收入和对省市级政府增加对财政困难县财力性转移支付给予奖励，目的是充分调动地方各级政府缓解县乡财政困难的积极性和主动性；对县乡政府精简机构和人员给予奖励，目的是促进县乡政府提高行政效率；对产粮大县给予财政奖励，目的是调动政府抓好粮食生产的积极性；对以前缓解县乡财政困难工作做得好的地区给予补助，目的是体现公平原则。2005 年中央财政实行这一政策的财力投入共约 150 亿元，2006 年投入 210 亿元，这对缓解县乡基层困难必将起到积极作用。

5. 实施农村劳动力转移培训阳光工程

目标是 2000～2005 年，对拟向非农产业和城镇转移的 1000 万农村劳动力进行引导性培训；对其中的 500 万人开展职业技能培训；对已进入非农产业就业的 5000 万农民工进行岗位培训。2006～2010 年，上述三个数据分别是 5000 万、3000 万和 2 亿。为此，中央财政和地方财政都安排了相应的财政支持。

由此可以看出，近年来财政"三农"政策的内容非常丰富，基本政策导向是，一方面取消税费，大力减轻农民负担；另一方面加大对农村社会经济发展的投入，为"三农"发展创造更好的条件。

（二）涉农财政收入政策

从 2000 年起，我国开始逐步减轻农业税。2004 年 3 月，十届人大二次会议提出"中国逐步降低农业税税率，平均每年降低 1 个百分点以上，5 年内取消农业税"。很快，黑龙江、吉林、北京、上海、天津 5 省市率先宣布取消农业税，至 2006 年全面取消了农业税。财政对农业生产资料实行增值税优惠政策，并对农业相关产业实行增值税即征即退、免征企业所得税的优惠，对取得相关财政专项补助的实行免征企业所得税或个人所得税，对购买农用设备采用税收返还政策。例如，尿素生产企业增值税实行先征后返 50%，出口尿素产品一律暂停增值税出口退税，暂停磷酸二铵出口退税等政策已在执行。再如，将销售农产品的个体工商户的增值税起征点提高到月销售额 5000 元等。此外，还采取优惠财税措施，支持农村流通基础设施建设和物流企业发展。

（三）其他配套制度建设

1. 涉农财政资金使用制度改革

中央财政对传统农区除了给予税收优惠和资金支持外，还通过财政涉农资金使用制度创新来提高财政政策的效率，并解决了长期以来财政涉农资金投入分散、政府涉农部门过多、难以统筹财力办大事的问题。2006 年财政部从促进社会主义新农村建设的高度出发，提出以县为主体整合支农资金，黑龙江、辽宁、安徽等省均进行了广泛的探索与实践。

2. 支持农业产业化计划

中国共产党第十七届三中全会通过的《中共中央关于推进农村改革发展若干重大问题的决定》指出，大力"发展农业产业化经营，促进农产品加工业结构升级，扶持壮大龙头企业，培育知名品牌"。从 2004 年起，农业部连续公布了四次《农业产业化国家重点企业名单》，共计 912 家企业进入该名单，其中传统农区共有 492 家，占 53.9%。2008 年 9 月农业部又公布了《全国农产品加工创业基地》，收录基地 474 家，其中传统农区共有 231 家，占 48.7%。此外，从 2005 年开始，农业综合开发利用世界银行贷款 1 亿美元，在湖南、安徽、黑龙江、陕西等省实施世界银行贷款科技项目，采取"公司＋科技＋农户"模式进行农业产业化投资。现行财政政策发挥了作用，粮食生产出现重要转机，传统农区的粮食产量持续上升，由 2003 年的 30578.5 万吨增加到 2007 年的 37640.2 万吨，增长了 23.1%，提高了土地利用程度，并保证了传统农区农民收入不下降。

三 现行传统农区财政政策与新型工业化道路适应性分析

虽然中央政府从 2004～2009 年连续六年发布以"三农"为主题的中央一号文件，但这些政策重在强调了"三农"问题，其与传统农区所要走的新型工业化道路适应性不足，主要表现在以下方面。

（一）单一性的财政政策目标

现行的传统农区的财政政策，主要是从保证农业生产的角度出发制定的，其目标一般就是粮食安全。但张建杰（2007）对河南省的调查研究表明，由于政策目标的单一性，粮食政策对农户行为的影响存在一定偏差，导致财政政策的作用有限，针对传统农区的粮食政策还应兼顾实现农民分业分流的目标。[①] 现行主要保证农业发展的财政政策显然不太适合传统农区的利益诉求，对于传统农区而言，除粮食安全之外，还要实现经济发展、农民收入增长等多方面的目标，而这些目标并未在财政政策上得到体现。单一性的政策目标导致国家财政涉农资金的非合理利用。例如，目前国家公共财政的环境保护投入绝大部分是用于城市、用于工业而不是用于农村；1998 年实施积极财政政策以来，国家财政名义上增加了农业基本建设投入，但这些投入大部分用于大江大河治理等大型工程，受惠的行业和地区很多，但农区受惠很小，因为与农民增收关系密切的小型基础设施的财政投入很有限，难以直接带动传统农区发展。

（二）同质性的区域间财政政策

近几年针对"三农"的财政政策力度较大，但专门针对传统农区这一特殊区域的财政政策却不多。虽然中央政府多次强调要强化对传统农区的政策倾斜，但从总体来看，国家的财政政策尤其是粮食政策是面向全国而非专门针对传统农区，涉农财政政策在传统农区和非传统农区并无重大区别，并且针对农区的财政投入与传统农区对于国家粮食安全的贡献很不匹配。仅从农业开发财政投入就可以看出这一点，投入到传统农区的财政资金比例与传统农区的粮食贡献很不对称。2006 年，13 个传统农区省份的粮食总产量占全国粮食总产量的 74.02%，而财政投入到传统农区的农业综合开发投入总额为 225.6621 亿元，仅占全国农业开发总投入的 62.11%。更重要的是，财政用于传统农区的农业开发资金中央财政只占到 60.34%，将近 40% 的资金来源于地方财政[②]，这就使得本来就很拮据的传统农区财政雪上加霜，财政压力骤增，结果是农业越发展，农区地方政府的财政压力越大。虽然中央政府一直认为传统农区对于保障我国的粮食安全意义重大，但与非传统农区相比，并未在财政政策上给予特别的优惠政策。也就是说，传统农区承担了国家粮食安全的公共责任，但并未享受到与责任相

---

① 张建杰：《惠农政策背景下粮食主产区农户粮作经营行为研究——基于河南省调查数据的分析》，《农业经济问题》2007 年第 10 期，第 58~65 页。

② 山东省财政厅农业处：《发挥财政职能作用大力支持农业综合生产能力建设》，《农村财政与财务》2006 年第 5 期，第 12~14 页。

对应的财政上的激励，这已经违背了责任和权利相一致的财政支出原则。

（三）未能突出农区财政支持重点

传统农区的发展简单地依靠粮食种植业肯定不行，还需要其他产业尤其是新型工业化产业的发展。而现有针对传统农区的财政政策主要围绕"粮食"和"农业"进行，这样的财政支出政策对于传统农区的长期发展不会有明显的推动，作为弱质产业的农业不可能成为区域经济增长的支撑点，传统农区必须在传统种植业之外发展其他产业，方可提高"造血"机能。但是，传统农区走新型工业化道路中所需要的重点支持在现有的财政政策中并未体现出来。

（四）政策前景不明朗

一般而言，为了快速实现政策目标，现行财政政策对短期收入和生产的支持力度较大，而对长期综合生产能力和收入支持力度偏弱。例如，2006 年以来中央财政执行的取消特产税、减免农业税、与产量不挂钩的种粮直接补贴，均为短期增收型政策，而缺乏具有刺激长期综合生产能力提高又能增收功能的政策，如良种和农机具补贴的政策、"六小"工程等农业和农村基础设施投入、农民培训、科技研发等长期提高农业基础竞争力和农民增收能力的资金投入增长不明显。过于注重短期的财政政策难以形成稳定的预期，政策前景较为模糊，影响了农区居民对政策持续、稳定性的信心。

从传统农区和新型工业化的角度来看，现行财政政策虽然发挥了作用，但与传统农区新型工业化道路的战略目标还未能实现匹配，财政政策必须做出调整。

四　促进传统农区工业化的财政政策

（一）财政政策目标的二元化调整

传统农区的财政政策目标要变"一"为"二"，要改变只对农业进行扶持的单一目标模式，确定保障国家粮食安全和农区新型工业化的双重政策目标。以"粮仓"作为传统农区发展的基础和整个国家健康稳定发展的保障；以新型工业化作为"粮仓"的物质保证，通过走新型工业化道路实现传统农区的经济发展和人均收入的持续增长，为传统农区"粮仓"作用的实现打下坚实的物质基础。

（二）财政收支的适当调整

把财政政策从过去单纯支持农业，转移到兼顾农区公益设施建设、农区工业技术和工业管理水平的提高方面，在财政支出政策的引导下，促进传统农区走新型工业化道路。

1. 要增加对传统农区基础设施的支出

传统农区对资金、技术和人才的吸引力从某种程度上说取决于基础设施的改善。冉光和等（2005）的研究证明，铁路网密度和公路网密度对农民收入的弹性系数分别为 0.059 和 0.1063，说明农村交通条件及基础设施的改善会显著增加农民的收入。财政支出要重点放在农区道路、通信、电力、饮水、生活环境整治、小型水利设施建设等方面，这些是包括新兴工业化产业在内的所有产业发展的基础。[①] 马云峰（2005）的研究表明，政府在农村每增加 1 元基础设施建设投入，就可减少农牧户物质费用 5.31元。[②] 政府在传统农区的基础设施投入，能改善传统农区的生活和生产条件，为传统农区走新型工业化道路创造条件。当前要做的是加强高产农田建设，抓好农村土地整理、农业综合开发、"双低"改造，不断提高农业的综合生产能力。

2. 要增加对传统农区科技开发和技术推广的支持

传统农区具有丰富的劳动力资源和特色的农业资源等，但是非常缺乏充分利用这些资源的技术。财政政策可以在财政补贴、税收减免等方面发挥作用，鼓励充分利用传统农区资源进行具有区域特色的产品、产业和技术开发，包括粮食新品种开发、粮食深加工和适用型新产业设计等。这样就能为传统农区走新型工业化道路提供资金、技术支持。农区要在扩大规模的基础上，注重提高素质和效益，重点打造农业科技产业链。尤其是要

---

① 冉光和、李敬、万丽娟等：《经济转轨时期财政政策对农民收入增长的影响》，《重庆大学学报（自然科学版）》2005 年第 8 期，第 145～147 页。
② 马云峰：《"三农"的财政政策缺陷与弥补》，《辽东学院学报》2005 年第 3 期，第 35～38页。

发挥科研机构、大专院校的优势作用，实现农业重大科技攻关和成果转化，构建具有国际竞争力的粮食、棉花、油料、蔬菜、家畜、家禽、水产、果树、林业、茶叶、食用菌、魔芋等农产品科技产业链条。

3. 增加对传统农区新型工业产业的支持力度

在加大对传统农区基础设施等公共产品投资之外，财政还特别需要加强对于传统农区产业化方面的支持，尤其是结合传统农区特色和优势的生态农业、现代农业、旅游农业、农产品深加工业等。同时，可增加对传统农区金融部门的补贴，对面向传统农区的信贷机构、保险公司和其他中介服务组织实行补贴，以间接投资方式支持传统农区走新型工业化道路。各农区要着力培植本地的大龙头、大基地、大产业，使之成为农业发展新的增长点。

4. 对农区新型合作组织进行资金支持

新型工业化产业不同于传统农业，需要资金、技术、资源等的联合，以家庭为单位的农户难以直接成为其主体。因为单个农户很难在新型工业化中独立发挥作用，也难以独立使用财政资金并保证资金的有效利用，因此以新型合作组织为载体进行资金支持是一个较好的选择。财政应通过财政贴息、补助、政策性信贷、政策性保险等手段，支持农区专业合作经济组织的发展，把新型合作组织培育成传统农区走新型工业化道路的重要载体。

5. 要切实加大对农区民生的投入，让广大农区居民享受改革发展的成果

要加快农村路网建设，重点是生产性道路建设和村内循环道路建设。要继续加大农村路、水、气、电、房等基础设施建设，加快文、卫、教、体、保等社会事业的发展。要加快农村危房改造、安全饮水、沼气建设、农村电网改造升级步伐，提高农民群众的生活质量。要抓好农村中小学标准化建设，建立城乡统一的就学保障机制；加快文化管理体制和运行机制创新，抓好农村公共文化设施建设；大力推进农村卫生事业发展，探索新模式、新机制，提高建设和管理水平；健全完善城乡一体的社会保障体系，提高新农合的保障水平，努力实现新农保的全覆盖。

6. 加大对农村新社区的建设力度

农区发展必须坚持城镇化与新农村建设双轮驱动，这是由农区的实际所决定的。新社区建设作为新农村建设的重要组成部分，对于城乡统筹发展和农区工业化意义重大。在新阶段，农村新社区建设不但要求数量稳步上升，而且更要体现以人为本的要求，上档次、讲质量，走生活富裕、生产发展、生态良好的道路。要围绕提升农民生活品质与促进人和自然和谐相处，以培育建设中心村和保护利用特色文化村为重点，建设一批环境优美的农村新社区。当前，一些农区新社区规划不够完善，给人杂乱无序的感觉，甚至造成浪费。这就要求农区新社区建设以村庄环境整治为重点，抓规划的完善和落实，抓村内断头路建设，抓村庄的绿化、亮化、美化，抓文明新村、文明户建设，不断提升新农村建设水平，提高农区居民的幸福指数。

（三）完善适当倾斜的转移支付制度

由于农业在传统农区财政收入中贡献相对来说比较大，因此，在税费改革之后传统农区的财政收入已经受到较大影响，不仅传统农区政府提供的公共产品数量减少，还可能面临农区乱收费换个名头卷土重来的隐忧。为了避免这种恶性后果的出现，必须辅之以倾斜性的转移支付制度，加大对传统农区的转移支付，这既是对传统农区保障国家食品安全的回报，也是保证经济稳定的有力措施。

1. 一般性转移支付的力度要加大

提高农业人口、粮食产量等因素在计算一般性转移性支付时的权重，使一般性转移支付向传统农区倾斜。以粮食直接补贴为例，从优化农业经济结构、提高粮食补贴效率和效果的角度，以"多数人补贴少数人"的原则来看，国家粮食直接补贴只能够补贴粮食主产区，而且，粮食主产区也只有真正从事粮食生产的农户和耕地才能够享受补贴。[①]

2. 建立粮食主销区与粮食主产区之间的横向转移支付制度

可以人均粮食产量为标准，低于人均产量标准的省份向高于人均产量标准的省份进行转移支付，而这一部分资金主要用于传统农区基础设施的建设，保证传统农区粮食生产和经济发展的可持续性和积极性。

---

① 邓大才：《补贴应主要给粮食主产区生产优质粮食的农户和耕地》，《农村工作通讯》2004年第 7 期。

（四）给予农区财政改革的优先"试点"权

在我国改革开放过程中，能够成为"试点"地区已经成为一种政策上的扶持。传统农区在走新型工业化道路时也会遇到与其他地区相同的问题，此时给予传统农区放松约束，给予一些优先"试点"的权利，也就给了传统农区在发展中的一些"先动优势"，这样，传统农区可以对于制约其发展的因素进行探索，寻找发展的道路。就紧迫性而言，可以在传统农区试行"省直管县"的财政体制改革、土地流转制度改革和新型农村养老保险改革等试点改革。

（五）建立稳定且可预期的财政政策

支持传统农区走新型工业化道路的财政政策应当立足当前、着眼长远，力争现实目标与长效机制有机结合，尽快促使成熟的财政政策稳定化，奠定保障传统农区新型工业化道路的制度基础。传统农区走新型工业化道路是保障国家粮食安全的需要，如能充分利用财政政策，给传统农区提供推动力，则传统农区应能够同时实现"粮仓"与"发展"的双赢。

五　建立一个适应农区工业化的公共财政转型的运行机制

财政作为政府的经济综合部门，必须在思想上、工作上服从服务于这一发展战略，支持农区工业化发展战略的实施，使财政运行机制切实融入社会主义市场经济体制之中，转变财政职能，把握资金走向，健全支撑体系，为农区工业化战略提供坚实保障。

（一）理清工作思路，转变财政职能，适应农区工业化战略发展的需要

第一，从单纯的预算收支管理向参与国民经济运行全过程的宏观管理转变，增强财政在农区工业化战略实施中的调控功能。

第二，从单纯的内外分管向综合财政预算管理转变，增强财政在农区工业化战略实施中的反哺功能。

第三，从单纯的经费支出管理向人权事权统一管理转变，增强财政在农区工业化战略实施中的供给功能。

第四，由单纯支持国有经济向支持各种经济成分共同发展转变，增强

财政在农区工业化战略实施中的保障功能。

（二）突出工作重点，把握投资走向，集中财力支持农区工业化战略实施

第一，围绕结构调整，向骨干财源上倾斜。经济决定财政，只有经济结构不断优化，财源结构才能趋向合理。

第二，围绕技术改造，向增加科技含量上倾斜。科技投入是推动经济发展的根本性措施。

第三，围绕深层加工，向延长产业链条上倾斜。

第四，围绕后续财源，向增强财政后劲上倾斜。后续财源对一个区域的经济可持续发展有着举足轻重的作用。

（三）健全保障机制，优化发展环境，构筑农区工业化战略支撑体系

第一，构筑财政政策支撑体系。运用政策手段支持农区工业化战略实施，是财政的基本职能。

第二，建立财政资金支撑体系。财政部门要广开融资渠道，积极探索直接和间接相结合的资金支持办法，建立基金，专项投入，从而形成财政资金支持体系。

第三，构筑财政监督管理支撑体系。加强对经济领域的财务监督和管理，是保证农区工业化战略实施的关键措施。

第四节　财政转型和农区城乡公共服务均等化目标相协调

城乡公共服务均等化是建设和谐社会和统筹城乡发展的重要组成部分，是以政府为主体，以农村为重点，在城乡间合理配置公共服务资源，向城乡居民提供与其需求相适应的，不同阶段不同标准的，最终大致均等的公共服务，使城乡居民在享受公共服务的数量、质量和可及性方面都大体相当。由于我国改革开放前固有的城乡二元经济结构，以及随着我国工业化、城市化、农业现代化进程的推进，城乡公共服务差异化日益凸显，因此，当前在运用公共财政推进农业现代化的过程中要特别兼顾农业现代化和城乡公共服务均等化的协调发展。

一　城乡公共服务差异化的表现

（一）城乡教育差距

虽然随着《国务院关于深化农村义务教育经费保障机制改革的通知》的实施，农村义务教育的状况得到了较大的改善，但是在城乡教育投入比例、城乡生均经费、城乡文化程度、城乡教师配备、城乡入学率、城乡升学率等方面差距依然明显。

（二）城乡医疗卫生差距

从医疗卫生方面来看，城乡分割问题更为严重，城乡差距更为明显。世界卫生组织发布的《世界卫生报告（2000）》指出，从总体医疗质量看，中国在191个国家中位列第61位，但是在财务分配的公平性方面竟然排倒数第4位。这说明中国的医疗卫生分配极不合理，城乡差距过大，虽然近年来我国财政在向农村医疗卫生方向倾斜，但是城乡医疗卫生差距依然较大。

（三）城乡社会保障差距

目前，我国过大的城乡公共服务差距在社会保障方面也表现得非常明显。城镇已初步建立了较高水平且完整的社会保障体系，而农村则是以国家救济和乡村集体办福利为重点，以家庭保障和土地保障为主体的社会保障。除养老保险和医疗保险在进行改革试点推广外，其他保险项目基本上没有建立起来。

（四）城乡公共基础设施差距

目前，我国城市地区的水、电、路、气、热、通信、学校、图书馆、医院等公共基础设施供应比较充裕，而农村地区的公共基础设施供给严重不足。除了经济比较发达的地区政府能够以公共资源提供公共基础设施以外，大多数农村至今还没有享受到政府提供的公共基础设施。

（五）城乡就业差距

在就业方面，城市和农村同样存在差距，且呈扩大趋势。城乡就业人员占全部就业人员之比以及城乡就业人员之比都比较大。

二 城乡公共服务差距的影响

（一）制约了我国农业和农村经济的发展

城乡公共服务的过大差距最严重的后果就是造成了我国农业和农村经济发展的落后。城乡公共服务的过大差距制约了先进生产力向农村渗透，也阻碍了物流、资金流、信息流以及高素质人才向农村和农业经济流动，使农业和农村经济缺乏活力，制约了我国农业和农村经济的发展。

（二）影响了社会有效需求的增长

农村公共服务的过大差距既无法满足农民的社会需求，也抑制了社会有效需求的增长。城乡教育差距、医疗卫生差距、社会保障差距、公共基础设施差距、就业差距，使我国广大农民的收入偏低，消费欲望不强，对我国经济由外向型向内需型转变尤其不利。

（三）阻碍了工农业协调发展，阻碍了社会主义新农村建设

城乡公共服务的过大差距制约了我国农业和农村经济的发展，使得农业和工业、城市和农村的差距日益拉大，阻碍了我国工农业的协调发展，也阻碍了社会主义新农村的建设。

（四）不利于社会稳定

城乡公共服务的过大差距很不利于社会的稳定，以及国家经济的长远发展。城乡公共服务点的过大差距必然导致大量农村人口涌向城市，巨大的、频繁流动的人口势必带来一系列的社会问题，比如农村和城市的社会治安问题。同时，城乡公共服务的过大差距也造成族群的隔阂加重，不利于政治经济的长远发展。

总之，当前在运用公共财政推进农业现代化的过程中，要特别兼顾农

业现代化和城乡公共服务均等化的协调发展，要完善农村公共服务提供的财政机制，逐步缩小城乡公共服务的差距。

三 构建以城乡公共服务均等化为目标的公共财政体制

（一）建立以城乡公共服务均等化为目标的公共预算体制

1. 建立城乡一体的公共收入预算体制

由于土地出让金等非税收入在地方财政收入中占有很大比重，使得地方政府所建立的公共收入预算体制不够规范、稳定。这种缺乏公共收入预算体制的财政格局，使得地方财政收入不得不随非税收入的波动而出现较大起伏，从而使得公共预算支出缺乏稳定基础。

2. 建立城乡一体的公共支出预算体制

应当改革现有支出预算体系，严格按照"因素法"和"零基预算"方法对于现行支出预算内容及其支出顺序进行筛选、调整和重新排列，将各级政府事权及其所承担的公共服务责任分解为支出事项，并以此为内容编列公共支出预算体系。为此，必须做到：（1）把提供城乡公共产品放在支出预算的优先位置，确保城乡居民的基本公共需求都有对应的预算安排；（2）将政府自身的非公共需求放在支出预算的次要位置；（3）确定公共支出预算与公共收入预算的对应关系；（4）规定土地出让金等非税收入主要用于弥补公共预算缺口，其用于弥补当期公共预算缺口的剩余部分不能用于政府的非公共需求，而应当作为财政储备用于弥补将来的公共预算缺口。

（二）建立以实现最低公平为条件的农村公共服务内容体系

1. 确定农村公共服务的项目标准

城乡基本公共服务均等化的实质就是实现农村居民的最低公平，这就决定了能否保证这种最低公平就是衡量农村公共服务内容体系的尺度。农村公共服务内容体系必须覆盖基础教育、医疗卫生、社会保障、社会治安、基础设施、就业服务、文化生活等主要方面。为此，必须制定农村公共服务的具体项目形式，即制定纳入城乡公共服务均等化范围的公共产品和服务的细目及其品种结构；对于目前由市、县政府各个部门分散提供的农村公共产品进行清理归并，纳入上述体系。

2. 确定农村公共服务的经费标准

确定了农村公共服务的项目标准，市域内各区县农村需要多少公共服务的数量也就确定了，在此基础上，可以计算出农村公共服务的经费标准。

（三）建立以平衡政府间公共财力为原则的转移支付体制

我国目前普遍采用的政府转移支付手段中，以各种专项补贴为主，并未普遍建立以平衡财政能力为目的的一般性转移支付制度。因此，在目前平衡财政能力不构成政府目标的财政体制中，在地方政府弥补财政预算缺口是一个普遍难题的条件下，政府间公共财力不平衡是城乡公共服务均等化实现的主要体制障碍。

（四）建立主体合理、机制完善的农村公共产品供给体制

1. 建立农村公共产品的分类供给体系

建立农村公共产品的分类供给体系，地方政府不能大包大揽，还需要市场的力量作为补充。首先，政府不但要承担全部农村公共产品的付费责任，而且必须承担一部分农村公共产品的供给责任，如义务教育、卫生防疫、治安等纯公共产品必须由政府充当供给主体。其次，像公路、生产性基础设施等非竞争性不足容易造成拥挤的准公共产品可以由市场企业充当供给主体。最后，像供水、供电等非排他性不足容易造成自然垄断的准公共产品可以由社会企业充当供给主体。因此，在组织产品生产和服务层面，应由政府部门、各类市场企业和社会企业共同组成农村公共产品的分类供给体系。

2. 建立"政府主导、村民决策、市场运作"的农村公共产品供给机制

"政府主导"是指农村公共服务全过程由政府负责推进，政府具体负责制定农村公共服务的长期规划和年度实施计划，并按照规划和计划建立地方公共预算，筹措和分配农村公共服务经费，指导和监管农村公共产品供给主体。"村民决策"是指村民拥有通过投票决定农村公共服务的具体内容的弹性选择、准公共产品供给主体的竞争性选择等决策权。"市场运作"是指提供准公共产品的社会企业采用招标委托和政府规制方式运行，

提供准公共产品的市场企业采用竞争遴选方式并在村民监督下运行，所有农村公共服务都必须考虑成本效益关系。

（五）建立完善与农村公共服务均等化相适应的公共财政制度

1. 财政均等化是农村基本公共财政服务均等化的重要基础之一

财政均等化是旨在实现人人对基本公共服务可及的重要财政工具。目前，财力与公共服务责任不对称是基层履行公共服务职能面临的最大难题。财权与财力的不断向上集中，事权与责任的不断下放，使基层公共服务的直接提供县乡财政不堪重负。那么，改革和完善公共财政体制，形成可持续的农村基本公共服务财政支持机制，必须要按照十七大报告提出的围绕推进基本公共服务均等化和主体功能区建设，完善公共财政体系的要求，不断深化财政体制改革。从我国新时期情况来看，在分税制的框架下，不同区域的政府使用相同的财权，也会因为经济发展水平不同而拥有不同的财力。若任由各地自行解决基本公共服务，会造成更大的不均等。所以，中央财政应承担法定公共服务（即最基本的公共服务）的支出责任，地方财政应承担选择性公共服务支出的责任。在明确了政府间事权范围之后，重要的是解决事权落实所需要的财力，实现财政能力的均衡。当然，实现财政能力均等化必然触及深层次的体制和制度调整，是基本公共服务均等化的核心和难题。如何完善县乡财政管理体制，实现农村公共服务均等化，是当前理论界讨论的热点。实现财政均等化，应给地方政府，特别是县乡镇政府以充分的责任和权利。在县乡财政体制改革中，应积极推行省以下财政管理体制改革试点。省级财政在体制补助、一般性转移支付、专项转移支付、财政结算、资金调度等方面尽可能直接核算到县，减少财政管理层次，提高行政效率和资金使用效率，赋予县级政府更大更多的经济、行政管理权限。要强化乡镇财政的预算约束，做到乡镇财政资金所有权、使用权、管理权、核算权相分离，由县财政直接监管乡镇财政资金，这样做有利于提高农村公共服务供给的水平和效率。

2. 完善农村公共产品供给的决策制度，建立有效的农村公共产品问责机制和监督机制

明确界定各级政府的公共财政责任，目前首要的是明确各级政府在推进基本公共服务均等化进程中的财政责任。就公共财政支出而言，不同层级之间的公共服务责任是不同的，级次越低基本公共服务均等化的压力越小；级次越高，其压力越大。由此可以推断，我国基本公共服务均等化的财政责任主要在中央和省级政府，应通过中央和省级财政的公共资源分配来促进基本公共服务均等化。保障基本公共服务供给的责任主要在地方，尤其是基层政府。因此，基本公共服务均等化的财政责任应当上移，保障基本公共产品服务供给的责任应当下移，给予地方基层政府充分的责任和权利。针对我国目前农村公共产品供给的实际情况，关键是要合理界定中央和地方政府提供农村公共产品的责任和范围。国家应根据农村公共产品的不同性质，建立和完善政府（中央、县、乡）、村集体和农民三位一体的农村公共产品供给体系，并按照受益原则合理划分各自提供农村公共产品的职责范围，改革农村公共产品供给的决策制度，根据农村公共产品需求优先顺序，实行自下而上和自上而下相结合的投入决策机制。要完善政府公共服务绩效评价和效果跟踪反馈制度，以基本公共服务均等化为重点，按照财权和事权相对称的原则，健全政府公共服务绩效管理和评估体系，强化各级政府公共服务责任，形成科学的公共服务分工和问责机制，规范问责操作程序。要保障农村公共产品供给的科学合理，需要建立有效的监督机制和科学的政府绩效评估体系来规范地方基层政府的决策行为，加强对公共服务绩效的监督，完善决策的监督制度和机制，完善村情民意沟通渠道，建立制度化的利益表达机制，扩大农民在公共服务问责制度中的知情权、参与权和监督权。

3. 建立和完善以实现农村基本公共服务均等化为目标的财政转移支付体制

公共服务均等化是公共财政公共性的重要体现，要实现农村基本公共服务均等化的目标，必须改革完善公共财政体制，形成可持续的农村基本公共服务财政支持机制，把更多的财政资金投向农村公共服务领域，让公共财政的阳光照耀到农村，满足广大农民对公共产品服务的需求。要建立规范的转移支付力度，加大对基层财政的转移支付。应进一步加大对地方的财力转移支付力度，清理和整合专项转移支付，提高一般性支付的比重，增强基层财政的可支配财力。完善转移支付的方式，通过调整税收返还的方式和力度，简化转移支付形式，将专项上解部分归入税收返还，以此增加对财力薄弱的体制补助地区的税收增量返还。合理分配转移支付的使用方向，按照事权归属整顿现行专项拨款的使用方向。优化专项拨款的结构，将节省的资金投入县及县以下地区的义务教育、基本公共医疗服务等基本公共服务方面，增加对县及县以下地区的转移支付和财政投入力度，缩小城乡之间在财政投入方面的差距。通过建立缓解县乡财政困难的激励约束机制，合理划分省、市、县、乡四级财政收入，完善县乡财政收入体系。将财政资金支付重点向县乡级倾斜，有利于提高县乡基层政府财力，保障县乡政权的正常运转和农村公共产品的必要供给。这样才能逐步提高农村的公共服务水平，不断扩大公共财政覆盖农村公共服务的领域和范围，逐步缩小城乡间基本公共服务的差距，使农民享有与城市居民大体相等的公共产品和公共服务。

参考文献

1. Albert, O. Hirsehman, "The Rise and Fall of Development Economies", *Essaysin Trespassing: Economics to Polities and Beyond*, New York: Cambridge University Press, 1981.

2. A. Lewis, "1954: Economic Development with Unlimited Supplies of Labor", *The Manchester School*, 22 (May).

3. Besley, T. and A. Case, "Incumbent Behavior : Vote Seeking, Tax Setting and Yardstick Competition", *American Economic Review*, 1995 (85).

4. Chun Chang and Yijing Wang, "The Nature of the Township—Village Enterprise", *Journal of Comparative Economics*, 1994 (19).

5. Flowers, M. R. , "Shared Tax Sources in Leviathan Model of Federalism", *Public Finance Quaterly*, 1988 (16).

6. Gaboury, Genevieve and Francois Vaillancourt, "Tax Competition and Tax Mimicking by Subnational Entities: A Summary of the Literature", Working Paper, Economics Department , Universite de Montral, 2003.

7. Oates, Wallace E. , *Fiscal Federalism*, New York: Harcourt Brace Jovanovich, 1972.

8. Qian Yingyi, Rolanf G. , "Federalism and the Budget Constraint", *Amercian Economic Review*, 1998 (5).

9. Zodrow, G. R. and P. Mieszkowski Pigou, Tiebout , "Property Taxation, and the Underprovision of Local Public Goods", *Journal of Urban Economics*, 1986 (19).

10. 〔德〕鲁道夫·吕贝尔特:《工业化史》,上海译文出版社,1983。

11. 〔美〕H. 钱纳里:《结构变化与发展政策》,经济科学出版社,1991。

12. 〔美〕H. 钱纳里、M. 塞尔昆：《发展的形式：1950—1970》，经济科学出版社，1988。

13. 〔美〕H. 钱纳里等：《工业化和经济增长的比较研究》，上海人民出版社，1989。

14. 〔美〕格罗斯曼、哈特：《所有权的成本和收益：纵向一体化和横向一体化的理论》，载陈郁编《企业制度与市场组织——交易费用经济学文选》，上海三联书店，1996。

15. 〔美〕西蒙·库兹涅茨：《现代经济增长》，北京经济学院出版社，1989。

16. 〔美〕狄帕克·拉尔：《发展经济学的贫困》，上海三联书店，1992。

17. 〔美〕吉利斯等著《发展经济学》，黄卫平等译，中国人民大学出版社，1998。

18. 〔美〕斯塔夫里阿诺斯：《全球通史 1500 年以前的世界》，吴象婴、梁赤民译，上海社会科学出版社，1999。

19. 〔美〕托马斯·哈定等：《文化与进化》，韩建军、商戈令译，浙江人民出版社，1987。

20. 〔英〕阿诺德·汤因比：《历史研究（修订插图本）》，刘北成、郭小凌译，上海人民出版社，2000。

21. 世界银行：《2000/2001 年世界发展报告》，中国财经出版社，2001。

22. 《马克思恩格斯选集》（第 1 卷），人民出版社，1995。

23. 恩格斯：《家庭、私有制和国家的起源》，《马克思恩格斯选集》（第四卷），人民出版社，1995。

24. 马克思：《政治经济学批判·序言》，《马克思恩格斯选集》（第 2 卷），人民出版社，1972。

25. 蔡玉胜：《地方政府竞争：理论的源起、演化及其中国化境况》，《天津行政学院学报》2007 年第 2 期。

26. 崔学贤：《从西方国家财政发展的历史看我国公共财政模式的建立》，《地质技术经济管理》2003 年第 10 期。

27. 崔运政：《我国财政体制变迁的经济学分析》，中国财政经济出版社，2002。

28. 丁鸣：《论人类发展的生态文明向度》，辽宁师范大学论文，2010。

29. 方欣：《新农村建设的理性选择——基本公共服务均等化》，《农场经济管理》2008 年第 5 期。

30. 樊纲、张曙光：《公有制宏观经济理论大纲》，上海三联书店，1990。

31. 方齐云、叶泽方：《论工业化的理论依据》，《湖南社会科学》2002 年第 4 期。

32. 冯曲：《中国乡村工业发展的渐进转轨》，《中国农村观察》2000 年第 5 期。

33. 耿明斋：《欠发达平原农业区工业化若干问题研究》，《中州学刊》2004 年第 1 期。

34. 耿明斋：《欠发达平原农业区工业化道路——长垣县工业化发展模式考察》，《南阳师范学院学报》2005 年第 1 期。

35. 耿明斋：《农业区工业化的一般理论》，《河南大学学报（社会科学版）》2007 年第 5 期。

36. 耿明斋：《欠发达平原农业区产业结构升级与工业化发展模式研究》，国家社会科学基金重点项目结项成果，2008。

37. 耿明斋：《平原农业区工业化道路研究》，《南开经济研究》1996 年第 4 期。

38. 耿明斋、李燕燕：《中国农区工业化路径研究》，社会科学文献出版社，2009。

39. 顾銮斋：《中西中古社会赋税结构演变的比较研究》，《世界历史》2003 年第 4 期。

40. 郭玮：《城乡差距扩大的原因与政策调整》，《经济研究参考》2002 年第 85 期。

41. 季燕霞：《论我国区域政府间竞争的动态演变》，《华东经济管理》2001 年第 4 期。

42. 姜爱林：《近年来中国工业化研究的重点和热点问题》，《石家庄经济学院学报》2002 年第 6 期。

43. 江静、陈柳：《地方政府竞争与经济发展模式趋同——基于苏南和温州的分析》，《制度经济学研究》2009 年第 2 期。

44. 李成贵：《中国传统农业的资源配置与效率水平分析》，《中国农史》1997 年第 2 期。

45. 李冬梅：《刍议促进我国区域经济协调发展的税收政策》，《铜陵学院学报》2008 年第 4 期。

46. 李稻葵：《转型经济中的模糊产权理论》，《经济研究》1995 年第 4 期。

47. 李宏图：《从农业文明到工业文明——西方近代社会转型的历史经验及启示》，《探索与争鸣》2000 年第 1 期。

48. 李同彬：《统筹城乡公共品供给——构建和谐城乡关系》，《农业经济》2006 年第 1 期。

49. 廖元和：《中国西部工业化进程研究》，重庆出版社，2000。

50. 李小建、李二玲：《中国中部农区企业集群的竞争优势研究——以河南省虞城县南庄村钢卷尺企业集群为例》，《地理科学》2004 年第 4 期。

51. 刘汉屏、刘锡田：《地方政府竞争：分权、公共物品与制度创新》，《改革》2003 年第 6 期。

52. 刘守刚、刘雪梅：《从家财型财政到公财型财政》，《山东经济》2009 年第 4 期。

53. 刘泰洪：《我国地方政府竞争机制：一个制度经济学的分析范式》，《人文杂志》2007 年第 4 期。

54. 陆铭：《不确定的复兴：不平等是否会威胁中国的可持续发展》，2011 年 12 月 26 日《文汇报》。

55. 罗军：《传统平原农业区产业集群形成与演化机制研究》，河南大学博士论文，2008。

56. 麻宝斌、王郅强：《全球化背景下的地方政府竞争》，《北京行政学院学报》2007 年第 3 期。

57. 马国贤：《政府绩效管理》，复旦大学出版社，2005。

58. 马静：《财政分权与中国财政体制改革》，上海三联书店，2009。

59. 马克尧主编《世界文明史》（上），北京大学出版社，2004。

60. 马学广等：《从行政分权到跨域治理：中国地方政府治理方式变革研究》，《地理与地理信息科学》2008 年第 1 期。

61. 马寅初：《财政学与中国财政理论与现实》，商务印书馆，2001。

62. 潘锦云：《"以工哺农"、"以工促农"与我国传统农业现代化》，《经济学家》2008 年第 3 期。

63. 苗东升：《文明的转型》，《湖北师范学院学报（哲学社会科学版）》

2007 年第 1 期。

64. 庞明礼：《地方政府竞争的约束与激励》，《中南财经政法大学学报》
2007 年第 5 期。

65. 彭月兰：《缩小地区经济差异的财政政策建议》，《山西财经学院学报》
2004 年第 6 期。

66. 平新桥、白洁：《中国财政分权与地方公共品的供给》，《财贸经济》
2006 年第 2 期。

67. 钱海刚：《财政分权、预算软约束与地方政府恶性竞争》，《财政研究》
2009 年第 3 期。

68. 任淑萍：《信息技术对信息文明社会公众的影响》，《山西社会主义学
院学报》2005 年第 2 期。

69. 沙安文、沈春丽：《地方政府与地方财政建设》，中信出版社，2005。

70. 时红秀：《地方政府经济竞争：理论演进和中国的实践》，《国家行政
学院学报》2007 年第 5 期。

71. 时红秀：《财政分权、政府竞争与中国地方政府的债务》，中国财政经
济出版社，2007。

72. 舒庆、刘君德：《中国行政区经济运行体制剖析》，《战略与管理》
1994 年第 6 期。

73. 史慧明：《从财政支出结构看公共财政转型》，《河北金融》2009 年第
8 期。

74. 宋丙涛：《财政制度变迁与现代经济发展——英国之谜的财政效率解
释》，河南大学论文，2007。

75. 苏明：《中国农村发展与财政政策选择》，中国财政经济出版社，2002。

76. 田国强：《中国乡镇企业的产权结构及其改革》，《经济研究》1995 年
第 3 期。

77. 王会川：《农业现代化财政政策体系构建》，《公共支出与采购》2011
年第 12 期。

78. 王理：《制度转型与传统农区工业化》，社会科学文献出版社，2009。

79. 王绍光、马骏：《走向"预算国家"——财政转型与国家建设》，《公
共行政评论》2008 年第 1 期。

80. 魏朗：《建立小康社会的农业财政政策》，《农业经济》2003 年第 9 期。

81. 吴春贤：《兵团推进农业现代化的财政政策的选择》，《兵团经济研究》2011 年第 6 期。

82. 邬焜：《论人类信息活动方式与文明形态、价值观念变革的一致性》，《重庆邮电大学学报（社会科学版）》2007 年第 1 期。

83. 夏永祥：《新型工业化与小康社会》，苏州大学出版社，2003。

84. 肖育才：《区域经济协调发展中的财政政策分析》，《改革与策略》2010 年第 9 期。

85. 谢庆奎：《中国政府的府际关系研究》，《北京大学学报（哲学社会科学版）》2000 年第 1 期。

86. 徐全红：《转型期三农公共财政政策》，社会科学文献出版社，2010。

87. 徐全红：《中原经济区建设的财政政策选择》，《河南师范大学学报》2011 年第 2 期。

88. 徐全红：《公共财政视角的政府土地收入问题》，《经济研究参考》2011 年第 57 期。

89. 许序雁主编《世界文明简史》，华东师范大学出版社，2002。

90. 杨爱平、陈瑞莲：《从"行政区行政"到"区域公共管理"》，《江西社会科学》2004 年第 11 期。

91. 杨峰：《城乡公共服务均等化的内涵分析》，《中国商界》2009 年第 8 期。

92. 杨之刚：《财政分权理论与基层公共财政改革》，经济科学出版社，2006。

93. 姚林香：《统筹城乡发展的财政政策研究》，经济科学出版社，2007。

94. 殷存毅：《区域协调发展：一种制度性的分析》，《公共管理评论》2004 年第 2 期。

95. 余大庆、彭骥鸣：《中英传统税收文化比较》，《西安财经学院学报》2003 年第 1 期。

96. 张恒山：《论文明转型及其原因》，《学术前沿》2010 年第 12 期。

97. 张培刚：《发展经济学通论》（第一卷），《农业国工业化问题》，湖南出版社，1991。

98. 张培刚：《农业与工业化》（中下合卷），华中科技大学出版社，2002。

99. 张平：《中西方财政运行状态及运行机制的比较研究》，天津财经大学论文，2009。

100. 赵祥：《地方政府竞争与 FD1 区位分析》，《经济学家》2009 年第 8 期。

101. 赵云旗：《中国分税制财政体制研究》，经济科学出版社，2005。

102. 张明军、汪伟全：《论和谐地方政府间关系的构建：基于府际治理的新视角》，《中国行政管理》2007 年第 11 期。

103. 张维迎、粟树和：《地区间竞争与中国国有企业民营化》，《经济研究》1998 年第 12 期。

104. 郑勇军、陈潘武：《中国乡镇集体企业产权结构变迁的制度分析》，《浙江学刊》2000 年第 4 期。

105. 周黎安：《晋升博弈中政府官员的激励与合作》，《经济研究》2004 年第 6 期。

106. 周民良：《论我国的区域差异与区域政策》，《管理世界》2005 年第 3 期。

107. 周业安：《投资冲动的财政根源》，《中国投资》2008 年第 1 期。

图书在版编目(CIP)数据

政府竞争、财政转型与中国农区工业化/徐全红著.
—北京：社会科学文献出版社，2013.7
(河南大学经济学学术文库)
ISBN 978 - 7 - 5097 - 4396 - 6

Ⅰ.①政… Ⅱ.①徐… Ⅲ.①财政政策 - 关系 -
农业 - 工业化 - 研究 - 中国 Ⅳ.①F812.0②S238

中国版本图书馆 CIP 数据核字（2013）第 050414 号

·河南大学经济学学术文库·

政府竞争、财政转型与中国农区工业化

著　者／徐全红

出　版　人／谢寿光
出　版　者／社会科学文献出版社
地　　　址／北京市西城区北三环中路甲 29 号院 3 号楼华龙大厦
邮政编码／100029

责任部门／经济与管理出版中心 （010）59367226　　责任编辑／王莉莉
电子信箱／caijingbu@ ssap. cn　　　　　　　　　　责任校对／孙光迹
项目统筹／恽　薇　　　　　　　　　　　　　　　　责任印制／岳　阳
经　　　销／社会科学文献出版社市场营销中心 （010）59367081　59367089
读者服务／读者服务中心 （010）59367028

印　　　装／北京鹏润伟业印刷有限公司
开　　　本／787mm×1092mm　1/16　　　　　　　印　张／17.5
版　　　次／2013 年 7 月第 1 版　　　　　　　　　字　数／285 千字
印　　　次／2013 年 7 月第 1 次印刷
书　　　号／ISBN 978 - 7 - 5097 - 4396 - 6
定　　　价／59.00 元